刘进 著

大学教师流动与学术劳动力市场

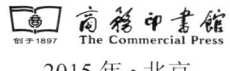

2015年·北京

图书在版编目(CIP)数据

大学教师流动与学术劳动力市场/刘进著.—北京:商务印书馆,2015
ISBN 978-7-100-11240-6

Ⅰ.①大… Ⅱ.①刘… Ⅲ.①高等学校－教师－人才流动－研究－中国 ②高等学校－教师－劳动力市场－研究－中国 Ⅳ.①G645.12

中国版本图书馆 CIP 数据核字(2015)第 090822 号

所有权利保留。
未经许可,不得以任何方式使用。

大学教师流动与学术劳动力市场
刘进 著

商务印书馆出版
(北京王府井大街36号 邮政编码100710)
商务印书馆发行
北京市艺辉印刷有限公司印刷
ISBN 978-7-100-11240-6

2015年4月第1版 开本 787×960 1/16
2015年4月北京第1次印刷 印张 16 1/4

定价:38.00元

序　言　I

　　刘进博士自2013年来到北京理工大学任教，带来了新的学术气息。他的博士学位论文耕耘颇多，也获得了一些荣誉（如获评为湖北省优秀博士学位论文），如今能够在中国最好的出版社之一——商务印书馆付梓成书，我感到非常高兴，这是他在我校迈出的新的坚实的学术步伐。我期待着他这颗"学术新星"能冉冉升起，继续做出更多更好的研究。

　　读刘进此书，让读者有种畅快之感，感觉书中将长期以来我们工作层面的教师流动现象、规律、要素和制度基本说清楚了。作为一项学理研究，作者研究方法规范，历史梳理、理论梳理、文献梳理等都非常扎实，环环相扣、稳步推进，形成了一个研究上的闭环，对于作者提出的"中国研究型大学教师流动的基本特征、基本规律和基本理论研究不足"的问题做出了比较满意的回答，可以作为一篇重要的学术文献供后续研究者参考。本书也可视为一项重要的现实问题研究。作者紧扣中国高等教育改革发展实际，不仅对一些理论假设作出了回答，还针对性地对中国学术职业的未来发展作出回应和预判。我们常说，"以史为鉴，可以知兴替"，书中对于美国、欧洲教师流动的历史介绍、理论介绍和中国趋势研究也将在很大程度上对中国教师流动决策产生裨益。仔细阅读完全书，也引发了我的一些思考。

　　一是历史文化对于大学教师流动的影响到底是怎样的。从西方高等教育发展脉络来看，教师流动与大学诞生的关系非常密切，作者在本书中有关中世纪时期教师流动与学术职业的关系探讨已比较清晰地揭示了这一规律。发人深思的是，中国历史上很早就出现过一些"准高等教育机构"，但为何最终没有演变成现代意义上的大学？按照本书逻辑，是否因为流动文化缺乏最终导致早期学者行会无法在中国形成，并限制了高等教育机构的诞生呢？或者说，是否中国历史传统中就缺乏流动文化，从而导致了当今中国大学教师流动频率大大低于西方的现实状况呢？我比较同意本书的看法，即历史文化可视为影响流动的因素之一但并非无法改变，中国"安居乐业"、"敬业乐业"的历史文化传统可能会在一定程度上限制流动，但不应夸大历史文化的这种天然影响。正如本书所分析的，1993—2008年，被认为"最不具有流动文化"的日本、韩国、俄罗斯等国，大学教师流动频率反而大幅飙升。而我们翻开民国时期的大学教师流动的历史，则会进一步发现，我们并非没有大学教师流动的文化，一些耳熟能详的著名学者都曾有过重要的流动经历。因此，总体上我认为，中国虽然也有比较稳固的从业文化，但更大规模的大学教师流动可能并不完全受控于此种文化。

二是中国未来大学教师流动的走势如何。本书对于中国大学教师流动的现状、方向、模式与未来发展趋势非常关注，花费了大量笔墨试图厘清现状、看清形势。其总体结论有二：一是中国流动频率不高，大大低于发达国家；二是中国大规模流动正在酝酿，相关证据已现端倪。我是比较同意作者的这两项基本判断的。近年来，中国研究型大学教师流动越来越多、越来越快，我们在实际的管理工作中经常要面对人来人去的现实情况，高等学校之间的竞争某种意义上已演变成了一场人才大战。从最早的依靠"留校"获得人才，到从国内其他学术机构"挖"人才，再到将引才触角伸向国际学术市场，中国的大学教师流动格局正在发生悄然变化。对于未来情况我的判断是"频率加快、类型分化"。一方面，党的十八大做出了"创新驱动发展"的重大部署，习近平总书记为此多次谈及科研体制改革问题，他认为当前最重要的是要"破除一切束缚创新驱动发展的观念和体制机制障碍"，其中"打通人才流动、使用、发挥作用中的体制机制障碍"是关键要务。十八届三中全会、全国组织工作会议和2015年国务院政府工作报告等重要会议和文件多次重申要促进人才顺畅流动的议题，此种背景下，习近平总书记又提出推动共建丝绸之路经济带和21世纪海上丝绸之路的战略构想，这也必将进一步加速大学教师的跨区域流动，因此可以预见，未来中国高校大学教师流动的总体趋势还会继续提速。另一方面，不同地域、层级的高等学校流动将会出现很大分化。比如我们以前大量讨论的西部人才向东部流动的"孔雀东南飞"现象可能正逐步消减，取而代之的是东部高校一方面更多从国际市场引才，另一方面通过制度设计更多向西部高校输送人才。

三是"美国模式"与"欧洲模式"哪一种更适合中国。本书比较了美国以市场为导向的人才流动模式和2000年之后以"欧洲研究区"建设为代表的、强调政策干预的欧洲人才流动模式。这种分类当然没有绝对性,欧洲教师流动背后也有市场的力量,美国为促进教师流动也采取了部分行政手段,但这种分类又非常有价值,可以帮助中国思考未来发展的道路选择。中国在高等教育大众化之前,人是"单位人"、"体制人",大学教师在学术职业内部的流动不仅要考虑个人意愿更要争取单位支持,大众化前期学术劳动力市场需求激增,才最终致使一批大学教师开始了流动,从这个意义上说,市场是中国大学教师流动的关键作用力。但事实上,到了大众化中后期,为提升学术职业竞争力,政府又先后出台了一系列政策干预措施(如"千人计划"),似乎又与"欧洲模式"非常接近。市场的目标在于秩序,行政的目标在于引导,我想未来中国的大学教师流动可能由学术市场形成学术人才流动的基本秩序,而由行政力量在局部对流动秩序进行引导以实现战略目标。但具体如何规范市场秩序,如何保证政府引导到位而不越位或缺位,仍是我们需要继续思考的问题。

四是高校管理者如何用好人才流动杠杆提升管理的科学化水平。本书梳理了西方研究个体层面大学教师流动的27种影响因素,并结合中国情况进行了有效检验,这对于提升人事部门有关大学教师的管理科学化水平很有裨益。尤其是书中提到对于多所研究型大学的教师简历的分析,可视为运用大数据开展大学教师流动的尝试。作者曾说,"如果我是一名高校人事管理干部,我要做的第一件事就是认真阅读本学校和兄弟院校的教师简历,读上十几所教师的简历,哪些学校好,哪些学校不太好,哪些学校在往上走,哪些学校进入下行通道就基本了然于心了"。我们常说要制度留人、事业留人、感情留人等等,事实上有关大学教师流动影响因素的科学化分析与这种经验式分析都已经很好地融入了本书的研究之中,相关结论对于提升高校管理的科学化水平具有积极意义。

总体而言,本书体现了作者执着的研究精神,不仅有课题组连续多年的大样本数据分析,也有其自身对于中国研究型大学教师流动的调查,还进行了部分高校教师简历的大数据分析(简历分析)的探索,此外,还远赴美国对该国哈佛大学、麻省理工学院、波士顿大学和波士顿学院的有关情况进行了研究。本书是有关中国大学教师流动、学术劳动力市场研究的开创之作,但要明确的是,学术界在此方面的有效探索仍非常有限。这一方面与教师流动的高度复杂性有关，人的职业流动是高度社会化的选择，包含了各类社会性和人性因素的博弈，并具有极大的个体性差异，如何抽丝剥茧探寻内在规律是非常需要学术功力、学术耐心和学术工作量的。与此同时，这也与学界对于大学教师流动预判不足有关，改革开放以后，经济上的计划体制逐渐被打破，但教育的计划思维之风仍然很盛，我们对大学教师流动的快速增加心理预期不足，似乎一夜之间原来高度稳定的学术职业开始出现学者对学校的"背叛"，当我们将这些事件作为个案处理的时候，却发现教师流动已成星火燎原之势。此种背景下，学术界不得不正视这一高等教育现象，带上研究工具走上新的学术征程。

随着中国高等教育步入大众化中后期，中国学术劳动力市场正逐步构建并完善起来。在此过程中，尤其是主要的研究型大学都加快了高校人事制度改革的步伐，在可预见的未来，中国高校教师流动活动还将更为蓬勃，此种背景下，呼唤学术界更多开展类似的理论与现实方面的研究探索，期待北京理工大学的教育研究院的学者们与国内同行一道，共同为中国高等教育的改革发展提供更多智力支持。

郭大成

北京理工大学原党委书记、教授、博士生导师

序 言 Ⅱ

大学教师流动是学术职业乃至高等教育发展研究中的重要议题。合理的教师流动制度设计、适度的教师流动频率频次、良性的由教师流动带来的学术职业人力循环，是构建健康的学术职业生态的重要所在。

不同历史时期大学教师流动具有不同特点。美国高等教育大众化运动过程中出现的较大规模的大学教师流动热潮，与中国21世纪初以增加大学教师数量为目标的教师流动相似。但在最近十年的中国，教师流动正发生着根本性的变化，从满足数量指标发展到对质量的追求。中国学术界对这样的有关教师流动特征的历史转折点的关注不足，因此出现了大规模流动事实发生于对流动进行学术研究探索之前的局面。

不同国别和地区大学教师流动的规律也不相同。一些西方国家利用了市场配给，尤其是以经济收入等指标为核心的"看不见的手"支配着学术市场的流动；而另外一些国家，学者们"淡泊名利"，那种对纯粹学术的追求牵引着他们向着高学术声望的方向流动；还有一些国家，社会力量如所处的社会阶层极大地影响了教师流动方向的选择。中国当前的教师流动状况非常复杂，上述在其他国家出现的影响大学教师流动的因素都可在中国的学术劳动力市场上看到。这种复杂性也导致了中国学术界对大学教师流动的前期研究大多比较零散，缺乏足够的系统研究。

刘进是我指导的2009级高等教育学专业的博士研究生，也是我指导的2007级高等教育学专业的硕士生研究生。而我在2004年底就接受国际学术界的邀请，与其他18个国家相关研究领域的教授、学者们一起，合作进行有关学术职业的研究，这就是在国际上具有较大范围影响力的"变革中的学术职业（Changing Academic Profession，CAP）"研究。而学术职业的简明定义，就是"本科院校教师"。在2005年至今的十年里，我指导的十多个博士生和十多个硕士生都以"学术职业"或"大学教师"为研究主题,进行他们的学位论文研究工作。其中,大学教师的流动是一个非常重要的主题。当时很年轻的刘进就勇于直面这个重要的但在研究中可能存在很大困难的主题,并将其作为自己的博士学位论文的选题,用近三年的时间,对其进行了系统深入的研究。

刘进在攻读博士学位的三年多时间里,从我的眼中来看,他是辛苦的——尽管其他的博士研究生都是辛苦的,但他的辛苦与众不同;他是愉快的——他善于将研究工作中的辛苦正面转化为收获从而愉快,而这一点并不是所有的博士研究生可以做到的;他具有独立进行科研工作的能力——他曾全身心地投入到多个研究项目中从而最大化地经受了科研工作的训练,如上面提及的 CAP,欧盟的 MORE-Ⅱ,中国科协的科技工作者家庭状况调研,教育部的自主招生政策与实践等;他的"情商"是特别的——他善于与人交往,在与人交往中既坚持原则又懂得让步,得到一些他应该得到的作为优秀研究生的"学术名声",也失去一些他理应得到但人人都想得到的"机会";他是幸运的——他有一个非常理解他的导师,有一群非常友好且互相支持的师兄弟姐妹,然而,这个幸运是因他的优秀而降临的。作为导师,我很幸运,也很骄傲,因为我有这么一个好的学生、好的人,在我身边一待就是 7 年。

《大学教师流动与学术劳动力市场》这本书,是刘进在其博士学位论文的基础上修改而成。而博士学位论文,倾注了他三年的全部心血,从理论研究、历史研究再到调查研究和比较研究,他的每一个研究步骤都是稳健且有效的。为了这项研究,他在我作为导师的经费支持下,到美国波士顿学院访学半年,而美方指导教师是世界知名的菲利普 · G. 阿尔特巴赫(Philip G. Altbach)教授,该教授的研究重点中就包括了大学教师流动问题。他本来在博士学习满三年时完成了学位论文,但是由于我的苛刻,要求他一再修改,延迟三个月,在 2012 年 8 月 28 日才举行学位论文答辩,而他的学位论文答辩委员会主席是我们尊敬的"根叔"——时任华中科技大学校长的李培根院士。还有,成功答辩后、毕业后、在北京理工大学任教后,他仍在继续修改其博士学位论文,为的是专著的高质量,也在我的鼓励下,为了争取成为某一层次的"优秀论文"。终于,在本专著出版之前,他的博士学位论文获得了湖北省优秀博士学位论文的殊荣。

在本书的字里行间,我们可以明显地看到,作者对大学教师流动研究领域做了有效的切割,选取了流动最为充分、内容最为饱满的中国研究型大学作为研究样例,努力避免研究对象异质性可能造成的研究内容过宽过泛、研究结果过大过浅的问题。作者对于研究型大学的抽样也兼顾了地区特点,力求保证研究结果的真实可靠。当然,这也为作者自己出了一道大难题。从作者的研究结论可以发现,中国研究型大学里具有流动经历的大学教师往往都是"明星学者",对这些惜时如金的"大教授"进行调查难度很大。我们看到,虽然在很多学校得到了人事部门、组织部门的大力支持,但问卷回收率依然低于普通高等教育类似研究的比例。这其中,作者进行了很多努力,先是通过地毯式阅读梳理出这些学校具有流动经历的大学教师名单,然后逐一进行电话沟通,邀请其接受调查。当然作者自己也受益很多。大量的简历阅读为作者提供了直观的有关中国学术职业生态的基本印象。作者曾经和我说,他认为"一名高校人事部门的领导上任第一件事,就是应该大量阅读同类型其他高等学校的教师简历"。他还认为,现在所谓的大学排行榜往往与人们的经验事实差距较大,其实,如果一个人能坚持读完所有研究型大学的教师简历,大学的好坏与排名,甚至上升与下降趋势基本也就了然于心了。我深以为然。

另一方面,我们还可以明显地看到,本书体现出作者向西方同领域学术研究追赶与超越的努力。论文写作过程中,国内可借鉴的研究成果较少,这迫使作者更多从西方学术土壤汲取营养,客观上推动了该项研究部分实现了中国在此研究领域与西方学界的对话。作者从美国回来的时候,曾非常沮丧地告诉我,美国一位非常著名的大学教师流动研究学者已转向其他领域研究,原因是"该研究领域已比较丰富"。而"中国当前的研究水平可能与美国上世纪六七十年代相当"。长期以来,我们非常关注自然科学与西方的差距,而这种社会科学的研究距离其实可能更大,可能更非一朝一夕能弥补。

与刘进相处7年,从他21岁到他27岁这一"黄金年华",从他大学本科毕业到他成为"学者的模样"。我的为人处世对他人生观、世界观、价值观的影响当然是潜移默化的。但同时,他的喜怒哀乐、勤奋奉献、进步成长对我也产生了重要影响。他的经历好像融入了我与其他年轻研究生的交往过程,他的工作成效至今还在我负责的多个研究项目执行过程屡屡受到赞扬。他虽然仍然年轻,但我在他身上看到了不寻常的百折不挠的上进心和坚定不移的学术追求。

刘进是一个精力旺盛的人,更重要的是,他是一个有激情的人。这样的人用其三年,甚至五年时间撰写与修改的饱含激情的学术著作,是可以感染读者的,是可以让不同年龄的人从中受益的。因此,我特别愿意并高兴为此书作序。

沈　红

华中科技大学教育科学研究院教授(二级)、

博士生导师、全球 CAP 项目、CAP－STEM 项目

中国负责人

目　　录

导　论 ·· 1

第一章　学术劳动力市场的起源：中世纪时期的大学教师流动 ············ 8
一、教师流动与中世纪大学诞生 ··· 9
二、中世纪大学教师流动的高度"国际性" ······························ 17
三、中世纪影响大学教师流动的主要因素 ······························ 19
四、本章小结 ·· 24

第二章　当代学术劳动力市场：全球与中国大学教师流动的基本状况 ····· 28
一、第二次世界大战后学术劳动力市场的主要特征 ················· 28
二、全球大学教师流动的加速特征——基于1993年和2009年两次全球学术职业调查的实证分析 ·· 41
三、本章小结 ·· 62

第三章　中国学术劳动力市场的中心与外围：流动方向与规律 ············ 68
一、研究假设 ·· 68
二、数据来源 ·· 76
三、中国研究型大学教师流动的基本路径 ······························ 77
四、中国研究型大学教师流动的图谱绘制 ······························ 84
五、中国研究型大学教师流动的"树形"示意图 ······················· 88
六、本章小结 ·· 92

第四章 学术劳动力市场分割Ⅰ:人力资本与大学教师流动 ········· 96
一、研究假设 ··· 97
二、数据来源 ··· 105
三、学位水平与大学教师流动 ································· 105
四、海外学术经历与大学教师流动 ····························· 107
五、学术成果与教师流动状况 ································· 108
六、竞争性资源获得与大学教师流动 ··························· 110
七、本章小结 ··· 112

第五章 学术劳动力市场分割Ⅱ:社会资本与大学教师流动 ········· 116
一、理论基础与研究假设 ······································· 117
二、研究发现 ··· 120
三、本章小结 ··· 127

第六章 中国研究型大学教师流动影响因素分析Ⅰ:综合判断 ······· 129
一、教师自我评价的流动影响因素排序 ························· 130
二、流动过程各要素变化情况排序 ······························ 135
三、流动的总体结果是满意度大幅提升 ························· 139
四、大学教师流动影响因素回归分析 ··························· 140
五、本章小结 ··· 144

第七章 中国研究型大学教师流动影响因素分析Ⅱ:分要素讨论 ····· 147
一、收入与大学教师流动 ······································· 147
二、声望、绩效与大学教师流动 ································ 161
三、资历与大学教师流动 ······································· 169
四、性别与大学教师流动 ······································· 180
五、本章小结 ··· 191

第八章　研究结论与展望 …… 193
　一、研究假设的检验 …… 193
　二、大学教师流动与学术职业的发展的基本关系探讨 …… 195
　三、全书研究的总体结论 …… 208
　四、研究理论的扩展与讨论 …… 215
　五、中国大学教师流动的展望与建议：对欧洲研究区的经验借鉴 …… 219

参考文献 …… 231

后　记 …… 246

导　　论

大学教师流动是学术职业研究非常重要却较为薄弱的领域，以中国为代表的发展中国家尤其如此。究其原因，以中国为例，一是客观上计划经济时代及其遗留下来的计划思维模式长期主导着高等教育和学术职业的发展，与国外学术职业相比，中国高校学术职业队伍保持着很高的稳定性。制度设计缺乏竞争与分流机制以及中国人的"铁饭碗"思维，流动活动发生较少，有流动经历教师占教师队伍的少数，使该种活动缺乏关注。20世纪末至今，中国高等教育扩张，大学教师需求增加，国内高校教师流动发生率提高；21世纪初期，中国提出提升高等教育质量和建设世界一流大学等目标，优质大学教师成为关注重点，国内和国际高校教师流动逐渐增加，教师流动逐渐成为高等教育研究领域的重要关注点。二是学术职业研究、学术劳动力市场研究、职业社会学研究刚刚起步。西方学术职业研究开始于20世纪初，学术劳动力市场研究开始于20世纪中叶，已成为相对成熟的研究领域。中国则近年来刚刚起步，基础理论、调查研究都非常缺乏，仍停留在学术职业基本状况的描述研究阶段，深入开展的分层、流动研究仍很少。同时，与职业流动关系密切的职业社会学研究起步也不久，能提供给大学教师流动研究的"养分"不足。

本书基于对大学教师流动的历史研究、比较研究和实证研究，试图就中国研究型大学教师流动的基本特征、基本规律和基本理论作出系统回答，并力图使研究设计流畅而精致，研究过程全面而细腻，研究结论科学而可信。书中所采用的主要研究方法包括：

第一，文献研究法。本书主要在两个方面使用了文献研究法。一是传统意义上的文献研究，就职业流动、大学教师流动已有的相关文献进行梳理，就流动影响因素的相关指标进行萃取，就有关研究问卷进行中国化改造,以此构建起全文的研究框架,并形成研究量表。本书有关中世纪大学教师流动与学术职业发展的关系研究,也主要使用了文献研究法。二是利用文献构建起教师简历库,更为全面地进行教师流动频率和路径的研究。调查问卷往往因抽样等问题引发其普遍性和代表性质疑,为此,本书在调查研究之外,对北京大学等15所高校教师简历进行了收集、编码和分析,并绘制了流动图谱。

第二,调查研究法。本书核心章主要研究方法是调查研究法。研究数据有两个来源:①课题组已有调查,包括所在研究团队参与的19国(地区)"学术职业变革"国际调查(Changing Academic Profession,CAP)和"中国科技工作者家庭状况"本土调查,这两项调查数据为本研究中有关中国大学教师流动现状、他国(地区)大学教师流动频率等提供了重要支撑。②笔者自行开展的调查。一是问卷调查。笔者根据已有理论、已有研究指标体系和已有研究问卷的中国化改造,设计出中国大学教师流动的研究问卷,并在中国11所研究型大学进行调查。二是访谈。针对问卷调查的研究结论,笔者从三个方面开展了访谈研究,试图对中国研究型大学教师流动的根本问题、趋势、原因、解决对策等进行深入探讨。具体来说,一是对部分中国研究型大学具有流动经历的教师本人进行了访谈;二是对部分中国研究型大学人事部门负责人进行了电话访谈;三是对美国波士顿地区四所研究型大学部分华人或华裔大学教师进行了访谈。

第三,比较研究法。一是研究理论和框架的搭建部分借鉴国外的研究。目前国内大学教师流动、职业流动的研究还很少,难以提供有效的理论支撑,因此在问卷设计中,部分参考了国外已有的研究结论。二是对全球19个高等教育系统进行横向的数据比较。CAP调查中包含部分大学教师流动的变量,可以通过横向的数据统计分析,对中国大学教师流动在国际上的地位、特征等进行有比较意义的分析。三是选择典型案例进行政策分析。本研究着重分析了"欧洲研究区"建设过程中有关促进教师跨国流动的政策设计与实践。

在正式开展本研究之前,此处有必要介绍一下本书的几个基本概念。

大学教师流动。"学术流动"在英文语境中一般表达是"Academic

Mobility",狭义上被理解为"学生或教师进行专业的有动机的循环和其他形式的地理位置上的移动。这种移动包含从短期会议访问到长期以学习、研究和教学为目的的居住,这种流动经常但不总是跨越国界"。广义上的学术流动指"学生和教师的地理运动"①。"大学教师流动"英文为"Faculty Mobility"。有关文献显示,虽然学者们大量研究都使用这一词语,但往往所指差别很大。如有的专注于大学教师的地位获得流动和代际流动,有的专注于区分居住国、学位获得国、工作国等以国家为单位的国际流动。根据研究需要,本书对于大学教师流动的界定特指:学术职业从业者从属的学术机构身份的转变。这一定义包含两层意思:一是强调学术职业从业者是流动的主体,新毕业、新出站博士后不属于学术职业从业者,其初次入职不纳入本流动研究范畴;二是强调学术机构身份的转变,一些短期流动(如访学)被欧洲学者纳入学术流动的研究范畴,但本书认为其缺乏实质性的岗位轮转,未将其纳入研究范畴,同时,一些学术机构内部的岗位轮转、兼职岗位的增加、减少或变化,也都未纳入研究范畴。概括来说,本书主要关注两种类型的大学教师流动(见下图)。一是职业内流动,即教师在学术职业内、相同机构类型(如大学之间)或相似机构类型(如大学—科研院所)间的流动,既包括国内流动也包括国际流动。二是职业间流动,即从业者在非学术职业与学术职业间的流动。本研究的大学教师流动不包含以下内容:第一,学术

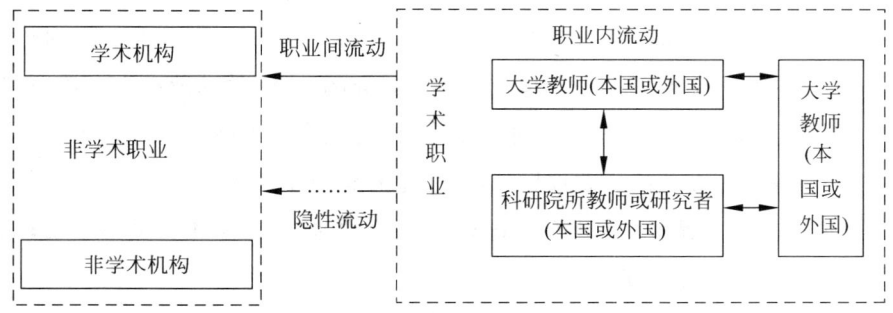

图 1 两种大学教师流动示意图

---

① Heike Jöns. "Brain Circulation" and Transnational Knowledge Networks: Studying Long-term Effects of Academic Mobility to Germany, 1954-2000[J]. Global Networks, 2009, 3(9):315—338.

职业入职流动,即博士毕业或博士后出站进入学术职业的流动过程;第二,同一学术机构(如大学)中教师不同院系或部门间的流动;第三,各类学术兼职;第四,正常的退休或因健康问题等退出学术职业。

学术劳动力市场。20 世纪 30 年代开始,已有一批学者进行过大学教师流动的早期研究,但直到 1958 年,美国学者开普勒(Caplow)和麦吉(McGee)才首次提出"学术市场"(The Academic Marketplace)概念。与之前的研究相比,开普勒等对于大学教师流动研究的贡献主要在于:第一,用实证的方法开展研究;第二,也是最大的贡献在于提出了"学术市场"的概念,认为大学教师流动是由市场规律来调节的,这种市场与高等教育的属性密切相关,因此称之为学术市场。在此之后,大量学者运用学术市场的概念,对开普勒所提出的各项假设进行检验(研究的结论中证实或证伪的都有),并引入新的影响流动的指标,学术市场理论成为一种类似于自然科学、可重复、可检验的研究领域。总体而言,本书认为,学术劳动力市场研究是指:从经济学或社会学视角,考察学术职业从业者价格、供需、配置尤其是流动的专门研究。一方面,学术劳动力市场是普通劳动力市场的重要组成部分,部分遵循普通劳动力市场规律,劳动经济学为学术劳动力市场研究提供丰富的理论基础;另一方面,学术劳动力市场与普通劳动力市场也存在很多差异,学术劳动力市场更多遵循高等教育发展尤其是学术职业发展的基本规律。学术劳动力市场有时也称为学术市场(Academic Market 或 Academic Marketplace),是美国早期大学教师流动研究使用频繁的词汇。但与此同时,该词汇又不完全包含在流动研究的范畴,学术劳动力市场往往作为普通劳动力市场在学术职业中的延伸,通过市场的概念来理解规模、竞争、分割等高等教育的重要议题。因此,笔者将对于学术劳动力市场的研究分为两个部分来阐述:一是流动概念(或者说语系)中的学术劳动力市场;二是市场概念中的学术劳动力市场。

流动概念中的学术市场。当前有关大学教师流动的研究,大多使用"流动"(Mobility),"人才流失"(Brain Drain),"移动"(Movement),"转移"(Turnover)或者"迁徙"(Migration)等词汇,但最初在美国,该项研究使用频率最高的是学术市场的概念。1958 年《学术市场》一书的作者试图回答

"美国大学是否正在失去好的教师",为此对美国主要的研究型大学展开了调查。调查的对象为美国 1954—1955 和 1955—1956 两个学年 9 所主要的研究型大学人文学科离职教师的情况。研究观察了流动与学术职称、流动与年龄、流动与机构声望、非自愿离职、自愿离职、金钱的诱惑、协作与隔离、互动的危害等方面的内容。① 该书于 1961、1965、1977、2001 等年度多次再版,成为经典著作,阿特巴赫认为这主要得益于作者"对于学术流动做出的不平凡的贡献"(2001 年版序言)。之后的研究尽管在研究方法、样本选择、研究结论方面与之有一定差异,但研究范围大致遵循了该书的主要内容框架。甚至在 21 世纪的相关文献中,仍大量含有对《学术市场》中所提观点(如"开放封闭的雇用系统")的深入讨论。"学术市场"概念的提出,掀起了大学教师流动研究的热潮,后续研究在用语方面发生了转变,绝大多数学者直接将研究的主题定位为"学术流动"(Academic Mobility)研究和"教师流动"(Faculty Mobility)研究,这部分文献占据了欧洲研究的大多数;而大部分美国学者则坚持使用"学术市场"(Academic Marketplace)或者"学术劳动力市场"(Academic Labor Market)的概念开展研究。

市场概念中的学术市场。 市场概念中的学术市场,更多强调它与普通劳动力市场的比较。从词义上看,学术劳动力市场一词并非先有流动的含义,后靠近普通劳动力市场的含义,而是自诞生之初就存在双重意义。和流动概念中的学术劳动力市场不同,市场概念中的学术劳动力市场研究也得到了欧洲的接纳,越来越多的欧洲研究者正试图用这一概念展开研究。比如德国有一部分研究者开始关注学术劳动力市场中的终身职位选择。他们运用逻辑回归解释终身教职与出版、母校荣誉、当时的就业市场形势,发现出版情况与终身教授存在强相关关系。总体而言,从语言流变的角度看,学术劳动力市场研究出现两种走势:一是该领域研究影响越来越大,传播越来越广,欧洲等国家已逐渐接受这一概念,相信未来的中国也会大量借鉴和使用这一概念。二是其语言的含义正在发生变化,早期学术劳动力市场研究

---

① Theodore Caplow, Reece J. McGee. The Academic Marketplace [M]. New York: Basic Books,1958. Reprint, Brunswick, N. J. Transaction,1999.

中包含的流动研究正在弱化,也许在不久的将来会逐渐消失。本研究发现,职业流动与大学教师流动关系密切,"学术职业作为以高深知识为工作对象的特殊职业,是一种亚职业形态,具有一般性职业的共同特征,也有其固有的本质属性"。① 职业流动所描述的一般意义上影响流动的因素,对于研究大学教师流动具有很强的关联性和借鉴价值。为此,本书将在相关章节中详细阐述普通职业流动影响因素与大学教师流动影响因素的有关研究成果。

学术职业。 目前已有多种对于学术职业的概念界定,如马克斯·韦伯把学术职业看作"以学术作为物质意义上的职业"②,伯顿·克拉克认为学术职业"是一个学术部落和学术领地的集合,它包括所有自然科学、人文社会科学,同时,学术职业也是其他职业的培训基地,如医生、律师、工程师等职业"③。沈红教授领导的"CAP"调查中国调查中,在中文语境下将Academic Profession 定义为具有"以学术为生,以学术为业,学术的存在和发展使从业者得以生存和发展"特征的职业。该定义具有广义和狭义之分,广义指的是所有分布在不同机构中的学者和他们所从事的学术工作;狭义指的是将四年制本科院校作为其职业发展场所的学者和他们从事的学术工作④。中国项目组研究中学术职业指的是四年制及以上学制的大学的全日制教师所从事的工作。本研究沿用了沈红教授对于学术职业的界定,并将研究重点放在中国研究型大学上,如无特殊说明,本书研究的大学教师流动关注点全部在研究型大学。

研究型大学。 学界一般认为,约翰霍普金斯大学的成立拉开了美国研究型大学发展的序幕。1900年,美国大学协会成立,"研究型大学"称号开始出现。该协会以"高深学问、研究生教育和通过研究促进知识增长"为准

---

① 李志峰,龚春芬.论学术职业的权力、权威与声望[J].清华大学教育研究,2008(8):12—17.
② 马克斯·韦伯.学术与政治[M].北京:生活·读书·新知三联书店,1999:155.
③ Burton R. Clark. The Academic Life: Small Worlds, Different Worlds [M]. The Carnegie Foundation for the Advancement of Teaching. Princeton: Princeton University Press,1987:xxi.
④ 沈红.论学术职业的独特性[J].北京大学教育评论,2011(3):18—28.

则,首批接纳了哈佛等12所大学作为会员。① 1970年之后,美国判断研究型大学的主体从美国大学教师协会转为卡耐基基金会。该分类法出现于1971年,后分别于1976年、1987年、1994年、2000年和2005年进行了修订。1971年的分类法认为,研究型大学就是"获取联邦经费前100名的大学,且这些学校授予博士学位在50个以上"。② 国内目前仍没有官方的有关研究型大学的分类,但学者一般认为中国的"985工程"建设高校应属于研究型大学③。

---

① 傅凰.研究型大学的历史演进及概念界定[J].理工高教研究,2008(10):28.
② 史静寰,赵可,夏华.卡耐基高等教育机构分类与美国的研究型大学[J].北京大学教育评论,2007(4):107—111.
③ 侯光明等.对我国研究型大学建设的阶段回顾与分析[J].科学学与科学技术管理,2005(3):97—101.

第一章

学术劳动力市场的起源:中世纪时期的大学教师流动

[本章摘要] 本章试图厘清大学教师流动与学术职业发展的基本历史逻辑。研究选取中世纪原型大学、衍生型大学诞生和发展过程作为考察目标,在对流动频率、方向、影响因素等深入分析的基础上发现,流动是学术职业生而具有的天然基因,大学教师流动在学术职业形成、学术规范建立、学术自由获得、学术职业吸引力提升等方面发挥着核心作用。同时,大学发展具有惊人的历史一致性,中世纪大学教师流动的基本特征延续至今,大学教师流动的相关政策举措不应回避对于教师流动的历史过程分析。

进入 21 世纪,世界主要国家大学教师流动进入快车道,大大加速了学术职业国际化进程,随之而来的学术流动、人才流失、学术生涯等研究方兴未艾。然而,大学教师流动究竟起源于何时,最初的规律如何,大学教师流动内涵特征是否具有历史一致性,大学教师流动与学术职业发展的历史逻辑怎样,尚未得到学界清晰的回答。

学界普遍认为,学术职业的起源与发展,依托的主要载体是大学,而大学可追溯的历史,一般认为来自于中世纪。对于大学教师流动的历史溯源应始于对中世纪大学的考察。正如拉什达尔所认为的,大学本质上是"显著的中世纪机构"①。当今大学的许多特点都开始于中世纪大学,且大学本身惊人的延续性和缓慢的变化为研究提供了便利。正如克拉克·科尔所指出

---

① 克拉克·科尔.大学之用[M].高铦等,译.北京:北京大学出版社,2008:6.

的,"对于那些 16 世纪 20 年代以前成立的各种机构而言,85 个至今仍然存在的机构中,70 个是大学,而且它们(留存至今的机构)之中,大学经历的变化可能最小。"①

课题组前期研究认为,中世纪至今,世界范围内的大学教师流动的大致规律可用"U"字形来概括。"U"的两个顶点分别是中世纪和自第二次世界大战之后的当代社会,代表着世界大学教师流动的较高水平。其中,中世纪因学术职业自身的行会属性、拉丁语言的通行、学术系统初步形成时对于教师资源的激烈争夺等原因,促成了第一次大学教师流动高峰的形成。第二次世界大战之后,尤其是 20 世纪末至今,新一轮世界经济增长、跨国贸易壁垒打通、知识经济对人才需求的空前增加、英语成为跨国通用语言等,掀起了又一轮大学教师流动的热潮。中世纪之后至"二战"之前,大学教师流动处于"U"字形的中间部位,这期间,既有因学术职业逐渐稳定导致教师收入和地位提升从而造成流动频率放缓的原因,也有拉丁语言失去全球统治力,后续的因科学中心转移而短暂兴起意大利语、法语、德语等难以担当世界语言,导致流动壁垒增加的原因。这一过程,流动的整体水平低于中世纪时期和"二战"以后,且历史跨度太长,因此本研究只选取"U"字形的一端,即中世纪和"二战"后教师流动的基本情况展开分析。

一、教师流动与中世纪大学诞生

日本广岛大学黄福涛教授曾将大学形成划分为三种类型:自然形成型、创立型和衍生型。自然形成型是"学者或师生自发聚集在某一场所研习学问、传道授业,后逐渐发展成为大学",创立型是"由皇帝、国王或教皇等通过颁发特许状直接主动创办大学",而衍生型则是由于各种原因,学者或师生在迁徙过程中"基本按照原有大学模式在异国或异地创立大学"。② 创立型大学大多依据宗教或统治者意志而成立,虽然招贤纳士过程中也伴随有大

---

① 菲利普·G.阿特巴赫.高等教育变革的国际趋势[M].蒋凯,译.北京:北京大学出版社,2009:20.
② 黄福涛主编.外国高等教育史[M].上海:上海教育出版社,2003:58—59.

学教师流动,但相比于自然形成型和衍生型大学而言,后两者的出现更多体现出学术职业的流动性以及这种流动对于新校成立的历史意义。因此,本书在探讨大学教师流动与中世纪大学诞生关系时,将主要围绕两条线索:一是大学教师流动与原型大学的诞生;二是大学教师流动与衍生型大学的建立。

(一) 大学教师流动与原型大学的诞生

中世纪原型大学主要包括三所:博洛尼亚大学、萨勒诺大学和巴黎大学。1988年9月,博洛尼亚大学举行了建校900周年庆祝仪式,但事实上,对于博洛尼亚以及另外两所原型大学的确切的成立日期,目前仍处学术争论之中。上述庆祝仪式,更多的是对中世纪大学悠久历史的缅怀,而非精确的严谨的历史追溯。难以追溯原型大学确切的成立日期,与其特殊的形成方式密切相关:成规模的教师和学生不断地迁移和流动,因多种因素最终汇聚一处,展开教学活动并建立起相应的学校章程和管理制度,这种流动最终形成了现代意义上大学的前身——中世纪原型大学。一如中世纪大学研究学者张磊所言,这些大学形成于如下背景[1]:①社会对于接受专门教育训练的热情与需求日益普遍;②各地都能见到汇聚了一批著名教师的学校;③有大批青年为寻求知识和真理不畏艰辛遍历天下等因素。

中世纪大学作为时代的产物登上历史舞台,这一过程中,伴随着大量而显著的教师流动。原型大学教师原生状态就是流动与迁徙。早期的教师游历四方,没有固定的学习和研究场所,在四处迁徙的过程中逐渐聚拢,形成学者行会,三五成群地从事知识传播。这一时期,学术职业尚未形成,学者们的生存状态"与其他从事制鞋、铁匠等手工业者组成的行会并无本质上的区别"。[2] 中世纪大学成立前后,往往被称为教师"自由迁徙的年代"。[3] 伴随着原型大学的成立,教师们出现了较高程度的集合与聚拢,但高流动性仍是大学的显著特征。"中世纪大学的最大特点之一是接受来自世界各地的

---

[1] 张磊.欧洲中世纪大学[M].北京:商务印书馆,2010:28.
[2] 黄福涛主编.外国高等教育史[M].上海:上海教育出版社,2003:57.
[3] 海斯汀·拉斯达尔著.中世纪的欧洲大学(第一卷)——大学的起源[M].崔延强,邓磊,译.重庆:重庆大学出版社,2011:49.

学生和学者,而且初期的大学往往处于不断迁移和流动状态。"①与后来的大学不同,早期的原型大学缺乏固定的教学和办公场所,没有沉重的设备,而且师生人数较少,流动便利,还有一个很重要的原因:教师们本身就来自四面八方,自身并不保持对某一地区任教的归属感。这一时期,来自不同国家和地区的教师或学生,往往组成联合会(即"民团")保障自身的利益,当宗教压迫、强权干预或市民冲突等事件发生时,教师们能以最快的速度离开。这种离去可以是短暂的,类似于政治避险,一旦得到宗教或国王特赦则快速返回;可以是长久的,另觅他地,重新展开教学和科研,助推新的大学和高等教育机构成立,也可以是向学术职业外的流动,从此告别学者生涯,投身其他职业。上述流动的特点在三所原型大学中得到了集中体现。

(1)**博洛尼亚大学**。博洛尼亚大学由"教师自己经营的私立学校"演化而来,这种教师"个别式"、"师徒式"的授课状况一直持续到1180年。但之后的10年,情况发生了根本性变化。城市当局意识到优质的师资意味着众多慕名而来的学生,而人口的大量增加,则带动了城市赋税和经济繁荣,为此,教师之间、学校之间以及城市之间开始展开激烈的高等教育竞争,防止优秀教师流失成为核心内容。为了确保能够吸引众多的学生,城市当局煞费脑筋,"胡萝卜+大棒"的政策在博洛尼亚上演:一方面对教师(尤其是著名教师、外地教师)许以好处,另一方面,通过教师宣誓等途径挽留教师,对敢于"背叛"的教师处以刑罚(根据情节轻重从罚金到死刑不等)。有关博洛尼亚大学形成并发展起来的根本原因,学者哈斯金斯(Haskins)提到了3个最重要的背景②:①11世纪末商业和都市生活以及法律研究活动的复活;②地理上的优越性,博洛尼亚是意大利北部交通要冲和中心城市;③一批"伟大的教师"使其成为"学问之都"。第一条和第二条背景,阐述了博洛尼亚建校的经济基础和优越条件,但事实上,11世纪商业的复兴不仅发生在博洛尼亚,为何具有同样甚至更为优越地理条件的国家和地区,却没有成为原型大学的诞生地?显然,名师的聚集是促成博洛尼亚大学最终诞生的最

---

① 黄福涛主编.外国高等教育史[M].上海:上海教育出版社,2003:65.
② 张磊.欧洲中世纪大学[M].北京:商务印书馆,2010:29.

核心要素。而这种教师的积累是非常漫长的,就博洛尼亚而言,此地至少从11世纪就开始聚集了众多著名的教师,这又进一步使众多求学者慕名而来①,这种循环为早期高等教育的形成积淀了核心要素——教师和学生。早期原型大学保持着高流动比率,教师因流动而来到博洛尼亚,也因流动而离开。尤其是12世纪末期,"博洛尼亚的教授们一直习惯于四处游荡"。②在缺乏学校忠诚、没有大型设备、依靠租赁民房或教堂授课的年代,稍高的薪酬、与市政当局失和及其他原因,教师很容易就选择出走。中世纪历史上,博洛尼亚一直都为教师的离去而伤透脑筋,即使在政府祭出高薪和严厉的惩罚之后,仍难以遏制教师离去的脚步,而因近亲繁殖、对本地和外来教师的歧视性条款等原因,也最终使博洛尼亚因教师出走而陷入不复。

(2) **萨勒诺大学**。与博洛尼亚相比,萨勒诺大学对于学科影响和优质师资的积累甚至更早。作为疗养胜地,早在公元9世纪,萨勒诺地区就有大批高水平医生集聚于此开馆授徒,开始了最早的私人教育活动。在11世纪晚期影响进入巅峰。学者奥拉夫·佩德森(Olaf Pedersen)总结了萨勒诺成为欧洲医学教育中心的四条核心因素③:①优质的教育资源,名师大家汇聚;②很大的市场需求,社会对高深医学专业知识的需求强劲;③医学教育方面悠久的历史传统和很高的声望;④得天独厚的地理优势。博洛尼亚大学因法学家积聚而诞生,萨勒诺大学则因著名医生集合而形成另一个高等教育中心。可以认为,学科传统的形成、学科中精英分子的积聚成为原型大学诞生的共性特征。萨勒诺大学的成立,反映出传统学科优势带来的良性循环:学科优势和声望—知名医生积聚—病人慕名而来—医学教育发达—学科优势和声望的维持和增加。有的研究者将此概括为"品牌效应"④。

---

① 张磊.欧洲中世纪大学[M].北京:商务印书馆,2010:43—44.
② 海斯汀·拉斯达尔.中世纪的欧洲大学(第一卷)——大学的起源[M].崔延强,邓磊,译.重庆:重庆大学出版社,2011:120.
③ Olaf Pedersen. The first universities: stadium general and the origins of university education in Europe[M]. Cambridge:Cambridge University Press,1997:123—124.
④ 张磊.欧洲中世纪大学[M].北京:商务印书馆,2010:40.

(3) **巴黎大学**。12 世纪初,法国大教堂附属学校成为活跃的学问中心,巴黎大学吸引了大批师生前来求学或进行学术研究。① 已有的研究证实,12 世纪的巴黎大学,拥有来自各处的大量教师和学生,大学起源"具有国际特征","师生中还有那维亚人、德国人、意大利人"。② 巴黎大学成为一些哲学问题辩论的中心,"荟萃了西欧及来自其他地区的学者,其中一些著名学者还各自设坛讲学,招纳弟子,传播自己的学术思想和观点"。③ 考察巴黎地区大学的起源时,Haskins 提到了三个方面④:①地理上的优势;②政治上的优势,成为新法兰西王国的都城;③聚集了一批像阿贝拉尔这样伟大的教师。

学者们对三所原型大学诞生背景的总结,表现出惊人的一致:不约而同提到了教师的聚集。教师的积聚是中世纪原型大学诞生的充要条件。当教会或政府意识到举办高等教育的诸多好处时,便会不遗余力吸纳教师,这促成了教师的跨地区和跨国流动,中世纪的大学开始成为"国际性"的学术机构。"虽然这一时期的大学还没有达到 19 世纪以后国际化的程度,但是,至少在欧洲区域范围内大学教师们可以自由流动,选择自己向往的大学从事学习和研究活动,并可以得到各地大学都相互承认的资格证书……从某种意义上说,中世纪早期各地的大学几乎接受来自所有地区的成员。由于当时西欧暂时的和平环境和基督教复兴运动,各地区学者之间相互访学和交流成为可能。"⑤

(二) 大学教师流动与衍生型大学的创立

因教师积聚或政府意志而产生的"自然形成型"和"创立型"大学,单从数量上而言,只占中世纪大学的一小部分,绝大多数大学,包括留存至今的非常著名的高校,大多都来源于学校搬迁和大学教师流动,"以迁校的方

---

① 黄福涛,主编.外国高等教育史[M].上海:上海教育出版社,2003:58.
② 雅克·韦尔热.中世纪大学[M].王晓辉,译.上海:上海人民出版社,2007:21.
③ 张磊.欧洲中世纪大学[M].北京:商务印书馆,2010:54.
④ 张磊.欧洲中世纪大学[M].北京:商务印书馆,2010:60—61.
⑤ 黄福涛,主编.外国高等教育史[M].上海:上海教育出版社,2003:82.

式出现的大学一度占一半左右"。这种途径也使中世纪兴办学校的速度大大加快,因流动而创办起来的衍生型大学数量"像细胞分裂一样迅速增加"。①

  原型大学的搬迁、教师和学生的出走以及毕业生创办新校,构成了衍生型大学成立的主要途径。比如 13 世纪前半叶,因博洛尼亚学生出走,就先后在维琴察(1204)、阿雷佐(1215)、帕多瓦(1222)、锡耶纳(1237)等城市建立了新的学校。②巴黎大学在 1229—1231 年,因矛盾激化,开展了历史上著名的"大撤离",师生们呈放射状离开巴黎,向四面八方分布,"有不少城市因为这次迁校而受益。许多师生分散到法国北部的许多城镇。他们搬到昂热和奥尔良……(在)这些学校可以自由地学习自 1219 年以来在巴黎大学遭到禁止的民法。巴黎大学的学生搬回巴黎之后,这些学校的学术研究还在继续,有些最后还发展到了'真正的大学'的规模,并于 1306 年(奥尔良)和 1337 年(昂热)先后获得了'大学'的正式身份。"③除了学校搬迁之外,教师个体或群体的出走并异地执教也是衍生型大学产生的重要途径,比如 1378 年发生的教会大分裂,出现了两个对立的教皇,使坚持罗马派立场的德国师生被迫离开巴黎回到祖国,先后在海德堡(1385)、科隆(1388)、埃尔福特(1389)、维尔茨堡(1402)、莱比锡(1409)等地创办大学。④

  如果选择某一国家作为衍生型大学创立研究的案例,英国是非常恰当的。中世纪时期的英国既是大学教师流动的受益者,因流动而奠定了高等教育的根基;也是大学教师流动的受害者,因对流动的镇压,抑制了高等教育的进一步发展。直到 12 世纪初,英国还没有现代意义上的大学。但英法两国飘忽不定的外交关系给了英格兰机会。12 世纪中期,亨利二世下达命令,自由出入巴黎的路径被切断,大批离开巴黎的教师开始迁入英国,在迁移事件发生的 1167 年或 1168 年初,牛津大学诞生。⑤ 牛津大学诞生伊始,

---

 ① 张磊.欧洲中世纪大学[M].北京:商务印书馆,2010:324—325.
 ② 同上。
 ③ 同上。
 ④ 张磊.欧洲中世纪大学[M].北京:商务印书馆,2010:329—330.
 ⑤ 海斯汀·拉斯达尔.中世纪的欧洲大学(第三卷)——博雅教育的兴起[M].崔延强,邓磊,译.重庆:重庆大学出版社,2011:8.

便全面学习巴黎大学"高等学科研习所"的基本做法,并在两年内发展成拥有不止两个系科的学科研习所。1175—1185年,英法两国多次断交,为牛津大学进一步吸纳学术精英创造了条件,"每一次邦交的恶化都势必将更改一些意欲前往法国首都求学的学者团体的旅程。同样,每一次两国之间短暂的和平,也毋庸置疑会因巴黎更负盛名的原型大学之魅力而使得牛津人口迅速流失。"①而且,除巴黎大学外,其他学校尤其是法国的学校,也源源不断地向牛津输送来优质的师资。② 非常重要的一点,是大学教师流动而非政治或宗教势力(不是由教堂学校演变而来),促成了牛津大学的诞生,这在源头上确定了牛津独立自主办学的历史合法性,"只有学者迁移的假设,才是唯一能够解释牛津教师们拥有独立之地位,并且没有与任何一所牛津的教堂产生组织纠缠。"③

牛津大学的诞生并非个案。如果仔细研究12—13世纪及之后的欧洲大学,则可显著地感受到来自早期大学弥漫的硝烟,与市政当局斗争、与市民斗争、与宗教斗争、与其他一切势力斗争,大学包括置身其中的教师与学生,也充满了火爆。这无论是对于原型大学还是衍生型大学,都有显著的体现。牛津大学因巴黎大学教师的出走而建立,但这种出走很快又发生于牛津大学自身。1209年,经历了多次市民冲突之后,牛津镇爆发了最大规模的学校与市民冲突,史称"牛津事件",在确定遭到市民死亡威胁后,牛津师生仓皇逃跑。一部分逃往巴黎大学,一部分逃往附近的重要城镇瑞丁,还有一些人逃到了剑桥,就这样,另外一所保留至今的衍生型大学——剑桥大学诞生。可以肯定的是,剑桥高等学科研习所的出现都应当归因于牛津1209年的"临时歇业"。根据马修·帕里斯(Matthew Paris)的记载,当时大约有3000名学者离开了牛津。……而实际上牛津大学也可以说是暂时解散了,直至后来英格兰国王与罗马教皇和解,牛津市民被国王特使控制,大学才得

---

① 海斯汀·拉斯达尔.中世纪的欧洲大学(第三卷)——博雅教育的兴起[M].崔延强,邓磊,译.重庆:重庆大学出版社,2011:17.
② 海斯汀·拉斯达尔.中世纪的欧洲大学(第三卷)——博雅教育的兴起[M].崔延强,邓磊,译.重庆:重庆大学出版社,2011:10—11.
③ 海斯汀·拉斯达尔.中世纪的欧洲大学(第三卷)——博雅教育的兴起[M].崔延强,邓磊,译.重庆:重庆大学出版社,2011:12.

以重新组织起来。1214年,罗马教廷终于向牛津颁布教皇谕令:当年出走他乡的教授和学者可以自由选择回归牛津,并恢复授课,但那些在停课期间仍然以对抗的形式坚持授课者将被处以取消授课资格三年的惩罚。①

中世纪大学在与世俗的斗争中,存在着一种笔者称为"蜜蜂效应"的情况:即当蜂巢受到攻击,蜜蜂四散奔逃,而一切恢复平静,只要蜂巢尚存,则大量蜜蜂将会陆续返回。"牛津事件"后,在1214年罗马教皇谕令之下,牛津学者基本都回到了牛津镇,这一时期剑桥"几乎处于被遗忘的状态"。但历史上,剑桥与牛津,绝非《圣经》中男人与其肋骨所造女人之关系,剑桥和牛津一样,也有来自巴黎大学的血统:1228年,巴黎大学和市民再次发生严重的冲突,1229年亨利三世亲自写信向那些被迫出走的学者发出特别邀请,向遣散的巴黎学者提供了一个政治避难所,并承诺指定几个英格兰城镇作为后者的居所,而剑桥正式学者们落脚的城镇之一,收留了不少旅法学者,并重新恢复了巴黎的教学(还有一部分学者去了牛津)。因此有学者认为,到1228年巴黎迁移事件发生之后,"作为拥有皇家认证和独特学术组织的剑桥大学城的历史才真正有迹可循。"②与剑桥命运形成鲜明对比的是北安普顿大学。同是由于教师迁徙而形成的这所大学,面对国王的强势与保守,在12世纪上半叶昙花一现,最终没能形成英国"牛剑"之外的第三所著名学府。③ 与对剑桥大学的仁慈不同,当局对待北安普顿大学的态度严厉而坚决。时至今日,学者们对英国历史上的这一举措仍倍感沮丧,甚至认为,英国"大学的凋零损害了英国知识的发展,而牛津和剑桥也因为完全缺乏竞争而在某些历史时期一度停滞不前。甚至可能直至近代,英国的教育还在品尝因两所老牌大学的独断专行而结出的苦果。"④

---

① 海斯汀·拉斯达尔.中世纪的欧洲大学(第三卷)——博雅教育的兴起[M].崔延强,邓磊,译.重庆:重庆大学出版社,2011:18—20.
② 海斯汀·拉斯达尔.中世纪的欧洲大学(第三卷)——博雅教育的兴起[M].崔延强,邓磊,译.重庆:重庆大学出版社,2011:167.
③ 海斯汀·拉斯达尔.中世纪的欧洲大学(第三卷)——博雅教育的兴起[M].崔延强,邓磊,译.重庆:重庆大学出版社,2011:52—53.
④ 海斯汀·拉斯达尔.中世纪的欧洲大学(第三卷)——博雅教育的兴起[M].崔延强,邓磊,译.重庆:重庆大学出版社,2011:54—55.

二、中世纪大学教师流动的高度"国际性"

中世纪大学教师流动,依据学者自身对职业发展的定位,教师流动的频率可分成两种主要类型。

(一) 高流动人群:作为中间事业的学术职业

中世纪,将学术职业作为其他行业入职跳板的做法一度十分流行,这使学术职业陷入尴尬的境地。一方面,学术职业具有理论上的崇高感和上流社会的封印。另一方面,因收入、真实的阶层地位等使学术职业难以留住人才,学术职业成为一种尊而不贵的职业,"博士学位也成为只是贵族阶层的荣耀勋章,并如同牧师或骑士职任一般"。[①]"如果我们对12世纪后半叶获得'教授'头衔者逐一进行调查的话,便可得知其实拥有这一头衔者并非全是致力于,或者至少不是终身从事教学活动的人士"。[②]

有鉴于此,甚至直到18世纪末,正如萨拉曼卡大学给菲利普五世的信中所言[③],学术职业仍不被看作一个充分发展的职业,学术职业一度成为政府公共职务人员后备人才的摇篮。比如在西班牙,大学的教职只被认为是寻求公职的途径,而不是本质上值得特殊重视的职业。……到17世纪,法学教师不离开大学去担任圣职或官职的人极为罕见,如此快的职业变动使得许多教职在一年之中通常易手1~2次。大学教授离职源于收入的减少和学生数量的减少,学生减少反过来导致了教授学费收入的降低。

这种向外行业的流动,不论是显性的(直接放弃大学工作)还是隐性的(兼职从事大学工作),在中世纪的发生频率都非常高。对于大多数教师而言,甚至根本不存在学术职业阶梯,因为"他们在从事10~15年的教学和科

[①] 海斯汀·拉斯达尔.中世纪的欧洲大学(第一卷)——大学的起源[M].崔延强,邓磊,译.重庆:重庆大学出版社,2011:154—155.

[②] 海斯汀·拉斯达尔.中世纪的欧洲大学(第一卷)——大学的起源[M].崔延强,邓磊,译.重庆:重庆大学出版社,2011:143.

[③] 希尔德·德·里德西蒙斯.欧洲大学史(第二卷)——近代早期的欧洲大学[M].张斌贤等,译.保定:河北大学出版社,2007:257.

研工作之后,就会去教堂从事专职神职工作。"①当时一大批包括大主教、红衣主教等在内的神职人员,甚至包括英国的几任国王都曾经在大学中任职,这种"教而优则仕"的例子也往往通过这些成功人士像信号一样四处传播,成为教师们对于学术职业的集体共识。

(二) 低流动人群:作为终身事业的学术职业

学术职业发展到一定阶段,才开始出现专职的"普通教师",但却快速占据了中世纪大学特别是新成立大学教师中的大多数。他们专注于大学生活,放弃对外行业的觊觎,在大学度过许多年甚至一生。学术职业群体中普通教师的出现,明显减少了教师在地理空间上的流动。

除了"普通教师"的出现导致大学教师流动的下降,中世纪大学教师流动的频率还与职称、专门知识的获得等保持有密切的联系。中世纪教授的职位相对持久,而助教则完全相反,"教授可能在某个学院干一辈子,但很少有助教能够在一个学院待到他所教班级的学生毕业"②。早期教授的高流动率,也与教学知识的专门化水平较低有关,当学术职业专门化水平提高,教师身份由"教书匠"变为从事专门知识的传授和研究的学者,将学术职业作为终身职业的学者比率就大幅上升。

但是,这也并不完全意味着低流动率,流动也可能在学术职业内部发生,而这种类型的流动,相比于向学术职业外流动,对于学术职业发展更具积极意义。德国在很早的时候就意识到流动对于学术职业良性发展的积极意义,甚至将此变成制度性的活动:部分大学(如海德堡大学)明确禁止教授终身制;大部分大学教师在学术职业内流动频率较高,如因戈尔施塔特大学(1472—1625),只有29%的法律教授任职超过了10年,17%的任职不到1年,22%的任职1—3年,13%的任职3—6年,20%的任职6—10年。③

---

① 希尔德·德·里德西蒙斯.欧洲大学史(第二卷)——近代早期的欧洲大学[M].张斌贤等,译.保定:河北大学出版社,2007:258.
② 亚瑟·科恩.美国高等教育史[M].李子江,译.北京:北京大学出版社,2010:26.
③ 希尔德·德·里德西蒙斯.欧洲大学史(第二卷)——近代早期的欧洲大学[M].张斌贤等,译.保定:河北大学出版社,2007:255.

通过对中世纪大学教师流动频率的梳理,我们可以得到三点发现:一是中世纪大学尤其是早期阶段,大学教师流动频率很高;二是学术职业具有天然的流动性,这种流动贯穿于中世纪大学诞生和发展的始终;三是学术职业的稳定性与其成熟度和吸引力显著相关,当专门化程度提高、教师需求增大、收入增加之后,"普通教师"的出现成为必然。

三、中世纪影响大学教师流动的主要因素

中世纪大学教师流动受多重因素影响,以下按照影响重要程度做一些分析。

(一) 金钱

将金钱排在大学教师流动影响因素的第一位无疑是让人沮丧的,但中世纪大学的教师们却经常抵挡不住金钱的诱惑离开原职。在"收费上课"的薪酬模式下,为获得有限的薪俸、征集考试费或者捐款,尤其是当其他大学提供了更高薪酬,中世纪大学的教师经常选择不辞而别。但这种高流动性不涉及对于职业精神的价值判断,因为在中世纪早期,流动是教师们对抗工作收入过低的有效手段。中世纪大学教师的收入长期处于较低水平,以帕维亚大学为例,直到15世纪,仍有30%—50%的教师收入不超过50菲尔瑞尼(即一名熟练劳动者的工资水平)。而且这种情况并非个案,"在欧洲的每一个地方,教授们都在抱怨他们的工资……1767年乌特勒支大学教授赖茨表达了这样的希望,即那份工资应满足一个人生活的尊严和能够购买一些必须的科学参考书。1599年,鲁汶的教授们抱怨工资太低,根本雇不起佣人。波尔多大学法兰西法的教授报酬低到'很难找到一个教师乐意从事或满足于自己的工作'"。① 对于原型大学而言,它们必须时刻面对来自敌对大学和周围城市对本校教师的觊觎,中世纪"几乎所有稍具学术潜力的大

---

① 希尔德・德・里德西蒙斯.欧洲大学史(第二卷)——近代早期的欧洲大学[M].张斌贤等,译.保定:河北大学出版社,2007:248.

学都求贤若渴,急于用优厚的报酬引诱其他城市的杰出教授,只有博洛尼亚这种根深蒂固的老牌名校才有足够的底气和实力对本土教授加以限制。"① 但博洛尼亚大学的教师也经常因为金钱而出走,"博洛尼亚大学已经享有欧洲最高学府的声誉,能够诱使教授离开者多半是为了金钱,而不是因为职位或名誉。"② 对于新大学而言,则对金钱与教师流动的关系更加感同身受,因为新大学的创建,没有高工资和名头衔,是很难吸引到智者的。③ 要建立一所成功的大学,要有能力为所有学院吸引到能干的教授和一些著名的人物。因此,在年轻的大学里,政府竭力保障教授们的薪水比更有声望的、年久的大学具有竞争力。甚至利用在我们这个世纪非常熟悉的方法使大学不断发展,即通过提供高薪水、低教学任务吸引杰出的外国学者来大学任教。教授们因为金钱不仅会放弃对学校的忠诚,甚至也会放弃对学科的忠诚。有一个那不勒斯大学的教授,为了增加他的收入,曾经教过神学、哲学、教会法和民法。④ 流动似乎已成为教师们对于低工资的报复行动,即使这种报复的方式最终不是离职,也往往换成别的方式,比如降低工作量,只拿出相当少的时间从事教学活动;或者大量兼职,接受校内外的其他职位来增加收入。⑤

(二) 市民冲突

如果说金钱在大学教师个体流动的影响因素中排名第一,那么市民冲突则是群体性大学教师流动影响因素的第一名。中世纪的大学师生往往因市民冲突而离校出走,"在有大学的城市,师生与当地居民和城市当局之间总是会发生各种矛盾、冲突与斗争,有时还会发生流血事件,并导致大学师

---

① 海斯汀·拉斯达尔.中世纪的欧洲大学(第一卷)——大学的起源[M].崔延强,邓磊,译.重庆:重庆大学出版社,2011:149.
② 张磊.欧洲中世纪大学[M].北京:商务印书馆,2010:233.
③ 希尔德·德·里德西蒙斯.欧洲大学史(第二卷)——近代早期的欧洲大学[M].张斌贤等,译.保定:河北大学出版社,2007:254—256.
④ 希尔德·德·里德西蒙斯.欧洲大学史(第二卷)——近代早期的欧洲大学[M].张斌贤等,译.保定:河北大学出版社,2007:256.
⑤ 希尔德·德·里德西蒙斯.欧洲大学史(第二卷)——近代早期的欧洲大学[M].张斌贤等,译.保定:河北大学出版社,2007:253.

生集体迁校。……动辄以迁校相威胁这种做法在建校初期是常用的策略,因为没有大笔投资,也没有自己的校舍等不动产,教学主要是通过租房子或者借用教堂等方式进行,大学完全可以做到'说搬就搬'"。① 这一过程很难厘清学校与市民有关争执的对与错,但可以肯定的是,双方都为此付出了代价。大学付出的代价在于,失去了部分教师和学生,可能导致学校地位的衰落,比如博洛尼亚大学在师生多次出走,构建起一批新大学的同时,自身元气大伤。但这种集体流动对大学也有收获,往往在出走之后获得特赦或专门性法令,得到赦免的同时,增加了办学权限,比如牛津大学1335年著名的"械斗"发生后,师生出逃,最终获得国王的赦免,这次事件最终处理结果是"大学获得了新的特权,而城市再次蒙羞"、"对于大学与城市之间长期争论的每一项内容,前者都赢得了永久性的胜利。从此以后,整个牛津城都在实质上处于大学的统治之下。"②中世纪大学,大多就处于王权和宗教的呵护之下,得到诸多特权(如独立的司法审判权)。这些权力,一部分化成了维护学术自由的力量,另一部分则成为了大学与市民冲突的源头,而在诸多冲突中,市民虽偶尔小有胜利,更多时候却成为退让的一方。市民与学者的冲突,似动物的分娩,过程痛苦却往往带来新的契机。因流动而构建起的衍生型大学,因流动而促成的知识传播,因流动而强化的高等教育规则、学术自由的理念、独立的办学自主权等,最终写入了高等教育发展的史册。

(三) 宗教

几乎所有欧洲大学都具有鲜明的宗教色彩,差别之处在于所信奉宗教的不同,和对教师信仰的宽容程度。其中的一些大学,在宗教事件中,往往改变自己的立场,在这样的过程中,那些坚定原有立场的教师面临着改变抑或离开的选择,这也成为促成学者群体性流动的重要因素。中世纪,因宗教影响大学教师流动,随时间推移愈演愈烈。比如1377年之后,欧洲教会"大分裂",导致了教师的群体性流动。巴黎大学的一部分学者回到了德国,促

---

① 张磊.欧洲中世纪大学[M].北京:商务印书馆,2010:62.
② 海斯汀·拉斯达尔.中世纪的欧洲大学(第三卷)——博雅教育的兴起[M].崔延强,邓磊,译.重庆:重庆大学出版社,2011:58—61.

成了德国高等教育的发展。在中世纪,教授聘任的一个重要因素是宗教信仰。比如德国的马堡大学建校时就宣称"如果大学教授有悖于上帝方面的内容,无论是谁,都要被逐出大学"。① 英国的学校也大抵如此。英国教会控制下的牛津和剑桥要求所有成员,包括学生、院士、院长、辅导教师和公开讲座的教授都必须认同《至尊法案》,承认国王是英格兰教会最高权威,并认同教会的三十九条信纲。这就是说,从16世纪开始公开宣称天主教的信仰以及1662年后公开承认为非英国国教教徒的人被排除在这些大学之外。……欧洲大陆也存在相类似的情况……教授宗教信仰的正统性不仅是教师得以任用的决定因素,也是教师被解雇的主要原因。历史上几乎每一所大学都能找到教师因为宗教信仰而被开除的例子。②

(四) 职称、毕业学校与学科

试图流动的学者是否最终被接纳,除了学术水平的考量(职称),还要看其"来自哪里"(毕业学校)和"学了什么"(学科)。中世纪大学并无类似当今高等教育的严格的教师职称评聘制度,教授职称也并不是在所有学校都是任教资格的有效凭证。比如在巴黎,教学的报酬非常微薄,教学人手十分紧缺,该种情况下,不但所有愿意从事教学活动的人士都可以在巴黎讲学,甚至就连许多在巴黎居住的在读研究生也经常临时充当教师的角色。而博洛尼亚大学则相反,拥有教授身份或者授课资格者与非教授身份者有着根本的区分。博洛尼亚以教学为己任的博士一旦开始教学生涯便会迅速地获得一个类似于今日大学"教授"的位置,至于其他并不打算从事教育事业的博士和教师则会逐渐失去大学教授应当享有的权益。③ 博洛尼亚还制度化了教授的"晋阶权",类似于后来德国的讲座制,一方面,规定只有博士才具备正式讲座的授课资格,另一方面,严格控制人员数量,只有出现内部席位空

---

① 黄福涛.外国高等教育史[M].上海:上海教育出版社,2003:114.
② 希尔德·德·里德西蒙斯.欧洲大学史(第二卷)——近代早期的欧洲大学[M].张斌贤等,译.保定:河北大学出版社,2007:241—242.
③ 海斯汀·拉斯达尔.中世纪的欧洲大学(第一卷)——大学的起源[M].崔延强,邓磊,译.重庆:重庆大学出版社,2011:144.

缺时才吸收新成员。经过严格筛选者获得教授职称,这是对大学教师执教能力的一种认证,在大学教师流动过程中,成为接纳方对教师任职水平评判的重要依据。在中世纪,毕业院校的办学资历、学科水平等,很大程度上影响了学者的初职选择和未来发展。一方面,几所原型大学高高在上,几乎从来不承认任何根基尚浅的学校授予的博士学位,"巴黎大学就连牛津培养出来的学位获得者也必须重新经过考核以及教学资格授予才被准许加入自己的机构。而牛津大学对前者的傲慢理所当然地进行了反击——尽管有教皇谕令的规定也仍然拒绝接纳来自巴黎的博士。"① 另一方面,大学教师招聘越来越显著的本地化倾向也加剧了对毕业学校的关注,这种本地化倾向使高校所在地大学受益更多。大学教师流动也与学科密切相关。博洛尼亚大学形成和发展之初,就是依靠意大利境内大批学者对于《罗马法大全》研究的热情而聚拢了一批学者。在其最辉煌的时期,几乎欧洲最伟大的法学家都云集于此,并整整延续了一个半世纪之久,无怪乎拉斯达尔称博洛尼亚法学大师的贡献是所有中世纪遗产中"唯一至今仍然在被几乎所有学科的现代教师所孜孜探求的文化财富"。②

(五) 亲缘关系

中世纪的大学教师流动,不得不提的一个重要的影响因素是亲缘或学缘关系,对此,萨尔茨曼在《卡尔·冯·卡尔茨伯格》一书中描绘了很有意思的一幕③:一个年轻的大学教师抱怨说,凭资历他完全有资格获得一个空缺的教职,但所有负责此事的教授对他都很冷淡。"实际上",一个同事说,"看来你并不知道如何在格吕纳得到一个职位。我们有很多漂亮的教授的女儿,娶一个! 会怎么样呢? 事情会变得好起来"。"教授的女儿"现象诠释了亲缘关系对于学者晋升的重要性,类似的亲缘关系还包括父子、叔侄等,尤

---

① 海斯汀·拉斯达尔.中世纪的欧洲大学(第一卷)——大学的起源[M].崔延强,邓磊,译.重庆:重庆大学出版社,2011:8—9.
② 海斯汀·拉斯达尔.中世纪的欧洲大学(第一卷)——大学的起源[M].崔延强,邓磊,译.重庆:重庆大学出版社,2011:174.
③ 希尔德·德·里德西蒙斯.欧洲大学史(第二卷)——近代早期的欧洲大学[M].张斌贤等,译.保定:河北大学出版社,2007:243.

其到了中世纪中后期,这种通过近亲繁殖获得教师岗位的现象更加普遍。学者万德尔(Wandel)通过史料梳理,详细列举了一些由家族统治的"学术王朝"。这种亲缘关系,一定程度上限制了大学教师的自由流动。

(六)学术态度

是否进行大学教师流动,归根结底是学者自身的选择。中世纪末期及之后,学者出现了明显的分化,正如上述大学教师流动频率部分所阐述的,一部分人继续以学术职业为跳板,试图寻找更具前途的职业;另一部分教师,则安心任教,"把教书看成是一项真正的事业"。① 另外一种影响中世纪大学教师流动的因素是教师对于教学和科研的态度。一部分热爱科研的教师往往来到那些具有"重视教学的传统和强调科学探寻和实验"的大学任职,"那些建在博洛尼亚、佛罗伦萨、那不勒斯、帕尔马和其他城市的法律学园通常把探究和实验置于教学之前,因此,相对于那些没什么机会做别的只有教学的大学而言,一些著名的学者更愿意待在这样的学园中。"②

四、本章小结

通过对中世纪大学教师流动历史的系统梳理,发现大学教师流动与学术职业发展存在紧密联系,核心表现在四个方面。

(一)大学教师流动与学术职业的形成的关系

学术职业形成有赖于诸多条件的成熟,如经济发展达到一定水平,需要对社会需求旺盛的法律、医生、牧师等职业人才进行专门化培养;道路畅通,便于学生跨境求学;市政当局或宗教领袖的重视,提供经济上的支持和安全上的保护等。但强有力的证据显示出,学术职业的形成根本上源于教师的

---

① 希尔德·德·里德西蒙斯.欧洲大学史(第二卷)——近代早期的欧洲大学[M].张斌贤等,译.保定:河北大学出版社,2007:256.
② 希尔德·德·里德西蒙斯.欧洲大学史(第二卷)——近代早期的欧洲大学[M].张斌贤等,译.保定:河北大学出版社,2007:247.

流动。一是大学教师流动促成了教师行会诞生。早期的教师群体大多以私人授课的方式达到养家糊口的简单目标,零散、无序并缺乏合力。当教师规模扩大和流动性提高之后,通过有组织的联系,开始形成类似于手工业行会、小商品行会等协会组织,形成较为集中的教学地点和较为普适的行业规范。这一过程中,是流动使得教师群体变得有序、充满竞争和声势浩大。二是教师行会促成了大学诞生,即先有教师,后有学校。早期自然形成型的大学、高等教育讲习所或其他具有高等教育性质的机构皆是如此。在没有执政当局筹建和认证的情况下,通过民房或教堂的租赁,依靠教师个人声望聚集学生,通过专业人才的输出、促进人口和税收增加和提升城市知名度,最终获得执政当局认可,建立起大学。三是大学成为学术职业形成的载体。母体大学的成立,彻底解决了学术职业形成的组织障碍,使学术职业正式登上高等教育舞台。行政当局和宗教势力的介入,虽然经常以限制学术流动甚至学术自由为代价,但也彻底改变了学术职业作为行会性质的世俗气息,制度化和规范化的教师群体形成了最早的学术职业。大学教师流动与学术职业诞生,除上述逻辑上的联系外,也存在情感上的关联。大学诞生,学术职业形成之后,我们看到教师个体或群体仍然保持高频率的流动。而反观中世纪的其他行会组织,在面对类似的矛盾或压迫时,往往选择忍气吞声。这说明,流动类似于动物的本能,是学术职业天然情感的因素,正像来去匆匆传播知识和文明的吉普赛人一样,教师们在感情上只尊重知识和自由,一旦遇到忤逆就毫不犹豫地选择离开,这种流动与教师气质的天然联系显然与其他行业具有显著差别。

(二)大学教师流动与学术职业规范的建立的关系

当代大学制度历史追溯的原点一般被定为中世纪大学(而不是中国的太学、希腊的学园等),主要是因为中世纪大学完成了一系列有关大学制度、规范和章程的构建。也是在这一时期,高等教育的发展从无序到有序,学术职业的状态从混乱到规范,这一过程也充满大学教师流动的印记。大学教师流动促进学术职业从业资格的规范。早期作为行会的教师行业从教门槛低,不需特别许可和上岗凭证,导致师资力量良莠不齐,并且导致低声望大学的毕业生流动困难,学术流动大多以原型大学的向外输送和辐射为主。这种流动的梗阻引起了当局的关注,在两个方面进行了改革,从而规范了学术职业从业秩序。一是教师任职许可的规范,12世纪执教资格(许可证)制度的出台,使获得颁发的资格证书成为执教的前提条件,实现了高等教育从无序到有序的过渡;14世纪牛津和剑桥大学对于托钵僧修士非法入侵的不懈争斗,最终厘定了大学和宗教对于学位授予的任教资格的边界。二是学位授予的规范,早期的学位由大学自行考核和授予,政权和宗教势力介入后,在博士学位颁发、教授资格认定方面,给予了官方支持,尤其是教会组织,因其强大的超国家性,获得学位者得到了世界范围流通任教的资格,规范的学位制度也从此诞生。大学教师流动与学术职业规范的建立,还体现在原型大学和衍生型大学的关系中,通过流动而构建起的衍生型大学,其学术职业主体大多来自原型大学,原型大学早期形成的上述学术职业规范,通过这种关系被传递到各处,保证了规范的大致统一,进而使全行业保持高的标准化水平。

(三) 大学教师流动与学术自由的获得的关系

中世纪大学反复多次地与市民争斗、与宗教部门和市政当局争斗、甚至与大学自身的其他势力争斗,并在这一过程中发生了大规模的械斗、流血牺牲、大迁徙或者大逃亡,这并不能简单归结为欧洲人火爆的脾气,更为重要的是,学术职业创立之初,教师们就有着对学术自由重要性的先见之明和不懈追求。有一种观点认为,如果中世纪大学诞生之初,国王或教会不授予大学师生有别于市民的特殊权利,则可避免或者降低这种激烈的市民冲突。应该承认的是,确实存在因特权而有恃无恐"惹是生非"的大学成员,但更应看清的是,大部分矛盾激化的背后是双方所信奉理念存在根本差异。自由的理念既可以理解为长期流动的教师群体身上原始的"野性",也可以理解为当前我们所认为的"不自由、毋宁死"的人权上的自由,或者思想和学术自由驰骋的那种研究领地或研究观点上的自由。中世纪大学中的教师,给人的感觉是似乎极其缺乏耐心,常常因各种理由而出走,有的是悄悄地走,有的是大张旗鼓地走,有的则是打不过而逃跑。虽然有时候也付出惨重的代价,但总体而言,教师们在流动中最终获得了胜利,维护了个人的利益,更主要的是,构建了大学独立的性格及与世俗社会的围墙。虽然这仍是一种有限度的自由(如不能违反宗教),但对于早期高等教育的茁壮成长、早期学术职业的发展,以及后来学术职业对学术自由的执着追求,都极具意义。

(四) 大学教师流动与学术职业吸引力的提升的关系

早期的学术职业的吸引力,如果从阶层构成看,是非常低的。最高贵阶层出身的学生极少被吸引到该职业中来,招聘到的教师主要来自社会下层或中间阶层,那些"最具有雄心大志的人,如果他们真正想追逐一项闪光的事业,他们或者进入教会,或者服务于国王,被迫很快放弃大学"。[①] 这主要是因为学术职业自身更多的是作为"中间职业"而非终极职业。但当普通教师群体出现后,学术职业向外行业的流动显著下降,职业吸引力开始提升。虽然用现在的眼光来看,这种吸引力仍然是极其有限的,和当代大学教授作为社会中上阶级的社会地位相比,中世纪的普通教师那份仅供养家糊口的薪水不值一提。但吸引力的提升是循序渐进的,正是普通教师的出现,使学术职业人群开始分流,不至于全部演变成外职业的"预备役",从这个角度来说,对于学术职业的良性发展而言,流动也并非越高越好,建立在稳定基础上的适度流动,面向学术职业内部的流动,才是健康的学术职业发展所谋求的。

---

① 希尔德·德·里德-西蒙斯.欧洲大学史(第一卷)——中世纪大学[M].张斌贤等,译.保定:河北大学出版社,2007:182.

第二章

当代学术劳动力市场：全球与中国大学教师流动的基本状况

[本章摘要]西方学界一直高度关注全球大学教师流动的趋势与规律，但至今仍缺乏作出有力判断的经验证据。本章首次通过对两次全球学术职业调查的实证分析，发现过去15年全球大学教师流动总体呈现频率增加的趋势。通过对"快速上升"、"稳步上升"和"平缓下降"三种类型大学教师流动频率变化的原因分析，结合大量实证证据与经验证据，清晰作出中国学术职业即将迎来较大规模流动的判断，并就此过程中大学教师流动的心态选择、道路选择和改革方向进行了深入讨论。

一、第二次世界大战后学术劳动力市场的主要特征

当代学术职业的生存环境发生了很大变化，大学教师流动情况也出现了一些新的趋势。尤其是"二战"之后，世界经济开始复苏，随着知识经济的到来，各国对于专业人才的需求大幅增加，学术职业作为培养专业人才的"关键职业"，受到前所未有的重视。在学术职业大发展的同时，流动如影随形，从20世纪50—60年代开始，20世纪90年代至今达到高峰，在这一过程中，大学教师流动表现出几个较为显著的特征。

（一）从结构性迁徙到制度性迁徙

第二次世界大战使数以万计的科学家逃离曾经的科学中心——德国，作

为主要接收地的美国、英国等成为流动的受益者。尤其是美国,在早期就大量派遣学者赴德国留学,这部分人的回归带来了洪堡的教育思想,带回了尖端知识,并建立起精良的学术机构和实验室,结合美国自身对于高等教育理念的创新,美国在"二战"前就已形成了高等教育的"高原"。大批德国及其他"轴心国"科学家的到来,极大充实了美国的研究实力,带动了相关高等教育机构的发展,使美国从学术"高原"走向"高峰",世界科学中心从德国转移到美国。

笔者将这种因种族、信仰和战乱等原因导致的教师大规模流动定义为"结构性迁徙"。比如在冷战期间,大批苏联的科学家"叛逃"至美国,一定程度上使美苏竞赛的天平向美国倾斜。20 世纪 90 年代苏联解体后,俄罗斯科学家大规模流向西欧和北美,动摇了苏联科学发展的基础。

一些区域性的战争或民族冲突导致的大学教师流动也属于结构性迁徙的范畴,并在客观上促进了科学的发展。一位南斯拉夫种族清洗的受害者来到美国,并最终获得了美国国家科学奖,他在获奖致辞中说"成为美国公民,在我所热爱的工作中得到了承认,并有幸结识杰出的学生和同事,这一切我感谢命运。"[①]

这种结构性的大学教师流动,与政治、宗教、意识形态、极端事件等关系密切,学者流动更多属于被动流动。但毛泽东等人所预言的第三次世界大战最终并没有打响,世界竞争转变为经济竞争,教师的结构性迁徙下降为次要形式,制度性迁徙成为主流。本章提出的教师"制度性迁徙",与结构性迁徙相对应,主要是指因教育、经济等社会发展形式和程度的不同,出于对教师的吸引而形成的有规律流动。该种流动更多属于主动流动。大学教师在制度性迁徙过程中,教育和经济因素发挥了核心作用。

1. 教育因素

20 世纪 60 年代前后,美国等发达国家先后步入高等教育大众化阶段,学校数量的激增和学生规模的膨胀,一度使大学教师供不应求。在一段时期放松学历要求之后,对于教育质量的反思使各国高等教育逐渐从混乱中走出,逐步加强了对学术职业入职资格的限制,对于博士学历或博士后经历

---

① 蓝劲松.一流大学卓越校长[M].北京:北京大学出版社,2008:113.

的全面要求,提升了学术职业的总体发展水平和吸引力。学术吸引力的提升通过至少三条途径促进了教师的国际流动。

(1) 直接吸引教师学术移民。"科学总是因它的无国界性而自豪,大学教授们也因此以世界主义者自居,往往降低了对于学校和国家的忠诚度"①。这种世界主义与低忠诚度可能与学术职业的特点有关:一方面,教师们更愿意向学术中心或者高等教育中心靠拢,正如中世纪旅行的教师们向往巴黎,19—20 世纪的教师向往德国一样,随着院校系统的日益接近,学位逐渐在国际范围内广为接受,当代大量的学术人员为了追求学术事业而移民国外,那些处于高等教育中心的国家意识到高层次人才对于教育、经济和社会发展的重要意义,所制定的移民政策"越来越有利于那些高技能人才",并最终帮助大学"聘用全球杰出人才"②,这为教师移民打开了方便之门,并提供了制度上的保障。另一方面,学术职业与其他职业相区别的一大特征是学者的群居属性——他们更愿意聚集在那些本学科发展水平较好的地方,"学者不喜欢学术上隔离,好学者往往聚集到一起。这种聚集是特别有效能的环境。"③这也促使他们按照学科的发展水平选择流动或移民的方向。

(2) 间接吸引"准学者"移民。好的高等教育质量,吸引来自世界各地的留学生。目前世界范围内至少有 250 万名学生在他国学习,其中一部分通过攻读博士或从事博士后工作,受到了专业的学术训练,成为"准学者"。但他们中的很多人在完成学位以后没有回到自己的国家,这使他们的祖国失去了这些训练有素的人才。这种途径虽然是间接促进了学术职业的跨国流动,但在大学教师流动的人数比例中却占据了非常大的比例,比如阿特巴赫就曾指出,80%从中国和印度出国留学的学生在学成以后没有立即返回自己的国家。④ MIT 前校长特维斯也曾指出,"我国(美国)高校的出类拔萃很大程度上归功于对国际学者的开放。获得诺贝尔奖的 MIT 教师包括来

---

① 阿特巴赫.变革中的学术职业:比较的视角[M].别敦荣,译.青岛:中国海洋大学出版社,2006:32.
② 阿特巴赫.高等教育变革的国际趋势[M].蒋凯,译.北京:北京大学出版社,2009:28.
③ 克拉克·科尔.大学之用[M].高铦等,译.北京:北京大学出版社,2008:53.
④ 阿特巴赫等.全球高等教育趋势:追踪学术革命轨迹[M].姜有国等,译.上海:上海交通大学出版社,2010:30.

自日本、印度、意大利、墨西哥的成员。我们的教务长出生于以色列。我们有出生于加拿大和澳大利亚的院长。他们几乎都是作为研究生来到美国的。"① 这种学生的流动引发的间接的大学教师流动具有明显的学科特性。以美国为例,当前约 1/3 的理工科博士学位授予了外国公民。这些博士学位获得者当中许多人最初都在美国求职,其中大约 40% 永远留在了美国。②

(3) 通过短期学者交流促进教师跨国流动。还有大量的学术人员并不在国外攻读学位和移民他国,而是为了从事研究或教学暂时旅居国外。这种以访问学者等形式出现的教师,也大大促进了国际学术流动。目前世界上虽无确切统计,但有研究估计,全球约有 25 万名访问学者,2002 年,美国的大学吸收了其中的 8.5 万名。③ 中国的大学,尤其是 39 所被认定为研究型大学的"985 工程"建设高校中,教师们进行 1~2 年的出国学术访问已极为普遍。如果再纳入参加国际学术会议等其他短期的跨国学术活动,则人数基数更大。这一过程中多数访问学者在旅居结束后回到自己的国家,但也有一些人利用他们的工作机会实现了永久移民。

2. 经济因素

《爱弥儿》中,卢梭强调不应提升大学教师的工资,因为这会让他们陷入金钱的追逐而不是学术追求。但不得不承认,当代世界各国高等教育的不断发展,正使曾经清贫的学术职业变得富有和分化。

作为整体的学术职业,因薪酬的吸引力降低,存在大量向其他职业流动的情况。就工资水平来看,目前各国大学教师们的工资,很难与经过同等教育程度从事其他职业尤其是专业技术人员相比,发展中国家这一情况尤其严重,有些国家教师的工资"连中产阶级的生活方式也无法维持"④,有些国家的学术职业沦为外围职业。

---

① 蓝劲松.一流大学卓越校长[M].北京:北京大学出版社,2008:112.
② 同上书,第 113 页.
③ 阿特巴赫.高等教育变革的国际趋势[M].蒋凯,译.北京:北京大学出版社,2009:29—30.
④ 阿特巴赫等. 全球高等教育趋势:追踪学术革命轨迹[M].姜有国等,译.上海:上海交通大学出版社,2010:18.

与现实工资水平相比,工作的稳定性预期也在下降。很多国家对于教授们的职业阶梯设计从终身职变为更多的固定合同、短期合同甚至兼职聘任,比如在美国,新的任命中只有一半是传统的终身教职。这既导致工资水平下降,又导致工作稳定性降低,而且教授们因聘任制度改变,使得管理主义的作风蔓延至高校,教师们受到更强的官僚控制,他们管理自己时间安排的权利也减少了。①

在学术职业内部,薪酬差异巨大,这也导致了人才向待遇更好的国家和地区流动。比如加拿大学者的平均工资比中国学者多六倍②,而很多其他国家则比中国还低。在发达国家内部,也往往因薪酬的差距引发教师们的骚动,英国经济持续低迷,最顶尖的学术人才往往接受那些提供更具吸引力的薪酬的国家和大学的邀请,英国为此已不得不拨付资金,以将最优秀的教授留下。③ 发展中国家内部,这一分化也极为严重。以巴西为例,1992年和2008年两次学术职业国际调查发现该国教师平均收入水平均远低于欧美等发达国家,但2012年笔者听了巴西最好的大学——圣保罗大学副校长的一场报告,其中指出,该校学者年收入近8万美元,这和美国同类大学已基本持平。

二战之后至今,美国学术职业的发展与经济因素也密切相关。20世纪40年代之后到70年代,美国学术职业的组成在进入学术劳动力市场的教师人数、工作形式和机构使命等方面发生了重大变化,这种变化是对在学术和非学术领域全球竞争的社会回应。④ 在这一时期,学术职业的增长比例大大低于其他职业。工资收入增长也落后于其他职业,这一时期学术职业

---

① 阿特巴赫等. 全球高等教育趋势:追踪学术革命轨迹[M]. 姜有国等,译. 上海:上海交通大学出版社,2010:18.

② 同上.

③ 阿特巴赫. 高等教育变革的国际趋势[M]. 蒋凯,译. 北京:北京大学出版社,2009:29.

④ Huntley G. Manhertz, Jr.. Assessing contingencies associated with mobility, and earnings among tenured faculty within the United States Academic Labor Market[D]. Doctoral of Philosophy in the School of Education Indiana University,2012.

收入年均增长 3.5%,非学术职业收入则在 3.5% 到 6.21% 之间。① 低工资导致了新入职人员增加缓慢,这种情况一直持续到 1952 年。学术劳动力市场在 20 世纪 50 年代出现了显著增加,增量部分主要来自于其他职业向学术职业的流动。1958 年之后美俄展开太空竞赛,整个国家的主旋律是通过科学竞赛促进经济增长。这导致对博士毕业生的需求上升,学术职位增加。② 学术职业的工资也大幅增加,年增长率达到 5.21%,是其他非学术职业的两倍③,大量其他职业从业者涌入学术职业。20 世纪 60 年代,美国的经济条件对于学术职业充满了复杂的感情。尽管学术劳动力市场有所降温,学术职业的工资与其他学术市场还是有可比性的。这一时期的学术劳动力市场更多以男性和白人为主。正如开普勒和麦吉(Caplow & McGee)所认为的,这一时期的学术职业具有高度选择性,入职和种族、性别、宗教和政治都有关系。有学者曾写道:学术职业直到第一次世界大战之前都没有什么发展④。在 1940 年,大约 15 万人受雇于美国的大学和学院。戏剧性的增加来自于 20 世纪 60 年代,在 5 年内学术职业增加了 15 万人。在 60 年代中期,学院教授工作流动的比例爆炸性增长。在这段时间,8% 的全职大学教师改变了工作。卡特(Cartter)认为,该时期对于大学教授来说收到两个或更多职位的邀请是非常普遍的⑤。在 20 世纪 60 年代,大学教师增长中女性的增长比例占 19%,尤其集中在护理、图书馆科学和家庭经济学等领域⑥。学

---

① Bowen, Howard. Academic compensation: are faculty and staff in America higher education adequately paid[J]. Claremont graduate school: teachers insurance and annuity association. N. Y. ,1979.

② Cartter, Allen, M. Ph. D's and the academic labor market[M]. New York: McGraw Hill Book Company,1976.

③ Bowen, Howard. Academic compensation: are faculty and staff in America higher education adequately paid[J]. Claremont graduate school: teachers insurance and annuity association. N. Y. ,1979.

④ Ladd, C. E. , & Lipset, S. M. Professors, unions, and American higher education [M]. American Enterprise Institute for Public policy research, Washington, D. C. ,1973.

⑤ Cartter, Allen, M. Ph. D's and the academic labor market[M]. New York: McGraw Hill Book Company,1976.

⑥ Ladd, C. E. , & Lipset, S. M. Professors, unions, and American higher education [M]. American Enterprise Institute for Public policy research, Washington, D. C. ,1973.

术劳动力市场在20世纪70年代和80年代在工资和入职方面发生了很大的变化。在70年代,教师收益被学术职业的通货膨胀和招录人数降低所蚕食。1970—1980年,教师们的平均工资下降了21%,全职和兼职教师数从40.2万增加到52.2万人,10年内增加了30%[1]。但在1972—1982年,工资的实际增长却是负的。

在当代,经济因素影响大学教师流动的最典型的例子发生在阿拉伯湾。这里并不是高等教育的发达地区,却也吸引了来自埃及、约旦和巴勒斯坦等地的许多学术人才,一部分印度人来到这里,另一部分印度人流向东南亚,这些流动的背后多是经济因素在主导。即使非洲大陆,也因存在经济的差别,出现一些地区性的大学教师流动现象,南非、纳米比亚和博茨瓦纳就因较好的经济条件,将非洲各地的人才补充到自己的国家。

而这种情况也因经济变化以及政府当局对高等教育投资意愿的变化随时发生着变化,比如中国的研究型大学,近年来大幅提高了教师待遇,更多的华人教师在国外旅居一段时间后选择回到祖国,新加坡、中国香港特别行政区等地的大学以丰厚薪酬为武器,也吸引了一批西方的教师。这种教师的回流成为21世纪前10年学术职业的一个重要特征。长期以来,发展中国家和一些小规模的工业化国家仍将发现自己在全球学术劳动力市场中处于不利地位,而那些海外学术人才的回流正在缓和这种情况。

回流主要包括两种形式:一是回国移民,二是回国兼职。一旦出生地的工资、工作条件、学术自由得到改善,一些国家的学术人才就从美国或其他国家返回祖国。即使不是国籍的回迁,但也经常以做学术报告、咨询、与出生地国家的同行进行合作研究或者接受兼职教授职位等方式,与祖国保持密切联系,这种趋势在中国、印度、韩国、中国台湾地区、南非等国家和地区非常显著。

社会发展水平除了上述的教育和经济之外,还包含制度文化等内容,如更好的学术自由保障,更适合的人居环境,更高的国民素质,包括相关的法

---

[1] Ehrenberg, Ronald, Kasper, Hirschel, & Rees, Daniel. Faculty turnover at American colleges and universities: analysis of AAUP data[J]. NBER working paper series # 3239,1990.

律环境等,也成为了大学教师流动的重要因素。

(二) 全球化、国际化、本土化与当代大学教师流动

国际性的大学教师流动,开始于学术职业诞生之初,教师在世界范围内的自由流动,使国际性成为学术职业的天然属性。20世纪后半叶,这种国际性的大学教师流动开始伴随着全球化的展开而日渐加快,"大学以及大学创造的知识、招聘的学者、培养的学生最终都直接与全球知识经济联系在了一起"。① 进入21世纪后,随着现代技术、互联网、日益频繁的交流、学生和受过良好教育人员的跨境流动,国际化成为大学教师流动的显著特征和生存之道,"没有一个院校系统可以在21世纪孑然自立"②,同样,也没有一个大学教师可以在21世纪孑然独立。国际化成为教师必须面对的议题。

但仍有必要区分国际化和全球化这两个与学术职业流动关系密切的词汇。阿特巴赫教授曾对高等教育中的这两个概念做过详细的区分,他认为,在高等教育领域,全球化和国际化这两个词联系紧密,被广泛使用和相互替代,但是它们指代的内容截然不同。"全球化是指'当今世界对高等教育有直接影响并难以避免的经济、政治、社会、技术以及科学的广泛趋势'。国际化则更多地与'由政府、学术体制和学术机构及各个从事全球化研究的院系所制定的政策和项目'相关"。③ 他认为两者的关键概念在于是否能够被"控制",全球化及其影响不是个人、机构或组织能够控制的,而国际化却能被视为"社会和机构为了应对全球化影响的一种战略以及高等教育的一种人才培养方式"。④

按照阿特巴赫的定义,可以认为,全球化是当前大学教师流动的一种背景性因素,高等教育不可能跳出全球化的环境,因为其影响是不可避免的。

---

① 阿特巴赫等.全球高等教育趋势:追踪学术革命轨迹[M].姜有国等,译.上海:上海交通大学出版社,2010:24.
② 阿特巴赫.高等教育变革的国际趋势[M].蒋凯,译.北京:北京大学出版社,2009:39.
③ 阿特巴赫等.全球高等教育趋势:追踪学术革命轨迹[M].姜有国等,译.上海:上海交通大学出版社,2010:21.
④ 同上。

高等教育机构所在地区的财富、语言、学术发展及其他因素都影响了其全球化的程度。国际化则是包含制度设计、各国高等教育组织为之努力的一种人、项目或者机构的流动。

当代跨国学术流动与中世纪有非常多的可比之处，比如遇到的国际化与本土化的困境就极为相似。早在中世纪时期，大学教师流动中的国际化与本土化之争就已显现。博洛尼亚大学正是因为对这一问题处理不当，导致了大批优质师资外流。当前发展中国家面临着国际化和本土化的二元悖论。一方面，知识经济和全球化时代的到来，缺乏国际交流和国际合作，"闭关自守"从事科学研究，已无法适应当今的学术发展要求，完全依靠本土培养顶级教师的可能性越来越小；另一方面，发展中国家学术职业吸引力较低，那些获得国外学位的优秀分子，往往滞留不归，这种不对等的人才流动像一个巨大的漩涡，吸走了发展中国家最优秀的学术人才。

与中世纪更多信奉宗教或学术追求的个人意志主导的学术流动相比，当今的国际学术流动表现出很强的制度性和规律性，这背后的根源是一个巨大的国际性的学术劳动力市场已基本成型。国际化疏通了跨国大学教师流动的渠道，打造了一个全球化的学术劳动力市场，这个市场遵循的是市场规律中的人才价值判断和支付能力筛选的基本原则，最优秀的教师流入市场，知识、能力和已有的声望成为交易的筹码。这一过程中，这种缺乏对国家和大学基本忠诚的学术市场，极大地促进了大学教师流动。欧洲国家自"二战"之后，经济增长缓慢，且无法提供充足的终身职位，导致学术职业薪酬收入下降（比如英国学者的工资只相当于美国的一半）。这种情况下，19—20世纪那种美国学者奔走于欧洲街头的情景已不复存在，取而代之的是大批欧洲教师的叛逃。欧洲国家中曾经较为独特的案例——德国，在这个强调自由和寂寞、进行纯学术研究的国度，教师曾像修行的僧侣一般，恪守心中神圣的大学理念，在初级岗位上一待数年，直至教授职位空缺获得填补资格。但近年来，这种坚守也在向学术市场投降，一旦在初级岗位上得到来自其他国家大学的邀请，许多德国教师就选择立即离开。

德国人已开始讨论这种行为对高等教育持久发展的影响，讨论减少初级研究者数量等举措。不仅是德国，很多国家很早就认识到处理国际化与本土化这对矛盾的重要性,目前基本的做法包括:通过提高薪金、减少教学工作量等提升学术职业吸引力,构建地区性的或跨国的学术市场联盟、鼓励教师在区域内流动,提供留学基金并签订回国协议等。

如果从人类知识生长的角度来看,国际化是有益的,而如果从保护弱势国家、促进地区均衡的角度来说,则本土化是有益的。正如这种不同价值视角的判断存在差异一样,目前国际化和本土化对于人才流动的争夺还在继续。

(三) 教学研究的分野与当代大学教师流动

与洪堡所倡导的教学和科研相结合的思想不同,当代大学教师流动开始出现教学和研究分离的状况。学术工作在某种程度上正变得更加专业化,越来越多的教师只是被聘用来教学,并不从事研究或为学术发展做贡献。与此同时,大学中开始出现"非教师"(non-teacher)群体,"地位越高,与学生联系越少"。教学在巨型大学中的重要性逐渐下降,研究则相反。过去统一的有关"大学教师"的指代演变成了具有鲜明层级性的群体分化,至少有三重结构:只做研究的人,教学和研究都做一些的人,只教书的人。教学成为教师功能的附属。① 这一过程中,教师结构发生变化,研究型大学中精英教授群体数量降低,从事教学活动频率降低,但该群体掌握的科研经费、学术出版物的生产大大增加。美国研究型大学中这种精英教授占教授总数的比例不足20%,而剩下的所谓的"非精英教授"承担起主要的教学任务,却很少参加科研和社会服务。

在"影响学术职业变革的力量——多国比较的视角"国际会议(2011.12,武汉)上,多国学者都报告了本国学术职业存在学术职业教学和科研分离的状况与趋势。南非只有22%的被调查大学教师认为教学和研究是可以和谐共处的,只有13%的人将自己直接定位为研究者。一些国家大学教师对于教学和科研的爱好失衡,带来学术职业发展的困境。正如墨西哥学者加拉斯·丰特斯(Galaz-Fontes)教授所讲到的,到2020年,该国高等教

---

① 克拉克·科尔.大学之用[M].高铦等,译.北京:北京大学出版社,2008:24.

育适龄人口毛入学率将达到60%,这需要大量的师资力量从事教学工作,而现实是,大学教师们更希望成为研究者,这是该国学术职业发展必然要面对的一个矛盾。

日本学者由本章(Arimoto)教授对比了1992年和2007年两次全球学术职业的调查数据,发现各国对于教学科研的态度、研究偏好都在发生着变化。过去15年当中,教学正变得越来越不重要,而研究越来越重要。

学术职业中教学和科研分离的趋势,非常清晰地表现在了大学教师流动问题上:在教师任职谈判中加入了教学负担的讨论,大学在试图聘请优秀教师时,除了奉上有吸引力的工资,尤其是研究费用(在理工科众多领域,这一费用达数十万美元),"竞聘教师的出价还包括大幅度压缩教学负担的承诺"。[①]

大学教师流动中教学和研究的分野,最主要的原因在于学术资本主义的兴起。在大学对于学者的争夺日渐激烈的情况下,迫于财力有限,大学不可能无限制通过增加薪酬来提升引援吸引力,虽然如此,大学可以通过别的途径增加教授收入,这种间接的方式主要就是引导教授出售知识和智慧。无论是大学还是教师,都意识到最大潜力的额外收入来自于政府和私有部门的合同,同时他们也意识到,教学的好坏是较难进行评估的,因此,他们把更多的精力放在专利的申请、项目的申请以及维护与资助者的关系上,而这形成了某种意义上的循环,学术上的努力带来更多的项目资助,更多彰显学术水平的出版物问世,获得更多的奖励、荣誉和项目,更加轻视教学,最终的结果是"教学科研人员的努力从由政府固定拨款与学费资助的活动,特别是教学及相关活动,显著地转向在竞争性的、'市场性的'领域中创造收入并满足那些奖励条件的活动"[②]。而且不仅出现教学和科研的分野,科研内部也分成了显性的科研和非显性的科研:在贴近市场的领域,教学科研人员受到最高奖励。这种显性和非显性最终体现在工资级差,即教师们从大学以外专业人员的劳动力市场赢得外部收入的能力。而那些所谓的基础学科,往

[①] 蓝劲松.一流大学卓越校长[M].北京:北京大学出版社,2008:36.
[②] 希拉·斯劳特,拉里·莱斯利.学术资本主义:政策、政治和创业型大学[M].梁骁,黎丽,译.北京:北京大学出版社,2008:63—64.

往因这种能力的缺乏难以吸引到最优秀的学术人员,有经济潜力的研究优先于基础的或好奇心驱动的研究。

对于大学而言,它们是乐见这种情况发生的。大学之间彼此存在激烈的竞争,大学为此也需要维护和提高自身的声誉,大学希望引入更多的明星教授。正如克拉克·科尔所言:"那些试图在学术等级制中上升的大学往往可以通过新的学术专业和体育而迅速和轻易地吸引全国的注意——也可以通过雇用伟大的、有名的学术明星。一个'野心勃勃的'大学的标志是它疯狂地争夺橄榄球明星和学术泰斗。前者不学习,后者不教课,因此他们形成了一个肌肉与才智的美妙结合。"[①]明星教授,除了可以显著提高大学的声望,也带来实实在在的好处——研究经费。很多国家都已改革大学拨款模式为项目制拨款,学术明星意味着学科实力的增强,在这种竞争中往往拔得头筹。对于教师而言,他们也非常支持教学与科研的分离。一方面,这是增加收入的大好机会,他们附和着大学的做法并努力使之加强,因为他们很清楚,"研究导向和研究产出对学者来说就意味着最高的荣誉和(常常)最好的待遇,所以他们常常迫使学校强调研究是大学的关键使命。"[②]另一方面,当今高等教育的教师们非常重视即时声誉的获得,他们对轰动效应非常渴求,热衷于追求突破性进展,教学与科研的分离将使其拥有更自由和充分的时间向这种轰动效应努力。

教学与科研的分野,除了学术资本主义的影响,也伴随有一些时代背景的影响或其他原因,比如高校教师分类管理的大背景。在高等教育和学术职业大发展之后,在承认劳动需要分工和人的能力有限的前提下,高等学校教师分类提上议程。有人将学术职业定义为学习、继承、传播、创造知识的职业,对应不同的知识生产者从事着不同的知识工作,如与研究相关的知识、与教学相关的知识、与专业训练相关的知识、与批判训练相关的知识等,目前对于学术职业的分工也大致遵循这种工作职能的划分思路。特殊的高等教育结构体系也一定程度导致了教学和科研的分野。法国和中国等少数

---

① 克拉克·科尔.大学之用[M].高铦等,译.北京:北京大学出版社,2008:52.
② 阿特巴赫等.全球高等教育趋势:追踪学术革命轨迹[M].姜有国等,译.上海:上海交通大学出版社,2010:17.

国家存在高等学校和科研院所并世而立的格局。这种双轨制使得某些科研机构率先进行了教学和科研的分离。这种教学和科研的分野在推进分类管理、提高个体教授科研能动性等方面获得收益的同时,也引发了一些新的问题。

一是大学教师流动性大幅增加,稳定性降低。首先是兼职教师的比例不断攀升。目前的文献中尚未见学者研究,回答是否存在这样一个逻辑关系:教学和科研的分化—教学型教师地位下降—基于成本的考虑大学开始大量裁撤教学型教师—教学型教师成为流动的或有限任期的职业。但目前显而易见的结果是:在多个高等教育系统中,教学型教师的兼职比例正与日俱增并带来严重后果。如南美部分国家兼职教师比例达到了80%,并滋生了"出租车教师"(Taxi Faculty)的称号——兼职教师只负责授课,到了上课时间才乘坐出租车来到学校。美国30%的教学工作由兼职教师承担,尤其是公立两年制学院,在过去的大约20年内,为了应对已经远远超过政府增加资助的意愿的学生需求的增长,公立两年制学院已经变得严重依赖低报酬的兼职教师。可以认为,教学型教师外围化和教学科研互动关系破裂,导致大量兼职型教师出现。其次是教师向学术职业外行业流失。那些与产业关系过于紧密的教师容易流失到学术职业外,他们被称为"学术创业家",在与产业界合作的过程中大量迁移到企业里,这种学术人才的流失有时是与大学的完全脱离,有时则以兼职或"双肩挑"的形式出现。比如生物技术领域的相关学科,教师们往往"跳槽"到生物公司,"据说哈佛大学已经取消了禁止生物技术研究商业化的决定,担心这么做会造成最好的医学及相关的教学科研人员流失至生物技术公司。"①

二是造成学术职业的主体性缺失。中世纪大学的历史中,先有教师,后有大学。美国高教历史上也曾提出过著名的观点,"教师就是哥伦比亚大学"。但教学与科研的分离,正使教师这种主体性地位大为降低。教师不忠诚于大学,甚至也不忠诚于学科,而是忠诚于资助者——为他们提供项目的

---

① 希拉·斯劳特,拉里·莱斯利.学术资本主义:政策、政治和创业型大学[M].梁骁,黎丽,译.北京:北京大学出版社,2008:116.

政府部门或者产业界。因教学科研的分离,他们跳出了对工资和福利的关注,他们成了大学的房客而不是主人,经常因为新的诱惑带着项目出走。正如罗切斯特大学校长艾伦·沃利斯所说的,"大学已在某种程度上成为一个'旅店'。政府部门成了新的母校。研究型企业家成了欢快的精神分裂者。"[1]过度强调研究的应用性和商业价值,也使大学教师精力分散,难以安心从事本学科研究,"在中国的一些大学,教师们被期待出去提供咨询或做其他工作,这是他们学术职责的一部分"。[2] 而且很大程度上,教师的这种分化,正对学术共同体产生危害,虽然竞争是学术界的动力,某种程度上可以促进卓越和产出杰出成果,但是"它也会逐渐破坏学术共同体的氛围、使命和传统的价值观"。[3]

除此之外,教学与科研的分野还导致了其他问题的发生,比如在追逐学术资本主义的过程中,科学家与合作方的利益冲突,对于项目和资助的追逐削减了教师基于好奇心而开展研究的自由。

二、全球大学教师流动的加速特征
——基于1993年和2009年两次
全球学术职业调查的实证分析

大学教师流动是衡量学术职业发展健康状况的关键指标。虽然如此,中国一直缺乏有关教师流动的实证数据,即使在国际学界来看,有关教师流动总体变化规律的持续研究也十分稀缺。为客观呈现全球大学教师流动规律,深入开展中国大学教师流动现状、趋势与未来路径选择研究,本章首次运用两次大规模国际学术职业调查数据,通过国际比较研究力图为中国学

---

[1] 克拉克·科尔.大学之用[M].高銛等,译.北京:北京大学出版社,2008:35.
[2] 阿特巴赫等.全球高等教育趋势:追踪学术革命轨迹[M].姜有国等,译.上海:上海交通大学出版社,2010:80.
[3] 阿特巴赫等.全球高等教育趋势:追踪学术革命轨迹[M].姜有国等,译.上海:上海交通大学出版社,2010:14.

术职业改革发展提供借鉴。截至目前,全球范围内共有两次较大规模的学术职业跨国调查研究。第一次始于1991—1993年,由美国卡耐基基金会赞助,由欧内斯基·博耶和菲利普·阿特巴赫等学者领导,共完成了全球14个国家(地区)大学教师的调查。第二次开始于2004—2009年,截至目前,此项命名为"全球学术职业变革"(Changing Academic Profession,CAP)的调查已完成19个国家(地区)大学教师的问卷调查。这两次国际调查包含大量问卷信息,且有10个国家(地区)连续参与了调查,这为学术职业变革趋势的研究提供了可能。

(一) 全球大学教师流动加速的现实证据

通过对两次全球学术职业调查中教师流动的有关数据的分析,可以初步得到如下发现。

1. 最近15年间绝大多数国家大学教师流动频率快速上升

阿特巴赫教授在对第一次调查进行总结时,专门谈到了当时大学教师流动的总体频率[①]:

> 教师们不常提工作稳定性——多数教师在大学里工作了很久。约半数教师只在一所大学工作过,1/4的教师在两所学校工作过。但在某些国家(澳大利亚、巴西和以色列),超过1/5的教师在三所或三所以上的大学工作过。在问卷调查时所工作的大学之前,这些教师已经在别的大学工作了1—4年。年长些的教师当然比年轻些的教师流动的次数要多。韩国、俄罗斯和日本的教师流动频率最低。

但对比2004—2009年第二次调查结果则发现,他所述及的这种"工作稳定性"已成为无法回避的话题,大学教师流动增加,成为过去15年全球主

---

① 阿特巴赫.国际学术职业:十四个国家和地区概览[M].周艳,沉曦,译.青岛:中国海洋大学出版社,2008:4.

要国家(地区)学术职业发展呈现出的一个基本趋势:同时参与了两次调查的10个国家(地区)中,有8国大学教师流动频率显著增加,比如韩国有"3个及以上"学术机构工作经历的教师比例从5%快速上升到32%,飙升了5倍多;墨西哥的这一比例从12%上升到28%,澳大利亚上升了16%、荷兰上升了13%、英国上升了12%、美国上升了10%、日本上升了10%。

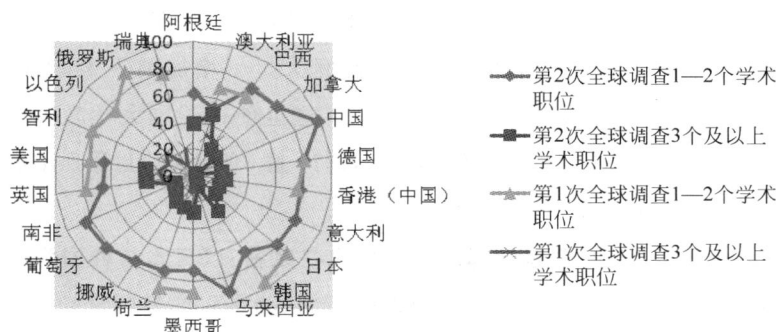

图2 两次学术职业国际调查大学教师流动频率统计

2. 绝大多数国家(地区)大学教师流动呈稳固上升态势:以美国为例

美国的普通职业流动率一向很高[①],学术职业中的大学教师流动同样如此。在第一次国际调查中,美国教师有"3个及以上"学术机构工作经历的教师比例就超过25%,而且大学教师的潜在流动频率更高——49%的教师说愿意或非常愿意在今后5年离开现在的工作岗位[②],尤其是在研究型大学工作的非终身职位的研究型助理女教授离职问题更为严峻。在排除了教授们可能夸大的离职倾向的"水分"后,海思(Hass)教授认为这么高的流动率主要是由美国高等教育规模变化引起的:

在调查前10年,院校间教师的流动与现在比非常少。随着高校入学人数的持续增加,增幅有所下降,几年后,新教师的数量就

---

① Fuller, S.. Job mobility and wage trajectories for men and women in the United States. American Sociological Review,2008,73:158—183.
② 阿特巴赫.国际学术职业:十四个国家和地区概览[M].周艳,沈曦,译.青岛:中国海洋大学出版社,2008:213.

反映出这种趋势。因此,大多数教师倾向于认为其他大学潜在的机会非常有限。在其他大学谋求职位和事实上能否获得职位在被试者眼中是两码事。

他的判断非常准确,因为即使在第二次调查中,接受调查的美国教师在过去3年实际流动频率也只有35%(而非49%)。但这15年间美国有"3个及以上"学术机构工作经历的教师比例从25%增加到35%,每年以接近0.7%的速度增长,保持很高的增长率。这也使得美国大学教师的流动率排名,从第一次国际调查的第4名(4名/14国(地区)),上升到本次调查的第3名(3名/19国(地区))。

3. "最缺乏流动"国家教师流动状况也在改善:以日本与韩国为例

在第一次调查中,日本、韩国和俄罗斯被认为是大学教师流动率最低的国家,日本与韩国甚至被认为"因整个社会有终身雇用的系统……比任何其他地方都缺少流动"①。当时日本著名学者由本章(Arimoto)教授甚至这样写道:

> (日本)学术劳动力市场还是停留在传统的严格的社会静止结构之中,高声望的高等教育机构与其他高等教育机构之间存在着一道清晰可见的鸿沟。这种结构导致的后果就是,学术人员的裙带关系和近亲繁殖现象非常严重,在有声望的研究型大学里,本校的学术职员往往是本校研究生院培养的人才……撇开学术流动的模式不谈,高等院校中等级森严的痕迹依然清晰。

但到了2009年这一状况发生了根本性改变。具有"3个及以上"学术机构工作经历的教师比例上升为21%,达到了第一次国际调查全球主要发达国家的平均水平(中位数),并追赶上德国等国家目前的流动率水平。

---

① 阿特巴赫.国际学术职业:十四个国家和地区概览[M].周艳,沈曦,译.青岛:中国海洋大学出版社,2008:4.

韩国的情况与日本接近,15 年间大学教师流动频率也实现了倍增及对发达国家的追赶。但与日本不同的是,在此次调查中,他们表现出了的强烈的"逃离"学术职业的意向:选择在"职业间流动"即离开学术职业的比例达到 46.6%,并且有接近一半的韩国教师过去 5 年考虑过到高校或研究所以外的地方工作。这一比例大大高于日本。

4. 部分国家和地区大学教师流动频率的理性回归:以中国香港特别行政区为例

大学教师的流动频率不可能无限上升。第二次调查显示出,中国香港特别行政区和巴西的大学教师流动规律与世界的总体规律是相反的:这两个国家和地区有"3 个及以上"学术机构工作经历的教师比例出现了 2%—7%范围内不同程度的下降。

中国香港特别行政区的学术职业变化让人感到意外。在第 1 次调查中,该地调查负责人白洁瑞(Postiglione)教授曾不无担忧地指出:"香港教师是世界学术人员中工资水平最高的。然而,由于种种原因,超过 40%的人认为自己可能会在 5 年内离开所在学院……大量教师,其中 Ⅰ 类学院占 37%,Ⅱ 类学院占 47%,声明将可能在 5 年内离开所在学院。"①但 15 年后,这种悲观的预测没有发生,大学教师流动比例反而从 25%下降到 23%,学术职业开始趋于稳定。

(二) 全球主要国家大学教师流动的变化规律及可能原因

过去 15 年,全球主要国家大学教师流动的整体趋势是上升的,具体来说又可以分为三种情况,即快速上升型、稳步上升型和平缓下降型。以下将试图通过对典型国家大学教师流动原因的分析,窥探大学教师流动变化趋势及背后原因,为进一步分析中国情况提供经验证据和理论支撑。

1. 大学教师流动的"快速上升":学术制度变革可能是主因

日本在第一次全球学术职业调查之前,大学教师流动比例很低,但已经

---

① 阿特巴赫.国际学术职业:十四个国家和地区概览[M].周艳,沈曦,译.青岛:中国海洋大学出版社,2008.

初步显现出增长态势。到第二次调查时,该国大学教师流动的总体频率果然得到大幅提升。进一步对日本大学教师流动意愿和流动行动的分析发现,日本大学教师流动最大比例集中在"国内流动",也即过去15年,该国大学教师流动的整体频率增加主要与国内流动的增加有关。

笔者对在美国波士顿学院从事日本学者流动研究的博士生纪子(Yukiko)女士进行了访谈,她指出,日本大学教师流动增加可能与以下3个原因有关。一是日本在1997年新颁布了关于固定任期制教员的规定,这一措施可能影响到大学中那些没有获得固定期限就业的教师,促成了该部分教师的流动。二是1998—2009年,日本经过国立大学法人化改革,大学开始拥有更多自主权,这也可能促进了大学教师的流动。第三,她认为日本大学教师流动比率增加与不稳定的经济形势有关,日本普通职业流动性也在增加。如果她的分析成立,则我们可以发现,日本学术制度尤其是管理制度的变化是促成教师流动提速的主因,经济原因次之。

但同为大学教师快速增加的韩国,其流动上升原因则可能与日本有很大不同。前文分析已发现,该国更多学者试图"逃离"学术职业,这意味着学术职业吸引力可能面临下降趋势。笔者针对研究结果,对在韩国获得博士学位、目前在哈佛大学从事博士后研究的Gonghoon(音)博士进行了访谈。他认为长期以来,韩国教师流动率都很低,这与该国文化有关,比如韩国人在世界各地求学,但往往都愿意回到祖国任教。但近年来韩国大学教师流动频率上升且出现学术职业向非学术职业大幅流动的可能,他认为最有可能是因为韩国教授的工作强度过大,使教师们不堪重负。

笔者分析了第二次全球学术职业调查数据,发现韩国教师周均工作时间为53.2小时,位列全球第一,韩国大学教师工作负荷确实过重,但从数据上看,流动与工作负荷的相关性分析却没有通过验证,"周工作时间"与"流动行动"(相关系数0.067)、"流动意愿"(相关系数0.05)、"获得博士学位后工作过的学术机构数量"(相关系数0.04)都不显著相关。

笔者据此认为,学术制度的变革可能是造成一国大学教师流动快速发生的关键因素,至少从日本流动因素的分析可以明显看出,这种制度性变革能够引发结构性、规模化的教师流动。但无论何种原因,处于相似文化圈的亚洲邻国大学教师流动频率的快速增加都特别值得引起关注,过去15年日、韩两国大学教师流动频率的快速上升,至少打破了传统意义上认为文化因素(尤其是东亚地区的文化)是制约流动发生关键要素的猜想。

2. 大学教师流动的"稳步上升":传统流动影响因素、国家吸引人才行动交织形成共同原因

在1991—1993年第一次学术职业国际调查中,海思教授曾指出,对于工作的某些方面和条件的不满是美国教师选择流动的主要原因。他同时认为,工作获得难度也是决定流动的重要因素①:

> 尤其对于研究型大学的教师来说,约3/4的人因对现有个人发展机会不满或总体上对工作条件不满而打算五年内离开。可见,对于所有院校来说,缺乏工作安全感是潜在的因素。近2/3的人不满于现状,打算近期离开现任岗位……他们不愿意带着不满继续工作,只有一个方面例外,就是考虑到工作稳定——研究型大学教师会比其他大学教师倾向于克服不满选择留下。或许专家的形象使他们容忍度低,很难屈尊俯就。任何时候,他们明显不愿接受不满。

个体层面,海思教授认为收入和机构声望最影响美国大学教师的流动。他认为第一次国际调查前10年美国流动增加与高等教育财政紧缩是直接相关的。与此同时,美国教师非常看重机构声望,"院系的学术声誉低比收入低更有可能促使他们离开"。由此,他认为大学教师流动具有特殊性,即只在学术职业中存在并发挥巨大影响力的"大学研究模式",从事研究、发表,提高学术声誉可能是教师最重要的考虑因素,这使学术职业的流动规律与其他职业区分开来,而且,大学教师流动这种基本影响因素,"不会因时间

---

① 阿特巴赫.国际学术职业:十四个国家和地区概览[M].周艳,沈曦,译.青岛:中国海洋大学出版社,2008.

而改变"。他还观察到另外一个极为重要的大学教师流动的基本规律,即"抵消法则"。比如影响大学教师流动的因素可能包括收入、研究资源、院系的学术声誉、教师间的学术合作、学院的地理位置五个方面,当教师因为收入过低而决定流动时,好的同事合作可能会起到挽留作用,使其放弃流动的想法。这在大学教师流动研究中是一种非常重要的思维模式,即补偿模式或者"推—拉"模式,当推动教师流出的力大于拉动教师不流动的力,则流动发生。

笔者认同海思教授对流动影响因素的分析,并认为这也是过去15年美国大学教师流动平稳增加的主要原因。此外,除他述及的收入、学术声望和满意度等因素之外,最近10多年美国强化了对国际人才的吸引可能也是非常重要的因素。从一些欧洲学者的研究中我们可以看到,欧洲学界对于学者从欧洲直接流动到美国一直表示有很大程度的担忧。

3. 大学教师流动的"平缓下降":流动不稳定因素变好是主因

中国香港特别行政区和巴西两国(地区)大学教师过去15年流动频率出现了一定幅度下降,笔者认为,这与两国(地区)之前影响学术人员流动不稳定因素的消减有关。

对于中国香港特别行政区来说,第一,政治的稳定促进了学术的稳定。第一次调查发生在其回归之前,各种对于回归的担忧可能促进大学教师流动,正如白洁瑞(Postiglione)教授当时所指出的,"1997年前,被试回答离开最多的是因为移民倾向"。第二,学术系统供需关系的改变也降低了教师流速。白洁瑞(Postiglione)教授认为第一次国际调查中香港地区的教师试图离开学术职业的根本原因是"高等教育规模的扩大需要越来越多的教师,这使得教师对学院缺乏忠诚"。而中国香港特别行政区过去十多年里,学术市场的供需显然发生了变化,由于高等教育规模受限,学术职业渐趋饱和,此种情况下,面对得之不易的教师职位,流动降低成为必然。第三,高收入的吸引。无论第一次调查还是第二次调查,中国香港特别行政区教师收入都位列全球第一,并保持持续的收入增长,这也可能是最终化解此地区大规模教师离职的重要因素。

对于巴西而言,解释其过去15年间大学教师流动比例降低则相对困难。在第一次调查中,巴西调查的负责人施瓦茨曼(Schwartzman)和巴尔切基(Balbachevsky)教授曾谈到家庭出身与大学教师流动的关系,认为巴西的大学教师往往是第一代大学生,因此异常珍惜获得的学术职位并拒绝流动①:

> 34%的(巴西大学)教师,其父母只受过4年或更少的教育,另外35%的教师,父亲有大学学位。因此,对于半数教师来说,当教师意味着通过教育获得了更多向上流动的机会。对于另一半人,只是对家庭社会地位的继承而已……众多教师的社会出身有助于解释为什么巴西教授总是拘泥于本国,很少有国际交流……巴西人显得比那些小国的人更以自我为中心。除了学术水准高的教师中有一些与国外的接触外,只有17%的教师与外国教师有合作研究项目,在近10年中只有26%的教师到国外进行过研究。

如果他的假设成立,则第二次调查发现的巴西大学教师流动频率的降低,背后的含义应该是:这15年里,"父母学历水平较低的教师"占据巴西学术职业的比例上升。事实是否如此呢?统计发现,15年之后,巴西大学教师父亲具有大学学位的比例仍然维持在35%左右,未发生显著变化。进一步分析父母学历水平与是否流动的相关性后发现,无论是父亲还是母亲,与巴西大学教师过去3年内流动行动的相关性水平都很低,说明施瓦茨曼等有关家庭出身与大学教师流动的假设不能成立。

笔者认为,施瓦茨曼等人提到的另一条信息即求职困难导致流动率偏低,可能才是巴西大学教师流动比例降低的主因,即"按照国际标准,大多数巴西教师都不太合格。他们缺少博士学位,没有受过研究训练,在日益激烈的竞争环境中很难生存。尽管教师抱怨薪水不好,但发现更换工作并无法改变工作条件"。②

---

① 阿特巴赫.国际学术职业:十四个国家和地区概览[M].周艳,沈曦,译.青岛:中国海洋大学出版社,2008:151.

② 阿特巴赫.国际学术职业:十四个国家和地区概览[M].周艳,沈曦,译.青岛:中国海洋大学出版社,2008:155.

(三) 当前中国大学教师流动基本现状与趋势分析

1. 中国当前大学教师流动频率偏低,但流速增加已成必然

中国大陆未参加第一次全球学术职业调查,无法开展两次调查的对比分析,但通过多项数据的使用,仍能清晰发现这一规律。

证据一:对 2009 年全球学术职业变革中国调查数据横断面进行处理。设 y1 为"在高校/科研院所的首次任职年份",y2 为"在当前高校/科研院所的任职年份",P 为具有流动经历教师比例,N 为调查有效样本数。则:$P = [(2012-y1)-(2012-y2)]/N$。可以发现,$P_{全国高校}$(含研究型大学和非研究型大学)$= 26\%$;$P_{研究型大学} = 31.7\%$。这说明,约四分之一的全国高校教师,约三分之一的研究型大学教师曾有过职业流动经历。如果假设具有流动经历教师的流动次数为 1,则可推断出教师流入当前高校的确切时间。可以发现,研究型大学教师的流动频率,除 1987、1991、1992 和 2005 四个年度外,都高于全国平均水平,1994 年前后,中国大学教师流动频率加快,1996 年、1998 年和 2003 年是中国研究型大学教师流动的三个高峰。尤其是 2000 年到 2003 年间,流动频率不断攀高,之后也一直维持在高位,这与中国高等教育大众化过程中对于教师的需求大幅增加的趋势是一致的。

证据二:运用笔者所在课题组 2009 年开展的中国科技工作组家庭状况调查数据计算,$P_{研究型大学} = 44.6\%$,$P_{地方本科} = 38.1\%$,$P_{高职高专} = 38.1\%$,$P_{科研院所} = 40.7\%$。

证据三:对案例高校大学教师流动的频率进行简历分析。笔者选取北京大学、清华大学、上海交通大学、复旦大学、华中科技大学、武汉大学 6 所研究型大学 55 个院系的 5203 位网络简历较为完整的教师进行分析后发现,838 人在过去 10 年间有过流动经历,总体流动频率为 15.9%。各学校之间流动频率差别很大,教师总体流动频率从高到低排序依次是清华大学(35.3%)、上海交通大学(21%)、华中科技大学(11.4%)、复旦大学(8.2%)、武汉大学(8.0%)和北京大学(7.6%)。教师流动表现出与学校特征的显著相关性,工科高校近年来引进人才,尤其是国际学术劳动力市场中的科技人才幅度较大。

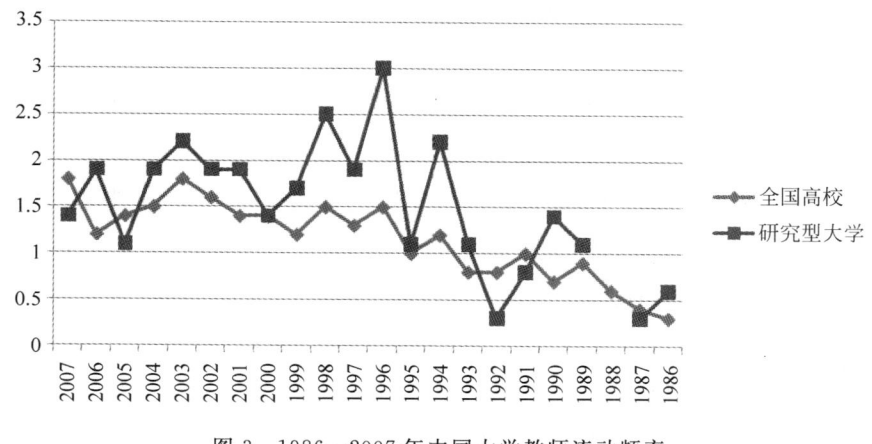

图 3　1986—2007 年中国大学教师流动频率

2. 中国大学教师流动增速拥有理论支撑

一方面,从两次国际学术职业调查结果来看,具有三次及以上学术职位的大学教师大多占总人数的 20%—25%。调查数据基本体现出三种情况:那些第一次调查就达到这一比例的国家,第二次调查结果要么维持这个比例,要么出现比较平缓的上升;那些第一次调查大大低于这一比例的国家,第二次调查结果则逐渐向这一比例靠拢;那些第一次调查超过这一比例的部分国家,则已经开始出现了流动频率的回落。是否可以认为,有"3 个及以上"学术机构工作经历的教师比例在 20%—30%,是发达或比较稳固学术职业系统从业者进行三次或以上流动的合理比例?如果这一判断成立的话,中国目前的比例仅为 3%(仅为日本或韩国的十分之一),这必然意味着在未来若干年将迎来新一轮较大规模的学术职业流动。

另一方面,本文所述大量的国际研究经验证据显示,学术系统在由精英化到大众化、大众化到普及化过程中,都伴随有较大规模的大学教师流动。按照《国家中长期教育改革和发展规划纲要(2010—2020)》预测,到 2020 年中国适龄人口高等教育毛入学率将超过 40%,并在 2020 年之后有继续扩大趋势。这一过程中伴随有大规模大学教师的流动基本可以确定。

3. 案例高校的教师流动频率分析

为更直观地进行教师流动频率的分析,本研究选取北京大学(北大)、清华大学(清华)、中国人民大学(人大)、北京师范大学(北师)、北京航空航天大学(北航)、北京理工大学(北理)、复旦大学(复旦)、同济大学(同济)、上海交通大学(上交)、厦门大学(厦大)、东南大学(东大)、武汉大学(武大)、华中科技大学(华科)、西安交通大学(西交)、西北工业大学(西工)、电子科技大学(电科)16所研究型大学,通过校园网阅读分析这些高校所有能获得的教师简历,按照本研究的流动界定,提取过去15年间具有流动经历教师的有关指标,绘制教师流动图谱。

对16所高校3万余份教师简历的阅读分析发现,中国研究型大学具有流动经历的教师数量整体偏低,最低的电子科技大学只有44位教师具有流动经历,约占教师总数(2100)的2.1%;最高的复旦大学有285位教师具有流动经历,约占教师总数的(2700)的10.1%。

进一步分析具有流动经历教师的上一个工作机构性质可以发现,高等学校之间的流动是大学教师流动的主要途径,与此同时,科研院所也在教师流动中扮演重要角色。16所高校中有11所高校超过60%的具有流动经历的教师上一份工作来自于高校,其中中国人民大学该比例达到95%;16所高校中有10所高校超过20%的具有流动经历的教师上一份工作来自于科研院所,其中西北工业大学、北京大学两校该比例甚至超过30%。数据还反映出,部分高校非常注意吸纳来自政企的相关人员,如西北工业大学具有流动经历的教师,其上一份工作来自政企单位的占比达到31.04%,电子科技大学、武汉大学该比例也都超过了20%。

分析教师上一份工作来源地国别可以发现,各高校引进国际学术人员的比例都普遍较高,反映出大学教师流动与高等教育国际化已显现出紧密联系。其中,东部沿海地区高校(如上海、福建)引入国际化教师的力度更大,中部的武汉大学在这方面也做出了积极努力。而同出东部,北京地区具有流动经历教师,其上一份工作来自海外学术机构的比例略低于东部沿海地区。

表 1 系统内外流动数量及比例

学校	具有流动经历教师数量				具有流动经历教师比例(%)			海外比例(%)
	总量	来自高校	来自科研院所	来自政企	高校	科研院所	政企	
北大	121	78	38	5	64.46	31.40	4.14	25.62
清华	252	176	38	38	69.84	15.08	15.08	33.74
北航	124	79	28	17	63.71	22.58	13.71	33.88
北理	89	46	26	17	51.69	29.21	19.10	23.59
北师	86	55	22	9	63.95	25.58	10.47	24.41
人大	60	57	3	0	95	5	0	0
复旦	285	183	72	30	64.21	25.26	10.53	45.25
上交	171	116	33	22	67.84	19.30	12.86	40.35
同济	84	50	19	15	59.52	22.62	17.86	38.09
厦大	170	108	35	27	63.53	20.59	15.88	34.71
东大	99	60	21	18	60.61	21.21	18.18	35.35
西交	133	91	23	19	68.42	17.29	14.29	37.60
西工	58	20	20	18	34.48	34.48	31.04	27.60
武大	88	51	17	20	57.95	19.32	22.73	48.55
华科	103	61	24	18	59.22	23.30	17.48	32.96
电科	44	23	9	12	52.27	20.46	27.27	38.64
总计	1967	1254	428	285	63.75	21.76	14.49	25.62

为更深入进行研究型大学教师分学科流动频率的分析,进一步选取北京大学、清华大学、上海交通大学、复旦大学、华中科技大学、武汉大学 6 所研究型大学 55 个院系的 5203 位教师①作为分析对象。分析发现,学科间教师流动比例也有较大差异。一方面,工学高于基础学科和人文社科学科,比如北京大学化学生物学与生物技术专业流动比例达 52.6%,物理学院流动比例则只有 4%,一校之内流动比率差异达 10 倍,而部分文科专业流动率则更低。另一方面,办学历史较短的学院,尤其是新成立学院的教师具有流动经历的比例很高,如北京大学汇丰商学院这一比例达到 25.4%,上海

---

① 注:简历分析过程中,经常遇到的问题是,部分教师自我介绍的网页是空白的,尤其是青年教师群体。此外,部分教师介绍中没有教师工作经历模块,也使得无法通过简历阅读获知该名教师的职业轨迹。因此,本研究具有流动经历教师比例计算过程中,分母即总的教师人数的界定,是有简历且简历中包含有个人职业发展轨迹介绍的教师。特此说明。

交通大学微电子学院 24 位教师中竟有 23 位是从外单位新引进的。大学教师流动的学科差异,本质上是学术资本逐利特征造成的,正如学者吴林春等所指出的,"全球化下的学术职业流动具有全球逐利的显著特征,学术资本是学术职业寻利的前提条件,然而并非所有的学术资本都靠近市场,如大多数人文学者及从事基础研究的学者……学术职业随着学术资本的分化而分化。"①

表 2 中国 6 所研究型大学教师流动总体频率

学校	院 系	教师总数	流动教师人数	流动比例(%)
北京大学	物理学院	298	12	4.0
	生命科学学院	148	7	4.7
	城市与环境学院	78	6	7.7
	化学与分子学院	113	9	8.0
	汇丰商学院	59	15	25.4
	信息工程学院	49	8	16.3
	环境与能源学院	32	2	6.3
	总计	777	59	7.6
清华大学	建筑学院	97	26	26.8
	土木水利学院	156	67	42.9
	机械工程学院	304	109	35.9
	航天航空学院	49	12	24.5
	总计	606	214	35.3
上海交通大学	船舶海洋与建筑工程学院	208	42	20.2
	机械与动力工程学院	231	84	36.4
	微电子学院	24	23	95.8
	理学院数学系	82	23	28.0
	理学院物理系	132	18	13.6
	化学化工学院	114	21	18.4
	生命科学技术学院	68	16	23.5
	生物医学工程学院	51	7	13.7

---

① 吴林春,熊春荣.全球化背景下学术职业流动与大学学术劳动力市场的思考[J].煤炭高等教育,2010(6):53—56.

续表

学校	院系	教师总数	流动教师人数	流动比例(%)
上海交通大学	农业与生物学院	125	20	16.0
	人文学院	73	11	15.1
	安泰经济与管理学院	179	26	14.5
	凯原法学院	72	13	18.1
	外国语学院	80	20	25.0
	马克思主义学院	35	9	25.7
	致远学院	36	8	22.2
	上海高级金融学院	35	7	20.0
	总计	1545	324	21.0
复旦大学	中国语言文学系	201	5	2.5
	国际关系与公共事务学院	73	3	4.1
	法学院	55	6	10.9
	外国语言文学学院	164	14	8.5
	国际关系与公共事务学院	38	6	15.8
	数学科学学院	328	22	6.7
	生命科学学院	113	23	20.4
	信息科学与工程学院	202	17	8.4
	总计	1174	96	8.2
华中科技大学	机械科学与工程学院	64	3	4.7
	生命科学与技术学院	87	26	29.9
	能源与动力工程学院	75	7	9.3
	控制科学与工程系	94	2	2.1
	光电子科学与工程学院	64	6	9.4
	土木工程与力学	27	6	22.2
	物理学院	49	9	18.4
	经济学院	47	3	6.4
	公共管理学院	42	6	14.3
	哲学系	18	2	11.1
	中文系	16	2	12.5
	法学院	47	2	4.3
	药学院	47	3	6.4
	总计	677	77	11.4

续表

学校	院系	教师总数	流动教师人数	流动比例（%）
武汉大学	计算机学院	113	9	8.0
	遥感信息工程学院	43	4	9.3
	国际软件学院	14	6	42.9
	水利水电学院	51	5	9.8
	电气工程学院	94	1	1.1
	动力与机械学院	109	9	8.3
	总计	424	34	8.0
	总计	5203	828	15.9

数据说明：根据北京大学等6所高校校园网教师介绍整理，截止日期为2012年1月31日。

4. 分类型的中国研究型大学教师流动频率

（1）地域划分：西部和中部大学教师流动意愿最强，西部和东部教师实际流动比例最高。2004—2008年，西部地区研究型大学具有流动意向的教师比例接近四成（38.6%），中部达到25%，东部比例最低（17.9%），这可能与中西部经济发展程度有关。但这与东部普通职业流动率高的情况却表现出相反的特征，反映出学术职业的流动特质与普通职业的差异。有关大学教师流动"行动"（Action）的排序则出现改变。2004—2008年西部地区研究型大学教师具有流动经历的比例为13.6%，东部为9.6%，中部仅为

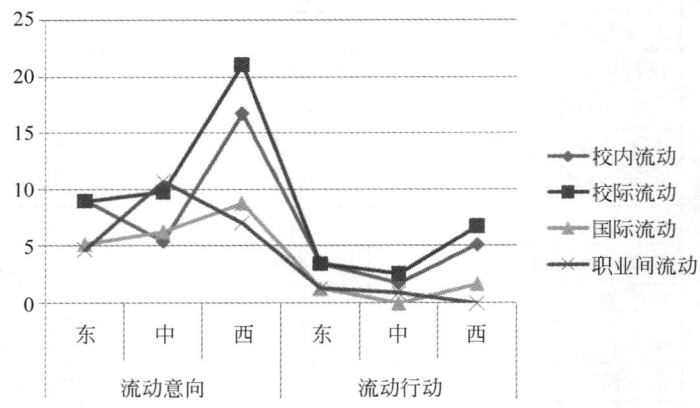

图4 分地域中国研究型大学教师流动意向和流动行动

数据来源：学术职业变革国际调查。

5.2%。中部大学教师流动意愿的强烈程度不如西部,流动机会又不如东部,可能最终导致他们的实际流动比例最低。不同地域间在流动意向和流动行动的类型方面也有差异。西部研究型大学教师考虑校际流动的比例最高(21.1%),流动行动也是校际流动比例最高(6.8%);中部研究型大学教师选择职业间流动的比例最大(10.7%),但流动行动也是校际流动比例最高。

(2)职称划分:当前职称为副教授的教师过去5年流动意愿最强,实际流动行动比例最大。当前职称为副教授的中国研究型大学教师过去5年(2004—2008)具有流动意愿的比例达到26.7%,高于助教(25.9%)、教授(25.4%)和讲师(23.3%)。当前职称为副教授的教师过去5年具有流动行动的比例也最高(13.8%),其次依次是教授(11.6%)、助教(3.7%)和讲师(3.6%)。据此可以认为,中高职称大学教师流动意愿和能力都更强。经验事实也大致如此,即青年教师尤其是讲师及以下职称的教师,实际具有流动行动的非常少。究其原因,一是中国并没有终身教职制度,从讲师到副教授缺乏强制分流机制;二是低职称教师教学能力、学术能力及相关积累都比较欠缺,在学术劳动力市场上自由流动的能力弱;三是流动周期,即稳定—流动—稳定这种规律性活动应该是存在时间周期的,低职称教师更多应处于稳定期内。

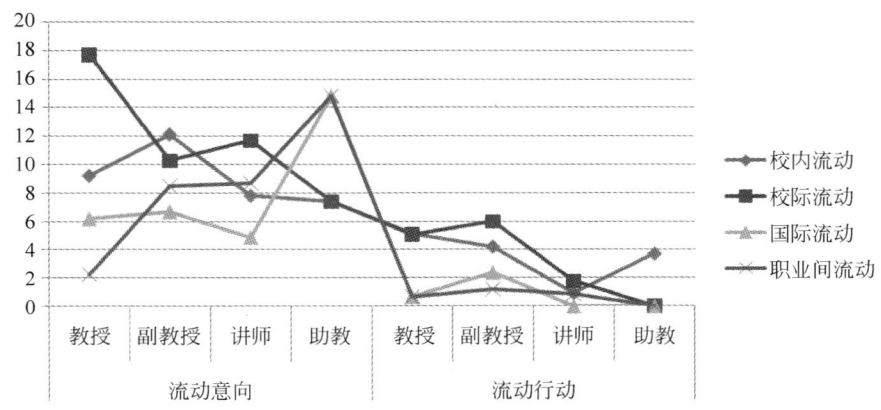

图5 分职称中国研究型大学教师流动意向和流动行动

数据来源:学术职业变革国际调查。

(3) 学历划分:学历水平越高,流动意向和行动比例越高。2004—2008年不同学历水平的研究型大学教师流动意向排序是博士后(32%)、博士(25.2%)、硕士(24.3%)和本科(13.3%);流动行动排序是博士后(16.9%)、博士(9.3%)、硕士(6.1%)和本科(3.1%)。① 具有博士后经历的教师,在"校际流动"、"国际流动"和"职业间流动"的意向和行动比例都排名第1。最高学位为学士学位者,流动意向比例最低;最高学位为硕士学位者,"职业间流动"意向最高,但最高比例的流动行动是"校际流动";最高学位为博士学位者,"校际流动"意向最高。出现这一现象的原因,一是随学历水平上升,流动能力增强,学术劳动力市场价格提高;二是随着学历水平增高,对于某一具体学科或领域钻研越深,但更多倾向于在学术职业内部流动。

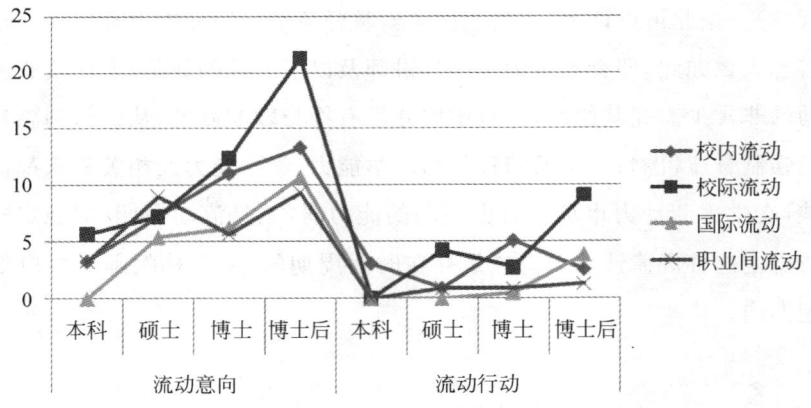

图 6　分学历中国研究型大学教师流动意向和流动行动
数据来源:学术职业变革国际调查。

(4) 性别划分:男性的流动意向和流动行动比例均高于女性。男性和女性流动意向的比例分别为 26% 和 21.9%,流动行动比例分别为 10.2% 和 6.5%。但二者流动类型有所区别,男性最高比例的流动意向和流动行动是"校内流动",依次是 11.4% 和 4.2%,女性最高比例的流动意向为"校

---

① 博士后虽不算作一级学位,但在学术职业入职过程中,正成为越发普遍、重要的学术经历。因此,本文将博士后和其他三级学历共同作为学术经历来比较。

际流动"(7.9%)和"职业间流动"(7.9%),最高比例的流动行动为"校际流动"(4.1%)。女性总体流动意向和行动比例低于男性,经检验主要是因为其学历与职称平均水平低于男性,流动能力弱;女性校际流动率高,其可能的原因是来自于其配偶的校际流动。

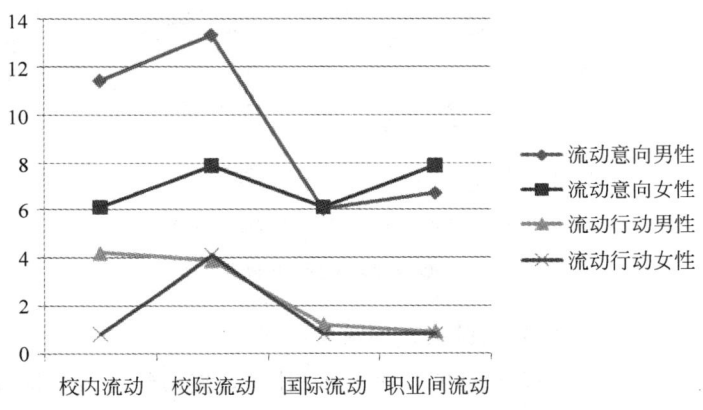

图7 分性别中国研究型大学教师流动意向和流动行动
数据来源:学术职业变革国际调查。

(5) 年龄划分:31—40岁大学教师流动意向和行动比例最高。将中国研究型大学教师年龄按照"30岁以下"、"31—40岁"、"41—50岁"、"51—60岁"、"60岁以上"作5个阶段的划分,发现,"31—40岁"年龄组教师流动意向最高(69.9%),其次是"41—50岁"(26.8%)、"30岁以下"(21.1%)和"51—60岁"(10.9%)。流动行动的比例排序与流动意向基本一致,"31—40岁"年龄组排名第一(13.4%),"41—50岁"年龄组(10.1%)排名第二。年龄与流动比率的上述关系,与西方普通职业流动研究中青年人流动比例高这一结论是不同的。[1] 这说明不同职业存在不同的年龄与职业发展曲线,学术职业是一种需要长期积累的职业,从业者获得博士学位这一基本的入门条件已年届三十,前期的职业发展也非常缓慢。31—40岁,真正适合流动的机会才逐渐成熟。

---

[1] 如 Derek Neal. The complexity of job mobility among young men[J]. Journal of labor economics,1999,17(2):237—261.

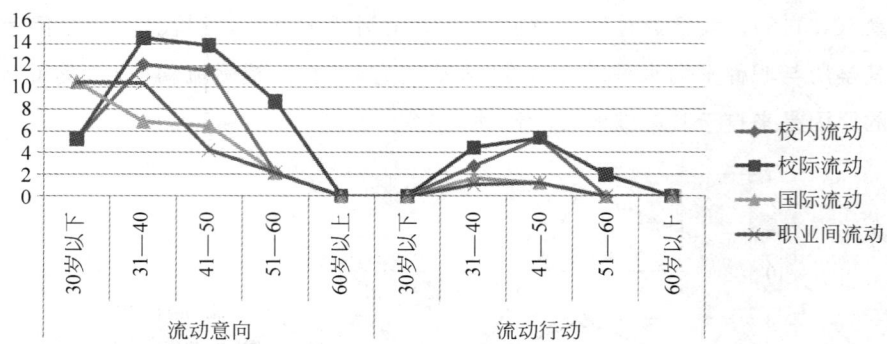

图 8　分年龄中国研究型大学教师流动意向和流动行动
数据来源:学术职业变革国际调查。

5. 中国研究型大学教师的人均流动频次

除大学教师流动发生的基本频率外,对于有流动经历教师流动频次的分析,可以从另一维度判断大学教师流动的基本状况。中国研究型大学教师调查数据中,有流动经历教师的平均流动次数为 2.56 次。流动过 1 次、2 次、3 次和 4 次的比例依次是 64.5%、22.7%、5.7%和 6.4%。可以发现,和部分高流动职业相比,具有流动经历的大学教师,一生进行 1—2 次流动的情况最为普遍,流动的整体频次较低,职业稳定性较高。

(四) 全球大学教师流动加速背景下中国学术职业的选择

本书认为,全球大学教师流动整体加速的背景下,中国学术职业应提早就以下至少三个方面的问题作出选择。

1. 大学教师流动的心态选择

是否承认教师流动对于学术职业乃至高等教育健康发展的积极作用,是否认可分流、适度弹性和适度竞争的高等教育理念,是否愿意为教师流动提供制度保障(如欧洲目前提供的社会保险服务)等,根本是对待大学教师流动的心态选择。

习近平总书记在 2013 年 9 月 30 日的中共中央政治局集体学习中指出,要"着力完善人才发展机制……建立更为灵活的人才管理机制,打通人才流动、使用、发挥作用中的体制机制障碍"。① 这意味着中国高层已经意识到促进学术流动的重要意义,事实上,中国高等教育从计划模式到市场模式的转型,长期落后于经济领域,大学教师流动包括整个学术职业、学术体制的变革只是其中一个缩影,而且高等教育的整体性、全局性也决定了大学教师流动不可能只从自身改起,整个高等教育的调试需要更为宽广的改革胸襟。

2. 大学教师流动的道路选择

世界范围内,大致存在两种对于大学教师流动的不同态度。一种是通过积极的地区或国家政策干预,促进大学教师流动和知识转移,该种模式以欧洲为主要代表。另一种是将大学教师流动作为市场行为,政府和高校所做的努力主要在于规范大学教师流动秩序,由学术劳动力市场对大学教师流动进行自然调节,美国是这种模式的典型代表。

笔者倾向于"美国模式",倾向于将学术人员调配交给市场。一方面,这可最大程度降低改革成本。以目前中国的"千人计划"、欧洲的"重返芬兰"等为例,这种面向少数人、政府扮演改革主角的促进流动的行为,不仅意味着改革成本较高,而且可能人为打破学术职业的生态平衡,造成劳动力市场分割现象,反而不利于学术职业整体质量的提升。另一方面,笔者认为欧洲"天下大同"式的"欧洲研究区"(ERA)建设,试图通过政府主导打通国家间、行业间学术人员流动壁垒虽然具有合理性,但工程浩瀚、难度极大,改革机会成本也很大。这也是2000年至今,ERA建设只有文件没有行动,只有框架没有内容,只有声势没有成效的根本原因所在(笔者在另文《欧洲研究区的改革困境》中对此专门进行了阐述),因此不值得中国借鉴。

3. 大学教师流动改革的主要方向

笔者认为应重点考虑以下几个方面。第一,将大学教师流动与职称评聘制度相结合,采取更积极的举措促进低职称教师的流动。比如设置终身教授职位,并构建严格的同行评议制度,可以效法德国,限制教师在同一高校完成低职称向高职称晋升的渠道,强迫其通过流动获取更大的学术成就。

---

① 习近平在中共中央政治局第九次集体学习时强调:敏锐把握世界科技创新发展趋势,切实把创新驱动发展战略实施好。http://news.cntv.cn/2013/10/01/VIDE1380627257088452.shtml,2013-09-30。

第二，推行积极的激励和保障计划。美国对于教师分流的举措建立在对于非终身职教师给予丰厚的收入保障和自由的学术空间之上。中国在改革教师分流机制时应特别注意加强对青年教师的保护。与此同时，对于高职称学者不愿流动的问题，可效法德国，由政府出台流动激励性政策。第三，国家层面出台政策遏止研究型大学学术职业近亲繁殖。研究型大学教师近亲繁殖扼杀国家学术创新能力，应从各高校自律变为国家行为，用政策甚至法律的方式通过强制性规定限制近亲繁殖发生。第四，国家层面构建大学教师流动的中介机构。效法公务员制度中的"凡进必考"原则，研究型大学人才引进应在国家层面进行招聘信息发布，收取候选人简历，并组织同行评议进行初步筛选，通过中介机构大力引进海外学术人才。第五，变教师收入隐性化为显性化。大力消除目前广泛存在的教师隐性收入，如对于开公司的教师予以开除，对于挪用或侵吞科研课题收入的教师予以起诉。与此同时，在显性方面大幅提高教师收入水平，参考同等发达程度国家研究型大学教师收入水平，重新制定收入标准，并降低不同职称教师收入差，大幅提升青年教师收入水平。第六，构建大学教师流动的社会保障机制。至少在研究型大学层面，对于流动教师的各类保险、子女教育等问题给予足够关注，实现地区之间、高校之间的社会保障对接。由政府出台社会保障补充基金，如补偿因大学教师流动增加的子女教育成本，或对因大学教师流动导致的配偶离职给予帮扶（提供求职机会或救济基金）。

如果将全球学术职业视为一个舞台，那么西方主流学术系统通过促进学术流动改善学术生态，促进高等教育发展的大幕已经拉开，并收获了精彩。中国等后发国家已经表现出促进教师流动的强烈愿望和鲜明趋势，但"上下而求索"仍是无法回避的现实。

三、本章小结

（一）有关中国学术劳动力市场现状与趋势的基本判断

本章研究发现，一是与其他国家相比，中国教师整体的流动意向和行动比例偏低。二是与其他高等教育机构相比,研究型大学教师具有流动经历的比例最高。三是与其他职业相比,研究型大学教师流动的频次偏低。

通过其他国家和中国的大学教师流动的对比,传递出一个信号:世界范围内大学教师流动正在加速。无论是对于两次学术职业调查结果的分析,还是笔者进行的问卷调查和教师简历分析,都显示出这一趋势,尤其是日本、韩国等被认为"不爱流动"的亚洲国家的变化让我们思考:流动是否是学术职业的基本特征?那些暂时流动频率较低的国家(如中国)是否是因为受制于某些因素而导致流动率低?

总体来看,虽然当前中国大学教师流动进入快车道,但总体频率仍大大低于发达国家和很多亚洲国家,这可能与意愿、能力两方面原因有关。一是意愿不足。比如计划经济体制遗留下来的"单位"制度,使每个人不仅仅是其自己,更是单位中的一员,因单位而构建起来的行业保护、社会资本等成为教师生存的制度依赖,不到万不得已,不愿跳出原有的单位,因为重新寻找"组织"并融入单位成本很高,风险较大。正如有研究者所认为的,"单位作为政府权力的延伸全面控制和影响着学术职业,使得中国学术职业缺乏独立性,没有自由性,没有职业自主权"。[1] 二是能力不足。历史原因使一部分低学历、低资质、低能力的人进入学术职业,虽然其中的部分人通过在职攻读学位等方式改变了个人的符号特征,但能力提升仍然是缓慢的,该部分人群缺乏学术劳动力市场中的竞争优势,这可能是中国高校教师整体流动频率偏低的主要原因。

从劳动力市场的角度来分析,可能有两个方面的原因导致了中国大学教师流动率偏低。一是普通劳动力市场开放程度因素。当一国经济体制逐渐健全,各职业(不仅仅是学术职业)处于规范的经济运行环境之中,流动成为个人职业发展的基本内容。虽然不同职业之间,流动频率仍存在显著的行业特性和差异,但在一个岗位上终老一生的情况则越来越不可能发生。此种环境下,流动成为学术职业生涯的正常活动。二是学术劳动力市场开

---

[1] 李志峰.学术职业专业化的路径选择与制度创新[J]. 现代大学教育,2008(5):87—92.

放程度因素。只有在开放的劳动力市场中,才会有自由的流动者。学术劳动力市场的开放和规范程度,与大学教师流动最为相关。市场意味着价格信息的互通(如相同学科、相同学历水平收入的对比),竞争对于人才配置的调控,买方和卖方的谈判、妥协与契约等,这些是大学教师流动的核心保障。

世界范围内大学教师的流动正在加速,但这种趋势也并非会一直持续。过高的流动比例,尤其是跨国流动和跨职业流动,对于学术职业发展会造成严重伤害。当大学教师流动比例过高时,学术市场会试图控制流动比例。可能的连锁反应规律是,流动增加—获得新职位的竞争加剧求职困难程度—教师们重新考虑流动计划—流动比率降低。本章对中国香港特别行政区学术职业的分析与这一规律具有一定的契合。

笔者对于中国情况的基本判断是:教师流动才刚刚开始。中国在第二次大学教师流动中表现出的流动频率,甚至低于1993年前后绝大多数其他国家的水平。虽然如此,种种迹象却表明,中国的流动近年来才真正开始。随着中国高等教育竞争的加剧,优质教师将成为中国学术劳动力市场的争夺对象。

教师流动的加速,将逐渐推动中国计划经济时代"单位"制度、户籍制度在高等教育中的瓦解。但显然,中国的高等教育还没有做好准备。留意各大高校的招聘信息可以发现,一些主要高校仍然将户口等作为基本的引才条件,若干年以后,也许各高校的人事部门会发现,这些东西已经不足以吸引或挽留一名优秀的教师。与此同时,很多对于工作条件心怀不满的教师,当前虽没有勇气进行流动,但随着学术职业的发展,当流动成为学术职业非常普遍甚至平常的事情,他们也会加入到教师流动的行列。

(二)有关中国研究型大学教师流动的主要类型划分

根据问卷调查结果,和对数千份大学教师简历的分析,笔者将中国大学教师流动归纳为四种主要类型。

1. 从海外低职称教师流向中国研究型大学

吸引海外著名高校或实验室的低职称教师回国任教,这是近年来各主要高校从国际学术劳动力市场引才的通常做法。也可以认为,更多的是青年教师,而非终身教授回到了中国。其中,因国家不同职称称谓不同,如美国的助理教授,日本的准教授,新加坡的助理研究员等,其中部分职称具有博士后性质,如中国香港特别行政区的研究助理。该部分人群回到中国研究型大学工作,在职称方面一般会上升1—2个等级,即给予"高聘"。一些经历3—4次国际研究助理工作的教师,则可能在中国研究型大学直接获得教授职称。部分仅具有博士后性质的研究助理情况,其则略差,不仅难以获得高职称聘任,部分教师还需要在中国研究型大学从事2年博士后研究才能获得聘任。与此同时,近年来"千人计划"的实施,部分在海外研究型大学获得终身教职的教授也回到中国,这是华人/华裔大学教师跨国流动的新趋势。

2. 从国内低声望高校流向高声望研究型大学

高等教育机构的声望对于教师流动具有重要意义。对数千份教师流动的简历分析还可发现,从低声望高校向高声望高校流动是大学教师流动的基本路径。但这种流动并不一定是渐进式的,如并不一定是从普通本科高校到"211高校"再到"985高校"的流动,而往往是"跳跃式"的,如直接从普通本科高校流动到"985高校"。此外,这种流动不一定是单向的,一些实施了学术人才分流制度改革的著名高校,也有不少学者向低声望高校流动。

3. 从科研院所、企业流向中国研究型大学

从国内外科研院所、国外科技类公司吸引人才进入中国研究型大学也是一种非常重要的流动模式。这在计算机、生物科学、经济和金融等领域表现得较为明显,如上海交通大学从英特尔(Intel)等公司吸引了一些核心技术人才,北京大学汇丰商学院从华尔街一些投资银行中吸引了一些管理人才,北京大学软件与微电子学院从摩托罗拉、微软等电信、IT巨头吸引了一些技术和管理人才等。这其中也包含一些在国际上有研究经历但属于自主创业的科学家(一般拥有自己的公司,来华任教后也并未放弃原有公司)。一般的研究认为,学术职业更容易进入其他职业,反过来则很难,很大的原因在于学术的壁垒,本研究印证了这一观点,从科研院所进入中国研究型大学相对比例较高,但真正能够从企业进入大学的教师则数量较少,且一般具有如下特征:拥有博士学位,具有研究能力和科研经历,处于全球顶尖公司,年龄偏大,且大多是海外公司。中国国内公司科研人才进入大学的比例非常低。

4. 跟随配偶进行学术流动("家属"模式)

中国大学教师流动存在一种特殊的类型——"家属模式",通常是引进男性人才时,高校附带协议解决其配偶就业问题,这一过程中,其配偶实现了流动。另外一种情况是,女性教师的配偶进行了跨地域的职业流动,女性教师往往放弃当前工作在新的地点加盟新的高校。高校绝大部分因解决家属工作(而非人才引进)将教师家属安排在非学术岗位上,但也有部分具有高学位的"家属"进入学术职业。该种模式引发的流动显示出中国大学教师流动过程中的性别差异,大学教师流动过程中,女性更多扮演的是"夫唱妇随"的从属角色,这与普通职业流动的有关研究结论相吻合。① 当然,也有因女性大学教师流动而引发男性大学教师流动的案例,如原武汉大学哲学院著名教授邓晓芒,"冲冠一怒为红颜",因配偶工作问题出走华中科技大学。②

(三) 流动与反流动:有关"留校"模式的讨论

上述四种类型的人才流动方式,可以认为是中国研究型大学当前促进大学教师流动的通俗做法。与之相对的,也有一些力量在阻碍大学教师流动,其中最为人诟病的莫过于长期以来的"留校模式"。

"留校"是中国高等教育特定时期使用过的高频词汇。可以分为本科留校、硕士留校和博士留校三种类型。在十一届三中全会恢复高考之后,高等教育发展部分恢复,但教师人才缺乏,选择优秀毕业生留校是应对教师匮乏的重要途径。从对高校教师简历分析中可以找到大量该时期留校任教的教师案例。该阶段中国研究生教育数量少,一部分大学教师留校时仅为本科学历。20世纪末至今,对留校者的学历要求不断提高,留校教师的比例不断降低,但由于高等教育人才更替周期很长,中国也缺乏人才分流机制,当

---

① Bryson, Jeff, and Rebecca Bryson. Salary and job performance differences in dual career couples[M]. In Fran Pepitone-rockwell (ed.), Dual-career couples. Beverly Hills, California: Sage, 1980: 241-259.

② 华中科技大学. 喻园瞭望. http://blog.sina.com.cn/s/blog_6d0e1f0d01000a77.html.

前各主要研究型大学属于"留校"性质的大学教师比例仍较大。

前文所述,留校的教师大多经过高校的多年考察和精挑细选,尤其是在精英高等教育阶段能进入当时的重点大学,其个人资质甚至好于有流动经历的教师。而有流动经历者,很大部分来自于非研究型大学,出于对本校办学水平的不满,或者因本校缺乏博、硕士学位授予点,被迫到其他著名大学或国外攻读学位和从事研究,其他高等教育系统和高等教育机构的基因,反而成为助其成功的重要因素。

从历史角度看,在"大学生"稀缺时代,"留校"模式对于高等教育发展起到过极其重要的作用。当高等教育高度发展、海内外博士人才供给充足之时,该种模式就应退出历史舞台,因为其客观存在的因近亲繁殖所造成的对高等教育的危害正日渐显现,不仅降低了学术创新的可能,也造成了中国单位制度下人际关系的复杂化。但事实上,几所主要研究型大学从未停止对自己毕业生的"留校"努力,这在对一些青年教师的简历分析过程中表现得非常明显。

第三章

中国学术劳动力市场的中心与外围：
流动方向与规律

[本章摘要] 全球化的高等教育最令人困惑的一点是它的高度不公平①。这种不公平或不平等背后，是中心与外围的分化。中心与外围的概念曾广泛地被经济学界所运用，是分析普通劳动力市场人才流动的重要理论框架。近年来，这一框架越来越多地被西方学术劳动力市场研究所涉及，本章基于该分析框架，通过多项调查数据的统计分析，尤其是对中国15所研究型大学教师流动图谱的绘制，就中国大学教师流动的方向与规律进行深入探究。

一、研究假设

(一) 中心—外围理论的分析框架

中心—外围分析框架最早是在发展经济学和发展社会学研究中运用的一个基本理论分析框架，1945年由阿根廷经济学家普雷维什(Prebish)率先提出。他将世界经济分为两个部分，即"大的工业中心"和"为大的工业中心生产粮食和原材料的外围"。② 发达国家与发展中国家因为技术水平不同，

---

① 阿特巴赫.全球高等教育趋势：追踪学术革命轨迹[M].姜有国等,译.上海：上海交通大学出版社,2010:28.
② 董国辉.经济全球化与"中心—外围"理论[J].拉丁美洲研究,2003(2):50.

形成梯次分工明确、经济结构迥异的格局。其中,"中心国家的经济结构具有同质性和多样性,外围国家则表现为专业性和异质性。外围国家在国家分工中被边缘化"。①

20 世纪 60 年代之后,中心—外围分析框架得到了广泛发展,集中在"依附论"、"贸易条件全面恶化论"、"宗主—卫星"论等新的理论流派。比如,依附论的主要代表人物阿明认为,发展中国家被迫接受世界生产的专业化分工,为满足发达国家的需要而进行生产活动,使其"依附"于发达国家。这种不平等的依附关系使发达国家获得发展优势,而发展中国家则长期陷入不发达状态。② 辛格提出贸易条件恶化论,认为发展中国家虽然以出口劳动密集型制成品代替出口初级产品,但"其结果只能是转换了贸易条件恶化的内容,而不能从根本上解决发展中国家贸易条件长期恶化的问题。"③

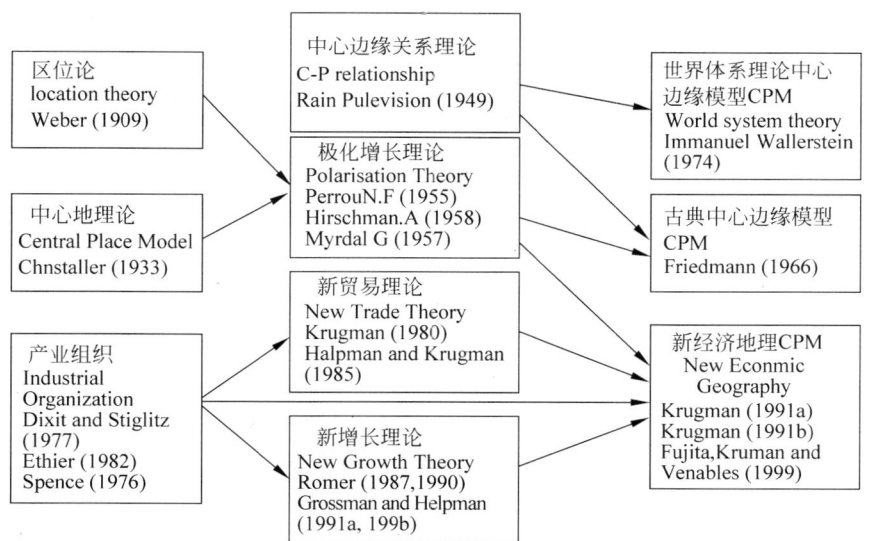

图 9　CPM 研究及相关理论关系图

转引自:贾宝军,叶孟理,裴成荣.中心—边缘模型(CPM)研究述评.陕西理工学院学报(社会科学版),2006(2):411。

---

① 董国辉."贸易条件恶化论"的论争与发展[J].南开经济研究,2001(3):11—14.
② 徐杰.中心—外围分析框架与美元本位制[J].上海行政学院学报,2010(3):102—108.
③ 陈焰,熊玉珍.中心—外围论及对中国的实证分析[J].国际贸易问题,2005(3):11.

弗兰克则用"宗主—卫星"的概念取代"中心—外围"来表述拉美社会低度发展的结构性特征,指出从欧洲或美国的宗主中心直到拉丁美洲最遥远的边区村落之间存在一条"宗主—卫星"环环相扣的剥削链条。①

早期中心—外围理论分析更多的是提供一种思维方式,而非严格的分析框架和计量模型,"虽然对区域空间结构和形态变化具有较高解释功能,但仅为框架性的。"②但自经济学家弗里德曼之后,这一状况发生了改变。他在《区域发展政策》一书中系统阐述了中心—边缘的理论模型(Core-Periphery Model 或 Center-Periphery Model,简称"CPM")。后期克鲁格曼通过对垄断竞争模型变形,采用 Cobb-Douglas 函数形式,构造了一个两区域的模型。之后有关模型的扩展研究不断深入,区域经济学进入了主流领域。

需要说明的是,中文语境对于中心—外围的翻译存在不同,一部分翻译为"中心—外围",另一部分则译为"中心—边缘"。有学者试图区分外围与边缘的概念,认为"外围"多指一个系统内环绕中心的四周或某一半径以外的环带,是一个较大范围的区域或系统。"边缘"则多指"外围"范围的一部分,一个小的区域或小的系统。③ 笔者认为,边缘可能含有"边缘化"的含义,是一种趋势性词语,外围则相对温和,是一种对现有状态的描述,因此笔者更倾向于将之翻译为中心—外围,近几年中国学界也主要是采用中心—外围的语言表述。

(二) 学术市场的中心—外围

学术市场也有中心—外围之分。阿特巴赫教授认为,学术世界一直由中心(Centers)和外围(Peripheries)界定。因国家大小、财富、学术传统、语言及其他因素,导致发达国家最好的大学拥有卓越的研究能力和声望,这些大学被认为是"中心",而那些"依靠这些中心建立起来的寻求知识和领导力

---

① 查尔斯·K.威尔伯.发达与不发达问题的政治经济学[M].北京:中国社会科学出版社,1984.

② 贾宝军,叶孟理,裴成荣.中心—边缘模型(CPM)研究述评[J].陕西理工学院学报(社会科学版),2006(2):4—11.

③ 同上。

的机构",则被称为"外围"。从区域来看,南北差异构成全球最大的中心——外围图式。北半球工业化国家一直处于高等教育的中心。阿特巴赫教授曾详细讨论过学术中心与外围形成的原因,认为国家财富的拥有程度、高等教育的历史、是否拥有世界一流的研究型大学、高质量的生源、语言因素等是主要原因。①

他同时也提到了两个与学术中心——外围有关的世界趋势。一是学术中心的相对化。虽然学术中心一般位于大国、富国,但目前世界学术中心与外围的区分正变得复杂化。除北半球那些传统意义上的研究型大学(他称之为"领导型大学")外,高质量的大学在日本、德国、法国和部分其他小国也存在。院校层面也出现了中心——外围的分化,即便是处于世界院校系统中心的国家,如美国、英国、德国、法国以及某种程度上包括澳大利亚和加拿大在内,也存在许多外围院校。约翰·斯通教授在最近的一篇文章中也提到了这种趋势,即使强大如美国,在军事开支增加、高等教育财源不足的背景下,一些边缘大学也逐渐出现。② 二是新的学术中心的建立将更加困难。进入学术中心的门槛"价格"正逐步提高,顶级研究型大学需要更充裕的资源,许多领域的科学研究都需要实验室和设备方面的大量投资。除此之外,顶级研究型大学往往与历史密切相关,也与语言和学术传统有直接联系,相比于财富,这些方面的积累则更为漫长和艰难。这也是世界学术中心与外围格局形成的主要原因。

中心——外围理论分析框架与早期的理性选择理论有一定的联系,后者认为,人才的流动本质上在于流出地与流入地之间的差异,比如地区生产总值的差异,就业率的差异,个人收益的差异,犯罪率差异等,因此宏观理性选择理论的支持者们试图将这种差异进行量化分析,以达到预测的目的。这与中心——外围分析框架有一些相似性,即都是宏观上地区间的比较,都基本

---

① 阿特巴赫. 全球高等教育趋势:追踪学术革命轨迹[M]. 姜有国等,译. 上海:上海交通大学出版社,2010:9—10.

② D. Bruce Johnstone. The Changing Academic Profession: The Worldwide Impact of Expansion and Austerity. Forces of Impacting Changes of Academic Profession—with cross country perspectives[C]. International Workshop on Changing Academic Professor. Wuhan,2011.

建立在未来发展和收益所引发的驱动力的关注上。所不同的在于,阿特巴赫等人所持的中心—外围分析框架更多地考虑了教育学科的特性,即关注了学术的中心而不仅仅是经济的中心。除阿特巴赫之外,西方教育学界还有不少其他学者也持中心—外围观点。① 但总体来看,相关研究仍属于描述性阶段,缺乏精确的计量模型与规范的实证研究。

北京师范大学延建林博士曾在文献综述的基础上,将教育的中心—外围研究概括为3条假设,一是中心与外围构成了国际教育不均衡格局中对立的两极;二是控制与依附构成国际教育不均衡关系的实质内容;三是控制与依附的不平等关系制约了发展中国家教育的发展。② 可以认为,全球教育的中心—边缘格局以及其对立、失衡、平等关系是客观存在的。

(三) 中心—外围与大学教师的流动

全球学术系统客观存在的中心—外围分化,最直接的影响之一就是人才流失,具体表现是学生流动和教师流动。这种流动的总体规律是学术人才从学术外围流向学术中心。其中,引发教师流动的原因是多方面的。从已有文献看,原因主要集中在两个方面。

经济收益。收益的高低往往被认为是促成大学教师跨国流动的动因之一。弗莱克斯纳曾指出,"美国的教授"不再是"无产阶级"。全球性的学术劳动力市场日渐成型,这意味着一国大学教师的工资水平和工作条件可能对另一国产生重要影响。当代学者的薪金和地位都大幅上升的同时,各国学术收益却存在极大的不同,这种差异有时可达数倍甚至数十倍。作为一种国际性职业,全球学术职业拥有共同的学术规范和对话体系,当等值付出收获迥异时,流动就可能发生。在经济收益与流动的互动关系方面,学术职业与其他职业被认为是相似的。在阿特巴赫教授主持的全球大学教师收入国际比较(2012)中,中国大陆教师月收入近720美元,排名全球倒数第三。在学术职业变革国际调查(2008)中则显示出中外大学教师收入差距更为明显。

---

① A. Mzzrui. The African University as a Multinational Corporation: Problems of Penetration and Dependency[J]. Harvard Education Review,1975,45(2):191—210.

② 延建林.中心—外围:一个比较教育的分析框架[J].比较教育研究,2004(11):7—11.

表 3　28 国大学教师收入水平（PPP，单位：美元）

国家	最低值	平均值	最高值
亚美尼亚	405	538	665
俄罗斯	433	617	910
中国	259	720	1107
埃塞俄比亚	864	1207	1580
哈萨克斯坦	1037	1553	2304
拉脱维亚	1087	1785	2654
墨西哥	1336	1941	2730
捷克	1655	2495	3967
土耳其	2173	2597	3898
哥伦比亚	1965	2702	4058
巴西	1858	3179	4550
日本	2897	3473	4604
法国	1973	3484	4775
阿根廷	3151	3755	4385
马来西亚	2824	4628	7864
尼日利亚	2758	2629	6229
以色列	3525	4747	6377
挪威	4491	4940	5847
德国	4885	5141	6383
荷兰	3472	5313	7123
澳大利亚	3930	5713	7499
英国	4077	5943	8369
沙特阿拉伯	3457	6002	8524
美国	4950	6054	7358
印度	3954	6070	7433
南非	3927	6531	9330
意大利	3525	6955	9118
加拿大	5733	7196	9485

数据来源：Laura E. Rumbley, Ivan F. Pacheco, Philip G. Altbach. International comparison of academic salaries: an exploratory study. Boston College (Not Published).

学术环境。个人的学术成功并非仅仅依托于自身的努力,正如克拉克·科尔所认为,"未来的学术高峰将从最高的学术高原上升起"。① 这似乎也可以解释,为什么很多中国的科学家进入美国之后才取得巨大的成功(如获得诺贝尔奖)。处于学术中心的国家为外来者提供学术高原,帮助他们取得成功,这成为促进教师从外围向中心流动的巨大动力。与其他职业相比,学术职业自身的特性,也往往会促成大学教师从外围向中心流动。麻省理工学院前校长特维斯曾指出,"教师必须获得工具、资源、经济报酬以及尊重,才能完成他们必须完成的工作"②,但是,"建立一个健康向上且朝气蓬勃的研究环境通常是非常昂贵的,主要费用包括购买现代化的仪器设备及支付相关技术支持人员的薪水等"。③ 一些极有天赋和研究素养的学者,往往会因工作条件或研究水平原因,流向中心学术系统。学术自由也为教师们所推崇,处于学术外围的国家往往在保障研究自由方面处于劣势。

　　一国(地区)学术水平的高低,往往是该国(地区)社会综合发展水平的体现。学术的落后(处于外围地位)并非单单学术系统的问题,往往还涉及整体经济、政治、文化、社会发展的综合状况。处于学术外围的国家(地区)大多数情况下并不只是学术落后,往往还大量存在着物质贫穷、学术自由难以保障、人权状况恶化、战争或种族对立、阶层分化与流动凝固等其他问题。从这个意义上说,促成教师从外围向中心流动绝非仅仅是上述经济利益、学术环境和学术实现等原因可以完全解释的。

　　传统的中心—外围的流动分析框架面临一些挑战。比如按照中心—外围理论所强调的经济差异导致流动的基础假设,应该是外围学术系统中收入最低的学术人才最先流动,而已有研究则发现,经济收入中等者实际发生流动的比例最大。类似的质疑还包括:学术中心之间也存在失衡的流动关系(如欧洲向美国的人才流失)、教师从学术中心向外围的批量回流问题等。阿特巴赫本人也认为中心—外围分析框架难于解释某些学术流动的规律。他曾举例说,那些在美国求学、来自非洲等落后地区的博士毕业后归国比例

---

① 克拉克·科尔.大学之用[M].高铦,译.北京:北京大学出版社,2008:52.
② 蓝劲松.一流大学卓越校长[M].北京:北京大学出版社,2008:107.
③ 同上书,第36页.

很高(很多国家都超过 70%),而经济水平略好的中国和印度,以及中高收入地区的中国台湾,教师和学生回国的比例却极低。

中心—外围分析框架在大学教师流动研究中的引入,面临的另一困惑是其理论外延不清晰。该理论偏于宏观解释国与国、地区与地区之间的流动总体规律,对于个体流动选择的解释力尚未见到有文献进行过专门的研究与验证。且该理论多用于解释现状而并不具有人才流动的预测功能,总体上可以认为这是一种宏观上有关人才流动的解释性理论。

(四) 研究假设

中心—外围分析框架运用到大学教师流动研究中,假设可概括为:

H1:从外围到中心是研究型大学教师流动的基本方向。虽然大量证据指出,经济学、社会学、教育学领域都存在中心—外围分化的现象,但本假设仍有一定的创新风险。第一,已有研究中没有清晰的学术劳动力市场中心与外围的界定,阿特巴赫教授等人在研究过程中,更多是从事宏观的理论解释而非严格的流动计量,不存在概念界定和操作上的严格说明和规范。笔者试图将"中心"进行概念界定,是中心—外围理论在高等教育研究领域量化研究的一次努力。第二,阿特巴赫教授等人所持的中心—外围分析框架,主要是指高等教育的中心与外围,虽然教师和学生的流动是其中的重要议题,笔者用此框架来探讨大学教师流动的中心与外围,对概念有一定程度上的窄化。第三,既有的中心—外围研究全部以国家或地区为研究单位,本章引入了同一国家内部的中心—外围讨论,是一种新的尝试。假设 H1 包含以下子假设。

h1:从政治外围到政治中心是大学教师流动的基本方向。政治中心的测量主要依据地域行政级别来判断。比如武汉与北京相比,北京是政治中心;苏州与南京相比,南京是政治中心。

h2:从经济外围到经济中心是大学教师流动的基本方向。经济中心的测量主要依据中国地域的东、中、西部划分来判断。

h3:从学术外围到学术中心是大学教师流动的基本方向。学术中心的测量主要依据流动过程中具体的学术机构的整体水平来判断,一是选取

"985高校"、"211高校"、"一本地方高校"作为高等教育机构层级划分;二是在"985高校"内部将区分不同排名高校的教师流动规律。

二、数据来源

(一) 中国研究型大学教师流动调查(**数据Ⅱ**)

根据研究型大学定义,按照国家"985工程"建设高校名单,参照四个主要的中国大学排行榜,遵循兼顾地域、兼顾学校类型的基本思路,本研究共抽取11所高校作为研究样本,其中东部4所(北京大学、清华大学、复旦大学、上海交通大学),中部3所(武汉大学、华中科技大学、中南大学),西部4所(兰州大学、电子科技大学、西北工业大学、西北农林科技大学)。每所样本高校抽取3—5个院系、80名具有流动经历的学者、20名不具有流动经历的学者,进行问卷发放和回收。由于调查难度较大,调查自2011年11月开始到2012年2月截止(之后又于2013年补充调查半年),问卷发放1100份,回收有效问卷445份,问卷回收率为40.5%。样本结构如下:

表4 "中国研究型大学教师流动调查"样本结构

总样本		306		教授	40.2%
其中				副教授	36.3%
性别	男	73.3%	职称	助理教授	1.1%
	女	26.7%		讲师	19.1%
流动经历	有流动经历	59.6%		助教	1.4%
	无流动经历	40.4%		未定高教职务	1.8%

(二) 中国研究型大学教师简历分析(**数据Ⅲ**)

中国研究型大学教师流动调查(**数据Ⅱ**)的问卷调查因为问卷篇幅和填答时间等问题,具体的流动过程和学业经过无法进行更为仔细的调查。据此,笔者挑选北京大学等16所高校的部分院系,逐一筛选出具有较完整、流动与未流动的教师简历,按照信息采集框架展开分析。共获得有效样本

224个,其中,北京大学占样本数37.9%,复旦大学占样本数37.9%,华中科技大学占样本数24.1%;具有流动经历的教师占总样本的72.3%。

表5 "三校教师简历分析"指标采集表

序号	指标名称
1	性别
2	年龄
3	籍贯
4	获得学士学位的时间、地点、单位名称
5	获得硕士学位的时间、地点、单位名称
6	获得博士学位的时间、地点、单位名称
7	进行第1次博士后工作的时间、地点、单位名称
8	进行第2次博士后工作的时间、地点、单位名称
9	进行第1份工作的时间、地点、单位名称
10	进行第2份工作的时间、地点、单位名称
11	进行第3份工作的时间、地点、单位名称
12	进行第4份工作的时间、地点、单位名称
13	进入当前工作单位的时间

三、中国研究型大学教师流动的基本路径

教师求学期间在高校间流转虽不属于本研究"大学教师流动"的概念范畴,但因学业流动与职业流动有着密切联系,本章对于中国研究型大学教师流动路径的探讨也将其包含在内。

(一)学业流动的基本路径

1. 时间维度:更早获得硕士和博士学位教师具有更高的流动比例

有流动经历的中国研究型大学教师,完成本科学业的平均年龄(22.9岁)高于无流动经历教师(22.1岁)。他们本科毕业后,平均在4年内获得硕士学位,在10.2年内获得博士学位,在13.1年内完成第一次博士后工作经历。无流动经历教师本科毕业后,平均在5.1年内获得硕士学位,在11年

内获得博士学位,在13.6年内完成第一次博士后工作经历。此外,博士学位与硕士学位获得年限之差,有流动经历教师高于无流动经历教师,这与前者中更大比例在海外获得博士学位有关。

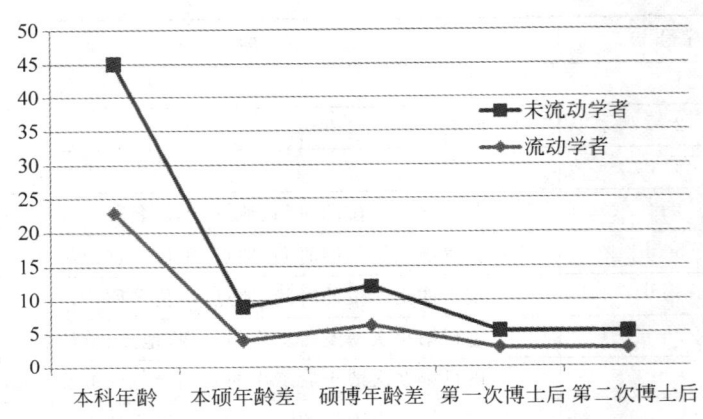

图10　中国研究型大学教师学业发展基本路径

数据来源:对于北大、复旦、华中科大三校教师简历统计。

注:"年龄差"=后一学历完成时的年龄-前一学历完成时的年龄。

2. 地域维度:在海外获得学位和有博士后经历的教师流动比例更高

有流动经历的中国研究型大学教师,在海外及港澳台地区获得学士学位、硕士学位和博士学位的比例依次为4.3%、13.6%和42%,无流动经历教师这一比例仅为0、8.1%和25.8%。其中,有流动经历教师攻读本科学位的国家和地区排序是美国、中国台湾地区和中国香港特别行政区,攻读硕士学位的国家和地区排序是美国、中国香港特别行政区、法国、加拿大、日本和英国,攻读博士学位的国家和地区排序是美国、日本、中国香港特别行政区、新加坡、英国、瑞典、中国台湾地区、法国和意大利。有流动经历的中国研究型大学教师,在海外及中国港澳台地区从事第一站博士后和第二站博士后工作的比例依次为29.6%和7.4%,无流动经历教师该比例为19.4%和6.5%。有流动经历教师完成第一站博士后工作的国家和地区排序是美国、日本、法国、英国、中国香港特别行政区、加拿大、比利时、德国、新加坡、意大利、巴西和瑞士;完成第二站博士后工作的国家和地区排序是美国、加拿大、日本、德国、瑞典和意大利。

第三章 中国学术劳动力市场的中心与外围：流动方向与规律　79

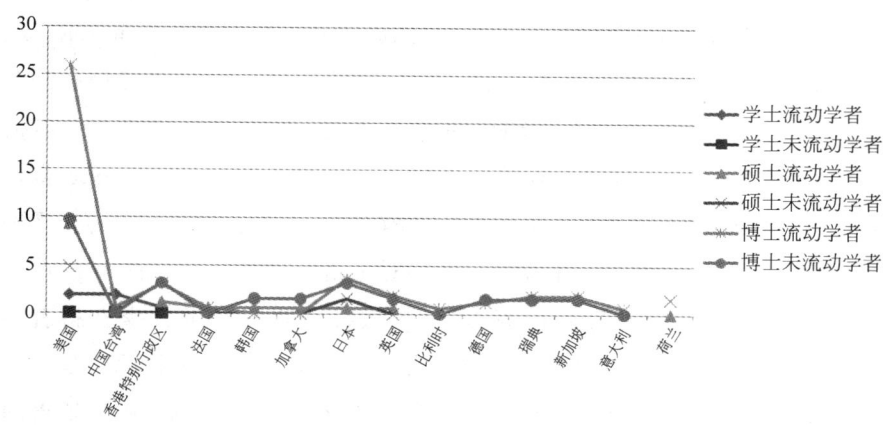

图11　中国研究型大学流动—未流动教师海外获得三级学位情况

数据来源：对于北大、复旦、华中科大三校教师简历统计。

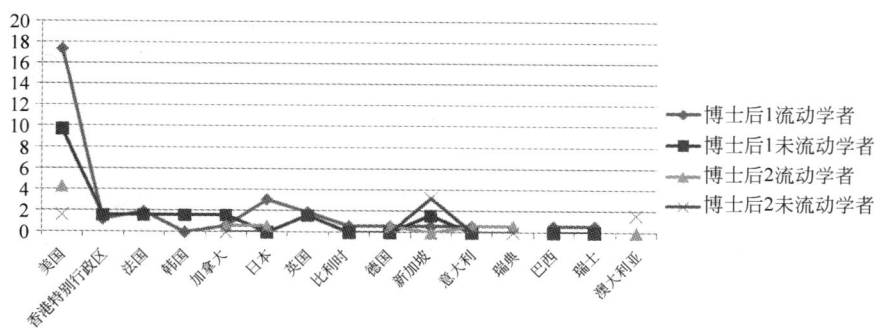

图12　中国研究型大学流动—未流动教师海外从事博士后工作情况

数据来源：对于北大、复旦、华中科大三校教师简历统计。

3. 机构性质维度：无流动经历教师本科学校层次好于有流动经历教师，有流动经历教师在硕、博士阶段海外经历更多

有流动经历中国研究型大学教师本科就读于"985工程"高校、"211工程"高校和"其他本科高校"的比例依次为39.9%、31%和28%，无流动经历教师本科就读于"985高校"的比例远高于此，达到61.4%。获得"985工程"高校硕士学位和博士学位比例，有流动经历教师（依次为48.1%、53.6%）仍然低于无流动经历教师（依次为64.1%、69.1%），获得海外和港澳台地区硕士和博士学位比例，有流动经历教师（依次为6.4%、20%）则远高于无流动经历教师(2.6%、11.8%)。无流动经历教师很大一部分本、硕、博三级学位在同一所"985 工程"高校就读并留校任教。无流动经历教师获得更多的重点高校录取机会,说明在本科入学前,他们的学习资质好于有流动经历的教师。这又回到了有关学术职业近亲繁殖的讨论。学界通常认为,近亲繁殖阻碍了学生在不同院校间获取营养,不利于学缘结构的交叉融合。但也有学者(哈利特·朱克曼,1982)对于诺贝尔奖获得者的研究发现,母校通常会挑选最优秀的学生"留校"并提供科研助力,诺贝尔奖获得者很大比例是"留校者"。① 对于该种争论,笔者站在反对学术职业近亲繁殖的立场,因为我们通过后文的比较研究还会发现,有流动经历的教师所取得的学术成就,大大超过无流动经历教师,这些"资质略差"的人通过流动,尤其是海外流动,往往能获得更大成功。

表 6 流动/未流动教师三级学位获得地比较

		海外高校(%)	港澳台高校(%)	985 高校(%)	211 高校(%)	其他本科高校(%)	其他(%)
学士学位	流动	0	1.2	39.9	31	28	0
	未流动	0	0	61.4	20.5	18.2	0
硕士学位	流动	5.1	1.3	48.1	28.5	15.2	1.9
	未流动	2.6	0	64.1	24.4	6.4	2.6
博士学位	流动	19.3	0.7	53.6	20.7	0.7	5
	未流动	10.3	1.5	69.1	14.7	1.5	2.9

数据来源:根据北大、复旦、华中科大三校教师简历统计。

(二) 职业流动的基本路径

1. 时间维度:有流动经历教师倾向于读完博士再工作,平均在每个单位工作时间为 4—5 年

以博士毕业时间为参照年度,可以发现,有流动经历的教师第一次工作时间为-1.7 年,这意味着他们平均在获得博士学位前 1.7 年开始第一份工作,无流动经历教师这一数字为-5.7 年,这说明他们平均在获得博士学

---

① 哈利特.朱克曼.科学界的精英:美国的诺贝尔奖获得者[M].周叶谦,冯世则,译.北京:商务印书馆,1982.

位前工作过 5.7 年。有流动经历教师更换工作的平均时间是 4.0—6.4 年，他们在前四份岗位上平均工作时间依次是 6.4 年、4.4 年、4.9 年和 4.0 年，在当前岗位上平均工作时间为 7.1 年。这说明，除去第一份工作和最后一份工作，在某一单位工作到 4—5 年是中国研究型大学教师离职的关键时期。从以上数据可以推断，无流动经历教师中较大比例应属于在职攻读博士学位者，甚至是本科留校，硕、博士学位全部在职攻读者，这也是数据结构中，无流动经历教师简历较少有明确的留校任教时间的原因（因为在很多时候他们扮演着教师和学生的双重角色），这一方面是由中国高等教育发展的历史原因造成的，这与中世纪早期因为缺乏教师而选留部分高年级学生任教的做法类似；另一方面，该种做法对于学术职业的整体发展是有损害的。

表 7　流动教师工作时间与博士学位获得时间对比

	第 1 份工作	第 2 份	第 3 份	第 4 份	当前工作
流动教师	−1.7	3.5	5.2	6	7
未流动教师	−5.7				0
全部平均	−1.8	3.5	5.2	6	5.1

数据来源：根据北大、复旦、华中科大三校教师简历统计。

表 8　教师流动时间跨度

	第 1 份工作	第 2 份	第 3 份	第 4 份	当前工作
流动教师	6.4	4.4	4.9	4.0	7.1
未流动教师					13.8
全部平均	6.4	4.4	4.9	4.0	8.8

数据说明：当前工作时间=2012−当前工作入职时间。

数据来源：根据北大、复旦、华中科大三校教师简历统计。

2. 地域结构：美国成为教师海外职业流动的首选

有海外流动经历的中国研究型大学教师，第一份工作所在国家和地区排序前四名依次是美国(24.1%)、日本(4.9%)、新加坡(2.5%)、中国台湾地区和中国香港特别行政区（均为 1.2%）；第二份工作地点前四名依次是美国(9.3%)、日本(3.7%)、英国(1.2%)和德国(1.2%)；第三份工作前四名依次是美国(3.7%)、日本(1.9)、新加坡(1.2%)和中国台湾地区(0.6%)。

美国成为教师海外职业流动的首选,可能有几个方面的原因,一是巨大的留美华人学生人口基数,研究样本中有流动经历的教师,最大比例的海外获得博士学位地点是美国;二是美国终身教职制度具有较大的淘汰性,一般高校给予助理教授6年时间,如未达到终身职位要求,则遵循"非升即走"的法则,不予续聘,遭到分流或可能遭到分流的华人教师如果选择继续在美国求职,可能需要到另一所高校从零开始,继续申请终身教职,时间漫长且风险较大,所以愿意回国;三是美国学术劳动力市场日渐饱和,而中国市场则需求旺盛,这也导致部分华人回国求职。按照阿特巴赫教授的观点,当高等教育出现财政危机后,即使有教授退休,高校也并不一定会补充新的师资,反而可能裁撤掉该空缺职位。① 波士顿地区一些博士后甚至认为,博士后已成为"loser"(即失败者)的集中营,很多在美国求职无望又不愿意离开美国的青年学者甚至接连完成2—3站博士后,而美国也照顾到博士后求职中转站的特殊性,往往博士后人员找到工作就可以马上申请博士后出站。美国学术劳动力市场饱和程度由此可见一斑。但是,为什么从地域上看,具有国际流动经历的教师,绝大多数都来自于美国,以及亚洲的日本、新加坡和中国香港特别行政区,而传统的高等教育中心——欧洲无论在数量还是比例上都很低?是否欧洲高等教育对于中国的影响正日益式微?抑或是相比于美国,在欧洲求学或工作的教师回国并在研究型大学任教的少?这非常值得进一步探讨。在美国高等教育历史上,当德国处于高等教育中心时,大批美国学生去德国学习,但绝大部分都回到了美国工作,阿特巴赫教授的解释是"当时美国更多的就业机会和更好的薪水"。这似乎可以解释当前世界范围内的高校教师流动。阿特巴赫教授认为,美国经济正在衰落,很多方面显出颓势,但毫无疑问的是,美国的高等教育仍领军世界,世界一流大学绝大多数集中于此。当前,和欧洲包括大洋洲部分国家相比,美国并未采取过多地吸引人才流动的实际举措,但吸引人才的效果绝不逊于后者,似乎是声誉和质量,在解释世界范围内的学者向美国的流动。

---

① 菲利普·G.阿特巴赫.变革中的学术职业:比较的视角[M].别敦荣,译.青岛:中国海洋大学出版社,2006:5.

3. 机构类型:"其他本科高校"、"211工程建设高校"和科研院所是研究型大学流入者的主供给渠道

按照研究型大学教师流动次数进行分类。可以发现,具有1次流动经历的教师,在流入当前高校之前,最大比例来自于"其他本科高校"(31.4%),其次为"211高校"(12.8%)和"其他单位"(37.3%)。其中,"其他单位"主要是科研院所。教师的其他来源还包括,5.8%的"海外高校",3.5%的"高职高专院校",1.2%的"港澳台高校"。具有2次流动经历的教师,其第一次流动主要路径是由"其他本科高校"(37.9%)、"高职高专院校"(3.4%)、"其他单位"(2.4%)向"985高校"(28.8%)和"海外高校"(7.3%)流动,第二流动主要路径是由"海外高校"(10.7%)、"211高校"(10.7%)和"其他单位"(32.1%)向"985高校"流动。具有3次流动经历的教师,其第一次流动主要是从"高职高专院校"(14.3%)、"211高校"(14.3%)和"其他单位"(14.3%)向"海外高校"(42.9%)流动,第二次流动则从"海外高校"(28.6%)、"211高校"(14.3%)向"其他本科高校"(28.6%)、"其他单位"(14.3%)流动,第三次流动从"其他本科高校"(28.6%)、"其他单位"(28.6%)、"211高校"(14.3%)、"海外高校"(14.3%)向"985高校"流动。可以看出,"211高校"、"其他本科高校"和科研院所是中国研究型大学通过

表9 研究型大学教师流动与机构类型

	1次流动经历者(%)	2次流动经历者(%)		3次流动经历者(%)		
	工作1	工作1	工作2	工作1	工作2	工作3
海外高校	5.8	3.4	10.7	0	42.9	14.3
港澳台高校	1.2	0	0	0	0	0
985高校	8.1	6.9	35.7	14.3	14.3	14.3
211高校	12.8	13.8	10.7	42.9	28.6	14.3
其他本科高校	31.4	37.9	0	0	0	28.6
高职高专院校	3.5	3.4	0	14.3	0	0
其他	37.2	34.5	32.1	28.6	14.3	28.6
合计	100	100	100	100	100	100

数据来源:中国研究型大学教师流动调查。

流动获取人才的主要途径,而这种流动路径有时是直接的,有时是间接的,但基本的规律是,从低声望高校向高声望高校流动。

四、中国研究型大学教师流动的图谱绘制

为更直观地进行教师流动轨迹的分析,本研究选取北京大学(北大)、清华大学(清华)、北京师范大学(北师)、北京航空航天大学(北航)、北京理工大学(北理)、复旦大学(复旦)、同济大学(同济)、上海交通大学(上交)、厦门大学(厦大)、东南大学(东大)、武汉大学(武大)、华中科技大学(华科)、西安交通大学(西交)、西北工业大学(西工)、电子科技大学(电科)15所研究型大学,通过校园网阅读分析这些高校所有能获得的教师简历,按照本研究的流动界定,提取过去10年间具有流动经历教师的有关指标,绘制教师流动图谱,得到以下主要发现:

(一)不同高校具有流动经历教师的数量、比例、来源存在一定差异

对15所高校3万余份教师简历的阅读分析发现,中国研究型大学具有流动经历的教师数量整体偏低,最低的电子科技大学只有44位教师具有流动经历,约占教师总数(2100)的2.1%;最高的复旦大学有285位教师具有流动经历,约占教师总数的(2700)的10.1%。

进一步分析具有流动经历教师的上一份工作机构性质可以发现,高等学校之间的流动是大学教师流动的主要途径,与此同时,科研院所也在教师流动中扮演重要角色。15所高校中有11所高校超过60%的具有流动经历的教师上一份工作来自于高校;15所高校中有10所高校超过20%的具有流动经历的教师上一份工作来自于科研院所,其中西北工业大学、北京大学两校该比例甚至超过30%。数据还反映出,部分高校非常注意吸纳来自政企的相关人员,如西北工业大学具有流动经历的教师上一份工作来自政企单位的占比达到31.04%,电子科技大学、武汉大学该比例也都超过了20%。

分析教师上一份工作来源地国别可以发现，各高校引进国际学术人员的比例都普遍较高，反映出大学教师流动与高等教育国际化已显现出紧密联系。其中，东部沿海地区高校（如上海、福建）引入国际化教师的力度更大，中部的武汉大学在这方面也做出了积极努力。而同处东部，北京地区具有流动经历教师上一份工作来自海外学术机构的比例略低于东部沿海地区。

表10　15所研究型大学学术系统内外流动数量及比例

学校	具有流动经历教师数量				具有流动经历教师比例（%）			海外比例（%）
	总量	来自高校	来自科研院所	来自政企	高校	科研院所	政企	
北大	121	78	38	5	64.46	31.40	4.14	25.62
清华	252	176	38	38	69.84	15.08	15.08	33.74
北航	124	79	28	17	63.71	22.58	13.71	33.88
北理	89	46	26	17	51.69	29.21	19.10	23.59
北师	86	55	22	9	63.95	25.58	10.47	24.41
复旦	285	183	72	30	64.21	25.26	10.53	45.25
上交	171	116	33	22	67.84	19.30	12.86	40.35
同济	84	50	19	15	59.52	22.62	17.86	38.09
厦大	170	108	35	27	63.53	20.59	15.88	34.71
东大	99	60	21	18	60.61	21.21	18.18	35.35
西交	133	91	23	19	68.42	17.29	14.29	37.60
西工	58	20	20	18	34.48	34.48	31.04	27.60
武大	88	51	17	20	57.95	19.32	22.73	48.55
华科	103	61	24	18	59.22	23.30	17.48	32.96
电科	44	23	9	12	52.27	20.46	27.27	38.64
总计	1967	1254	428	285	63.75	21.76	14.49	25.62

（二）不同地域高校教师流动表现出不同特征

1. 北京地区高校教师流动的特点与规律

北京是中国研究型大学的主要聚集地，本研究选取了其中5所研究型大学绘制了教师流动的图谱,可以发现,这5所高校教师流动特征既有共性也有差异。共性特征表现在:最近10年流入这5所高校的教师最大比例都来自于北京本地,来自境外的教师分布国家都较为丰富。差异之处在于:第一,表现出理工类高校流动率高、人文类高校流动率低的基本特征;第二,表现出顶级研究型大学如清华大学和北京大学近年来流动率高的特征;第三,表现出流动频率高的学校教师来源分布更为广泛的特征;第四,具体到特殊高校表现出和其他高校不同的特征,如北京航空航天大学、北京理工大学来自西部高校的教师比较多而其他学校这一特征则不明显。

2. 东南沿海地区高校教师流动的特点与规律

除北京外,中国东南沿海地区也是研究型大学分布的主要地区,本研究选取了其中五所研究型大学绘制了教师流动的图谱,可以得到一些基本发现。一是流动总体频率高。与北京地区相比,东南五校总体流动频率毫不逊色,部分高校高于北京高校,说明这些学校近年来通过流动获取人才已相当普遍。二是学科性特征与北京不同。北京地区研究型大学教师流动表现出比较明显的理工科比例偏高的特征,而东南五校的情况与之不同,理工科特征较为明显的上海交通大学和东南大学,其流动频率只分别位列第2和第5位。三是五校也表现出一定的差异性规律。比如复旦和同济教师中来自日本的比例都大大低于其他三校,再如同济大学和厦门大学较大比例地接收了来自西部高校的教师而其他学校该项比例较低。

3. 中西部地区高校教师流动的特点与规律

在北京和东南地区之外,本研究还选取了中西部的五所高校,绘制了其流动图谱。图谱显示,中西部高校与上述两类高校存在显著差异。一是流动频率方面普遍偏低。除华中科技大学之外,其他高校教师流动频率普遍偏低。二是国际化流动也有差距。多数高校在该项指标上都是个位数。三是流动规律表现出一定特殊性。比如非常特殊的情况是,与传统理解的"孔雀东南飞"规律不同,图谱显示出大量来自东部高校的教师"反哺"中西部的现象比较明显。

表 11 15 所研究型大学海内外、国内外流动比例

地区	高校名称	学校类型	最大来源地	最大来源地占比(%)	海外流入占比(%)	海外流入——美国(%)	海外流入——日本(%)	国内流入——中西部(%)	国内流入——东部(%)
北京地区	北大	综合	北京	45.45	25.62	9.09	4.96	2.48	/
	清华	理工	北京	31.75	33.74	19.85	7.54	4.70	/
	北航	理工	北京	26.61	33.88	4.84	12.90	8.86	/
	北理	理工	北京	47.20	23.59	4.50	5.62	10.11	/
	北师	师范	北京	40.70	24.41	8.14	5.82	4.64	/
东南沿海地区	复旦	综合	上海	22.46	45.25	21.05	9.82	3.50	/
	上交	综合	上海	19.89	40.35	17.55	16.38	3.50	/
	同济	理工	上海	20.24	38.09	13.10	7.14	8.33	/
	厦大	综合	美国	12.94	34.71	12.9	11.17	7.65	/
	东大	综合	江苏	32.33	35.35	8.08	14.14	1.01	/
中西部地区	西交	综合	陕西	48.13	37.60	13.54	8.27	4.50	8.27
	西工	理工	陕西	44.84	27.60	12.08	1.72	1.72	13.79
	华科	理工	美国	17.48	48.55	17.48	9.71	5.82	17.48
	武大	综合	湖北	34.10	32.96	20.45	2.27	4.56	19.29
	电科	理工	四川	25.00	38.64	20.46	4.55	4.55	15.96

五、中国研究型大学教师流动的"树形"示意图

为更直观回应本章学术劳动力市场中心—外围流动研究假设,本研究根据北京大学、复旦大学和华中科技大学三校具有流动经历的教师学业生涯和职业生涯流动轨迹绘制"树形"图示,即分别以其本科就读高校为起点(即"树根"),绘制其学业流动轨迹、职业流动轨迹(即"树叶")。树叶部分进行了高度简化处理,只将与研究假设有关的流动信息标注在"树干"上,就此对研究假设做出回答。

(一)政治外围—中心流动图示:存在一定幅度从政治外围向政治中心靠拢现象

政治的中心与外围是相对的。本章设置的分类变量包括"直辖市"、"省会城市"、"地级市"三类,同时,大学教师群体有很大一部分在"港澳台"和"海外"学习和工作,因此也将这两个变量纳入采集指标。研究发现:

学业流动,出现了一定幅度的从政治外围向政治中心靠拢的情况。本科就读于"直辖市"的大学教师,其硕士学位、博士学位和博士后仍在"直辖市"完成的比例大幅下降;本科就读于"省会城市"的大学教师,其硕士学位、博士学位和博士后仍在"省会城市"的比例大幅下降,在直辖市完成的比例上升到15%左右。本科就读于"直辖市"的大学教师在学业流动阶段绝大多数流向了海外高校;本科就读于"省会城市"的大学教师在硕士、博士攻读阶段,流向"直辖市"的所占比例最大,在博士后阶段流向境外的所占比例最大。

职业流动出现了一定幅度的从政治外围向政治中心流动靠拢的情况。本科就读于"直辖市"的大学教师,其第一份工作、第二份工作和当前工作在"直辖市"的比例依次为36%、21%和89%;本科就读于"省会城市"的大学教师,其第一份工作、第二份工作和当前工作在"省会城市"的比例依次为51%、25%和51%。可以看出,本科就读学校所在的城市类型与职业选择过程中所处的城市类型存在密切的联系,那些本科在直辖市攻读学位的人,

虽然在职业流动过程中,曾出现过向"地级市"和"国外"流动的倾向,但最终,他们更倾向于回到直辖市工作;那些本科在省会城市攻读学位的人,最终只有约一半留在省会城市工作,另外一半(49%)则流向了直辖市,出现了一定程度的职业流动从政治外围向政治中心靠拢的趋势。

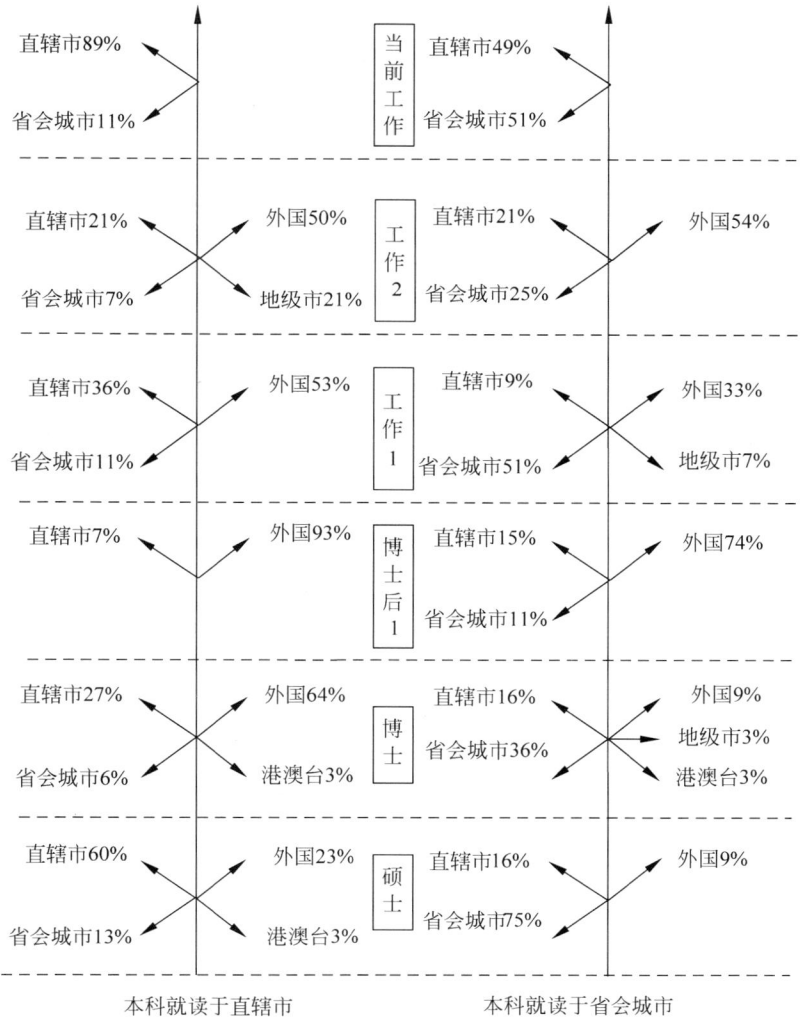

图 13　中国研究型大学教师政治外围—中心流动示意图

数据来源:根据北大、复旦、华中科大三校教师简历统计。

(二)经济外围—中心流动图示:存在一定幅度从经济外围向经济中心靠拢现象

将地域的东、中、西部作为经济差异的考察指标,我们可以发现:

学业流动,出现了一定幅度的从经济外围向经济中心靠拢的情况。本科就读于东部的大学教师,在东部完成硕士学位、博士学位和博士后经历的比例持续下降,下降部分绝大多数去了海外。本科就读于中部的大学教师,在中部继续完成硕士学位、博士学位和博士后经历的比例持续下降,在东部完成上述学业的比例上升,但最大比例的人仍然是去了海外。本科就读于西部的大学教师,在西部继续完成硕士学位、博士学位和博士后经历的比例持续下降;在中部获得硕士学位的比例增加,获得博士学位的比例下降;在东部获得硕士学位、博士学位的比例持续增加。本科就读于西部的大学教师,博、硕士学位主要在中、东部获得,博士后经历则主要在海外。

职业流动,出现了一定幅度的从经济外围向经济中心靠拢的情况。本科就读于东部高校的教师,工作1,工作2和当前工作在东部的比例依次是

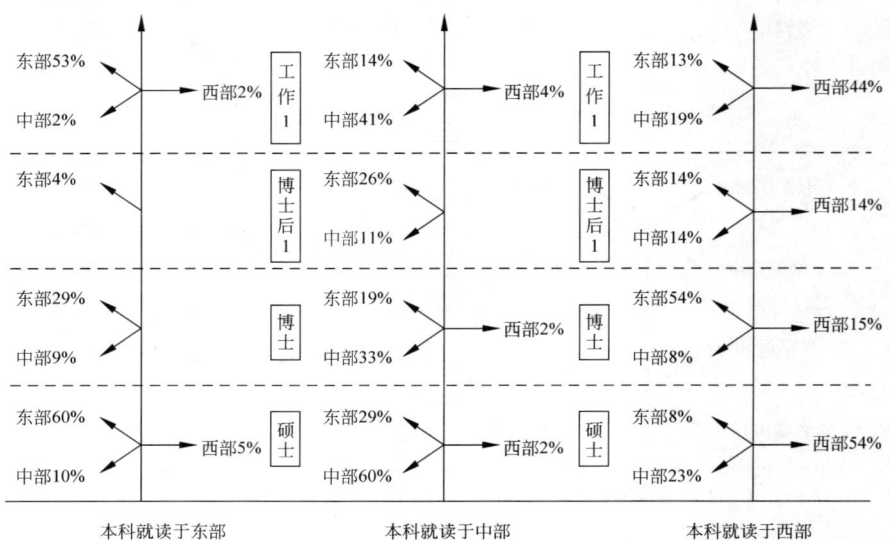

图 14 中国研究型大学教师经济外围—中心流动示意图

数据来源:根据北大、复旦、华中科大三校教师简历统计。

53%,35%和85%;本科就读于中部高校的教师,工作1、工作2和当前工作在中部的比例依次是41%、6%和60%;本科就读于西部高校的教师,工作1、工作2和当前工作在西部的比例依次是44%、0和0。可以发现,本科就读于中、西部高校的教师,在流动过程,出现了非常明显的向东部流动趋势,尤其是本科就读于西部高校的教师,当前工作69%在东部,31%在中部,出现了较为显著的从经济外围向经济中心流动的趋势。

(三)学术外围—中心流动图示:存在显著的从学术外围向学术中心靠拢现象

学业流动阶段。本科就读于"985高校"的大学教师,硕士学位、博士学位和博士后经历继续在"985高校"的比例持续下降。本科就读于"211高校"的大学教师硕士学位、博士学位和博士后经历在"985高校"完成的比例很高,但在海外和港澳台地区完成博士学位、博士后经历的比例更高。本科就读于"一般本科高校"的大学教师硕士学位、博士学位和博士后经历在"985高校"完成的比例最高。可以认为,相比于中国的高等教育系统,外国及中国港澳台地区是学术的中心,教师学业流动从外围到中心的趋势是非常明显的。值得关注的是从一般本科高校向"985工程高校"的直接流动。人们一般可能会认为,学业流动是渐进式的,即通常是从一般地方本科高校到"211工程高校"再到"985工程高校",而事实是,最大比例的学业流动是直接从一般本科高校向"985工程高校""跳跃式"流动。

职业流动方面。本科就读于"985高校"的教师,工作1、工作2和当前工作在"985高校"的比例依次为23%、5%和100%;本科就读于"211高校"的教师,工作1、工作2和当前工作在"211高校"的比例依次为35%、20%和0;本科就读于一般本科高校的教师,工作1、工作2和当前工作在一般本科高校的比例依次为29%、18%和0%。可以发现,本科就读高校类型与教师流动过程中机构类型关系密切,对于本科就读于"985高校"的教师,流动过程中其最大比例流向了海外高校,对于本科就读于"211高校"的教师,流动过程中一部分流向了一般本科高校,另一部分流向了海外高校,对于本科就读于一般本科高校的教师,一部分流向了"985高校"和"211高校",另一部分流向了海外高校。

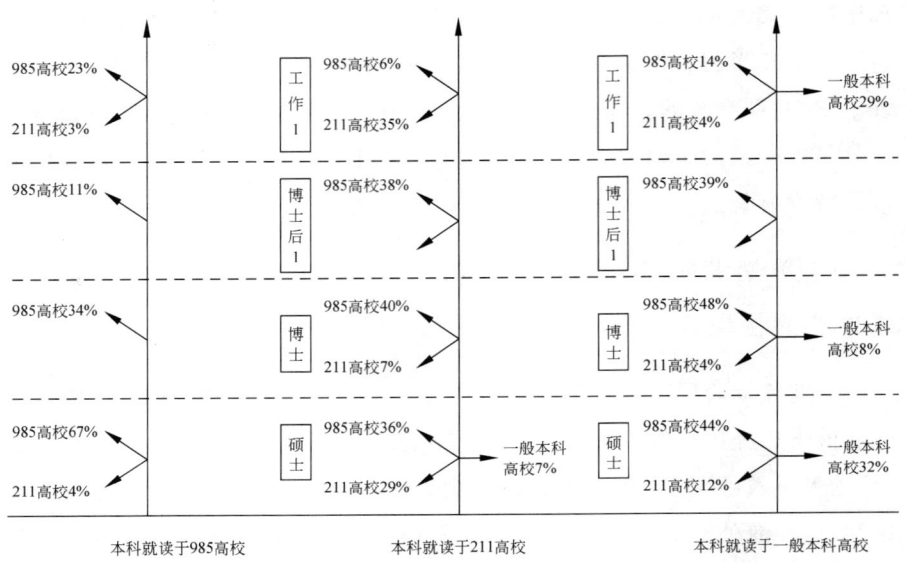

图 15　中国研究型大学教师学术外围—中心流动示意图
数据来源：根据北大、复旦、华中科大三校教师简历统计。

六、本章小结

本章的研究发现，学术劳动力市场的中心和外围是客观存在的。第一，中国研究型大学教师流动，基本表现出从外围到中心的趋势，尤其是从学术外围到学术中心表现最为显著；第二，中国对西方的"人才流失"（brain drain）更多发生在学业流动阶段，而非职业流动阶段；第三，中国不同研究型大学中的教师，学业流动和工作流动的特点存在很大的不同，这既可能与地域或者经济有关，也可能与机构的学术声望有关。

中国研究型大学教师学业路径与职业路径紧密联系在一起。其学业路径的基本特征包括：第一，绝大多数研究型大学教师虽具有海外经历（如访问教师、国际会议等），但就学位获取国家而言，最大比例是在中国，尤其是获得海外学士学位者比例非常低，显示出中国高校教师国际化学术经历的不足。第二，较大比例的教师在职攻读博、硕士学位。如果将博士学位作为学术职业上车"门票"的话，国内研究型大学很多教师这种"先上车，后买票"的做法可能会影响学术职业质量。

对于中国研究型大学教师而言，美国和日本是学术职业的国际中心。中国研究型大学中具有海外流动经历的教师，来自欧洲的比例，要大大低于美国，也低于日本。即使一些在欧洲获得博士学位的教师，在回到中国前，也往往有过一段时间的美国工作或博士后工作经历。那么，美国作为世界学术职业的绝对核心，是否导致中国教师大规模流向美国？事实显然并非如此。美国对中国顶级人才的吸引，核心的途径是"先培养后使用"，吸引中国优秀人才在美获得学位并留在美国工作是主要途径，而中国本土培养并在本土大学或研究机构中任教的教师，则往往难有机会流动到美国任教。学业流动而非职业流动，是中国学术人才流失美国的主要途径。

这是对于中心—外围理论的一种修正，即虽然处于学术外围的教师具有强烈的向中心靠拢的动机，但是，外围学术系统教师的学术训练、学术水平包括培养机构声望往往难以得到中心学术系统的接纳。中心—外围理论应包含两条假设：第一，即通常认为的，处于外围学术系统中的教师都有向中心学术系统流动的趋势；第二，中心学术系统对于来自外围学术系统中教师的学术要求，使外围学术系统向中心学术系统的大学教师流动不是以直接的形式发生，而是通过学位获得等间接形式发生。

上述的理论修正，主要是对于发展中国家而言的，对于发达国家或学术水平接近的国家而言，则教师直接流动的频率大为上升。在这些国家，既有学生海外攻读学位引发的间接流动，也有本国教师直接任教于他国的直接流动，比如英国和德国。既有学生赴美留学并进入美国的学术职业，也有在本国任职的教师流失到美国。

学术外围国家（如中国）向学术中心国家（比如美国）直接流动的教师比例很低，还有一种原因是学术系统的开放性不足，"学术保护主义"盛行。一般在落后的学术系统中，对于高学术水准的教师会极尽可能地挽留。降低他们的国际流动可能，这种"挽留"既包括激励性的，如授予各种荣誉、高收入和好的实验条件承诺，也包括限制性的，比如设置出国限制、安全和保密检查制度等。

学术外围与中心的存在也并不一定导致人才流失。德国高等教育兴盛时期，一大批美国的学生来到德国求学，但最后绝大多数回到了美国。这些通过中心学术系统培养出来的人才回到美国，对该国学术发展起到了关键作用，并为后来世界科学中心的转移做好了准备。从这个意义上说，改善本国学术环境、增强学术系统的人才吸引力是中国的当务之急。中国也完全可以借用美国的人才培养体系为自己服务，当中心学术系统中更多的人才回到外围学术系统，二者之间的实力差距不断缩小，失衡的格局改变，才可能真正实现大规模教师流动进而引发科学中心的转移。

中心与外围是两个相对的词。相对于中国，日本是学术中心，相对于美国，日本则是外围，或者"亚中心"。分析教师的学术简历过程中，笔者注意到一个现象，很少有中国教师在中国获得学位、在中国任教，却能有机会任教于美国。但对于日本则不同，比如上海交通大学，不少教师是先在中国任教，然后在日本获得准教授或者教授，最后又回到中国。

中国内部也显著存在着学术的中心与外围。四成的西部教师具有流动意向，这远远高于东部。从教师的流动路线图中，更直观地看出，即使在东部，与北京、上海等中心相比，南京、杭州等是外围，即使是南京大学、浙江大学等也存在一定程度的人才流失。从地级市向中心城市，从声望低的高校向声望高的高校，这些是中国大学教师流动的基本方向。

相比于国际上中国的中心与外围状况，国内情况似乎更值得担忧。美国高等教育的繁荣，一个重要的方面在于"百花齐放"，而非一枝独秀。在美国一些经济并不繁荣的地方，并不是大城市的地方，甚至一些偏僻的城镇，却隐藏着极好的大学。这使得美国各高校在高度竞争中保持高的国际竞争力，目前中国的情况却相反，中心—外围分析框架在中国地域间、高校间的强大支配力，正使得优质教师向少数几个核心地区、少数几所著名高校靠拢。长此以往，这对于其他高校和整个高等教育系统的发展将是毁灭性的：处于中心的地区和高校，马太效应持续加剧，更多的人才与资源使国内高校竞争失衡，处于外围的地区和高校，蝴蝶效应加剧，更难吸引到优秀人才，几所重点大学的发展可能剥夺其他高校的发展空间。而这些重点大学招生规模无疑是有限的，学生在无法考取这些高校，其他高校又实力较弱的情况下，极有可能流失到其他高等教育系统。

在波士顿访谈期间，对于笔者提出的中心—外围的补充性解释，一位在1979年来到美国从事物理学研究的华人科学家并不完全同意。他认为，华人的研究能力，尤其是在涉及数学、物理等学科时，直接从中国流向美国是不存在能力上的困难的。笔者认为，这与本文所提的补充性理论并无根本冲突，能力和符号是当代高等教育进行人才筛选的两个方面，在国际学术劳动力市场，除了考察教师们的学术能力之外，学位获得地点、学位获得机构的学术声望等，似乎越来越成为最核心的市场准则。比如打开波士顿学院教育学院的教师介绍网页，我们可以看到，几乎一半的教师毕业于哈佛大学，其他非哈佛毕业生，也绝大多数来自于和波士顿学院声望相当或者更好的学校，似乎选择不低于自己学校声望的其他高校毕业生，已经成为大学教师聘用包括教师流动过程中人才选拔的"潜规则"。

第四章

学术劳动力市场分割 I：人力资本与大学教师流动

[本章摘要] 学术劳动力市场类似于普通劳动力市场，存在主、次市场分割的现象，但二者在流动性等方面存在差异。本章结合三份国际和国内调查数据，对学术劳动力市场分割的假设进行了四个维度的验证。研究认为，学术劳动力市场分割在包括中科院等在内的中国研究型大学中客观存在，该假设更多适合于中国及发展中国家，未健全的学术分流制度等是造成学术劳动力市场分割的主要原因。研究发现，学术能力是形成学术劳动力市场分割极为重要的因素，这对强调性别、种族对于学术劳动力市场分割的西方研究是一种补充。

当代劳动经济学的主流学派新古典学派强调以竞争为核心的市场机制和市场性因素进行劳动力资源配置，从亚当·斯密、大卫·李嘉图到马歇尔、道格拉斯、米歇尔等都持有或发展了该种观点。但另一学派却对此提出质疑，他们认为，新古典学派无法解释同质工人的报酬差异、失业等经济现象，因此强调非竞争性因素对于劳动力市场干预的有关理论，构成了劳动力市场分割（Labor Market Segmentation，SLM）理论体系，也可称为"分割学派"。

学术劳动力市场也存在类似分割，尤其是二元分割使二级学术市场向一级市场流动梗阻，导致中国劳动力市场流动频率较低。所不同的是，与传统劳动力市场分割过分强调非市场竞争，尤其是淡化人力资本对二级劳动力市场的影响相比，学术劳动力市场的分割，既有非市场因素的影响，也有市场因素的影响；既有普通劳动力市场二元分割理论的现实印记，也有因学缘等其他社会资本对于学术劳动力市场分割的痕迹。因此，本书将学术劳动力市场分割研究分为两章，一是人力资本与大学教师流动，二是社会资本与大学教师流动。前者将以二元劳动力市场分割为分析框架，该种分析框架下人力资本占有多寡是造成学术劳动力市场分割的主要原因；后者则试图通过对学术职业特有的学缘等要素对学术市场的分割展开研究。人力资本对于学术劳动力市场的分割属于纵向分割、客观分割，社会资本对于学术劳动力市场的分割属于横向分割、主观分割，这种多重劳动力市场分割研究是当前学界对于二元分割新的发展，本书将此种分类研究方法引入进来，对客观进行学术劳动力市场分割研究也提供了保障。

一、研究假设

（一）二元劳动力市场分割理论的基本内容

分割学派最早可追溯到穆勒（Mill）和凯恩司（Cairnes）时期，他们都曾反对劳动力市场竞争性的学说，更认同非竞争市场的其他学派。[1] 当代分割主义学派，主张非市场性因素（主要是制度性和社会性因素）对劳动力市场的分割，认为非市场因素阻止了劳动力在不同子市场间的自由流动。他们不再将劳动力市场视为连续统一体，同时也认为各子市场相对封闭且缺乏流动。核心学派主要包括二元结构论、职位竞争论以及激进分割劳动力市场理论等。[2]

其中，二元劳动力市场理论是劳动力市场分割理论最重要的理论流派。它将劳动力市场分为两个部分，一级市场（Primary Market）工资福利好、职业稳定、晋升等机会多；二级市场（Secondary Market）则工资福利低、工作条件差、流动性高。二级市场强调充分竞争，企业按照边际贡献与边际成本

---

[1] 程贯平.劳动力市场分割文献述评[J].西华大学学报（哲学社会科学版），2005(6)：64—70.

[2] 同上。

进行劳动雇用。一级市场属于内部劳动力市场,由内部规则和程序替代劳动力市场供需平衡,这些内部规则限制了二级市场从业者的流入。也就是说,二元劳动力市场分割理论虽然承认不同劳动力市场从业者的素质差异,但认为素质差异远小于实际的工资差异,"二级市场的工人不能进入一级市场并不是因为他们缺乏必需的生产能力,而是因为一级市场的雇主和工人对他们采取雇佣歧视的态度"。① 相比于暗含劳动力市场完全竞争基本假设的人力资本理论,二元分割理论偏向于通过结构主义来解释收入的决定因素。已有的大量二元分割理论研究表明,人力资本理论主要在一级劳动力市场发挥作用。这在俄罗斯、中国和波兰等国家都得到过验证。②

早期二元分割理论更多是理论描述,导致其在相当长时间内并不为经济学界所接受,直到后期学者们进行了大量实证研究才使这一状况得以改善。分割学派的近期研究都以实证方法为主,核心是论证学术劳动力市场分割与否、各子市场的运行规律以及结构性劳动力市场影响因素与人力资本影响因素的比较。③

(二) 学术资本主义、学术劳动力市场分化与大学教师流动

当前很多国家正面临教育财政紧缩的困境,高等教育为寻求外部支持,正越来越多地参与市场活动,学术资本主义的概念由此诞生。比如近年来美国的公立研究型大学,来自联邦政府的费用削减,教师薪酬和院校运营经费由各州承担,但周期性的财政危机往往考验着各州的支付能力,在这种资金不确定的情况下,各州开始鼓励高校和教学科研人员将重点转向与市场相接的项目和研究。④ 此种背景下,高等教育的财政依赖关系发生了重要

---

① 姚先国,黎煦.劳动力市场分割:一个文献综述[J].渤海大学学报(哲学社会科学版),2005(1):78—83.
② 程贯平.劳动力市场分割文献述评[J].西华大学学报(哲学社会科学版),2005(6):64—70.
③ 郭丛斌.二元制劳动力市场分割理论在中国的验证[J].清华大学教育研究,2004(8):43—49.
④ 菲利普·G.阿特巴赫.变革中的学术职业:比较的视角[M].别敦荣,译.青岛:中国海洋大学出版社,2006:7—8.

变化,无论被动还是主动,大学被推向或拉向市场,参与各项资源的竞争,而大学教师正是这种竞争的主要参与者,比如教学科研人员正花费更多的时间申请经费或进行学术创业。部分教师,尤其是非常著名、具有研究实力、所处学科接近市场前沿者,往往成为学术市场的"明星",正如温斯顿(Winston)所言:"正在发生的事,在很大程度上,似乎是教学科研人员活跃的市场——一个国家市场的运转,在这个市场中追求声誉的高等院校相互竞争,以形成院校优势。它们主要是通过所雇的教学科研人员来做的。院校竞相争取教学科研人员超级明星……和新博士中的精英。"[1]

高等教育广泛参与市场活动的背景下,大学教师流动发生了三个方面的主要变化。一是学术职业与其他职业或多或少开始了投入与收益的比较,教师跨行业流动加剧。"当大学教师的工资不足以与其他行业的工资相媲美的时候,高等教育将面临着吸引和留住优秀人才的巨大压力。"[2]"今天,不再可能将最聪敏的人才吸引到学术领域。经济因素是造成这种现状的主要原因。即使在全球经济危机之前,教师的工资也无法与外界训练有素的专业人士的报酬相比……最近一份关于十五个国家教师收入的研究表明,全职的教师能够靠他们的工资生存,但是他们的工资并不比他们国家的平均工资高出多少。最优秀的年轻人中,几乎没有人为了顶级大学的职位完成其要求的严格教育。"[3]学术职业入职门槛高,收益(至少是经济收益)却难与其他职业相比,导致其职业吸引力大为降低,流动在学术职业与其他职业间频繁发生。此前,人们讨论学者的收益时,往往还包含一个特殊的部分,即对于未来的期望,比如随着职称晋升收益的大幅增加,这是平衡学术职业与其他职业入职薪酬差距的重要内容,而今,这种对于未来的预期也在下降,在部分国家,由于经济不景气,高校通过严格考核、促进提前退休等方式,不断削减教授席位,初级职称到高级职称的晋升也变得更为艰难,"许多

---

[1] 希拉·斯劳特,拉里·莱斯利.学术资本主义:政策、政治和创业型大学[M].梁骁,黎丽,译.北京:北京大学出版社,2008:212.
[2] 菲利普·G.阿特巴赫.变革中的学术职业:比较的视角[M].别敦荣,译.青岛:中国海洋大学出版社,2006:14.
[3] 阿特巴赫等.全球高等教育趋势:追踪学术革命轨迹[M].姜有国等,译.上海:上海交通大学出版社,2010:81.

国家已经强制实行了晋升高级职位的定额制。这就意味着许多大学教师要在待遇低廉、工作条件简陋的初级职位上待更长时间。虽然受聘于六七十年代的大部分教授已经到了退休年龄,但是他们退休后的空缺也不一定就由全职的初级教师来填补"①。这种晋升和未来收益预期的下降,也可能使准学者流向其他职业。

二是学术职业成为一个全球定价的可比职业。市场对于学术职业的影响还在于定价,教师们加入了全球对比并导致了教师流动。这种情况在发展中国家尤其突出。阿特巴赫教授研究认为,发展中国家的很多学者正离开祖国,前往欧美的学术或其他领域寻找工作,从而进一步导致了地区间研究能力的差距,"虽然人才流失是一个复杂的现象,但显而易见的是,很多最有经验的学者的流动,比如,撒哈拉以南的非洲地区前往南非、欧洲和北美,已经导致了非洲大学严重的人力资源问题"。② 即使在一国内部,具有显著标识的人才价码也逐渐形成了,中国一些主要高校的人事部门已逐步开始实施"一人一价"的人才引进办法,根据学术经历、学科、出版和未来潜力的评估,形成教师引进的价格。这种教师全球定价体系的建立,价格成为类似水流的压力阀,不同水域的压力差最终促成大学教师流动。

三是学校的忠诚服务于学科的忠诚。一方面,教师们是依靠经济或其他谈判条件被引入某一学术机构,当其他机构觊觎这位教师,愿意开出更具诱惑力的筹码时,新的一轮谈判就开始了,如果双方达成一致,则流动发生,这就与传统职业流动中买方与卖方市场的谈判方式达成了统一。另一方面,教师们更多表现出对于学科的忠诚大于学校的忠诚,教师们成为某一学科自由王国中的一员。这一背景下,"跳槽"意味着对学术高峰的攀登,而不再意味着背叛,道德的解放使他们可以彻底融入学术市场的各种人才交易。竞争是学术市场规则中另一个重要概念,这是市场规则的核心,当教师将获得用人单位青睐作为个体竞争力的表现,受到市场追捧成为学者追求的目

---

① 菲利普·G.阿特巴赫.变革中的学术职业:比较的视角[M].别敦荣,译.青岛:中国海洋大学出版社,2006:4.
② 阿特巴赫等.全球高等教育趋势:追踪学术革命轨迹[M].姜有国等,译.上海:上海交通大学出版社,2010:81.

标,流动则在这种驱动力下发生。

　　学术资本主义的兴起,使学术职业出现了显著的分化,学科往往被区分为热门或冷门,显学或非显学,有些学科比其他学科有更旺盛的市场需求。而教师本人,依学科、研究能力、获取竞争性资金的能力等,被区分为明星教授与非明星教授。资源依赖理论对此曾进行过透彻解释,"大学和教学科研人员不得不从事市场的及具有市场的特点的行为来竞争关键资源。因为大部分教学科研人员从事教学工作,很多教学科研人员从事公共服务,仅极少数人从政府或产业那里赢得竞争性研究资金,研究是大学之间和大学内部有区别作用的活动。资源依赖理论提出,教学科研人员将求助于学术资本主义以保持研究(和其他)资源,使其声誉最大化。教学科研人员愿意投入大量的专业精力赢得资金回报,只要获得的资源允许他们在地位和声誉体制下保持甚至提高自己的位置,允许某种程度的自由支配开支。教学科研人员愿意竞争商业资金,只要这些资源不直接与传统的地位和声誉等级相冲突,并用象征性的报酬做补偿,如科学技术与国家经济竞争力的媒介结合。换言之,教学科研人员的行为也许不像高等教育研究学者所想的那么难以改变。如果资源不动摇教学科研人员的地位和声誉体制,相对少量的边际资金就能从实质上改变教学科研人员的活动。这就是资源依赖理论中的百分之十规则(Rules of 10 Percent)。"①

　　上述资源依赖理论对于教师分化的解释,更多是强调分化的动机("意愿")。而事实上,能力才是分化的根本原因。这里的"能力"主要是教师适应学术资本主义的能力,因能力的大小不同,教师群体出现分化,正如《中国青年报》一篇文章中对于穷教授和富教授的描述一样,"富教授开宝马,穷教授骑飞鸽","高校教授的生存状态正展现多元图景:富教授财源广进,除基本工资外,还有课题提成、社会兼职等,每年收入达数百万元者大有人在;而穷教授除了学校发的工资,其他收入微乎其微,要承担养家、买房的巨大生活压力。"②

---

① 希拉·斯劳特,拉里·莱斯利.学术资本主义:政策、政治和创业型大学[M].梁骁,黎丽,译.北京:北京大学出版社,2008:16.
② 雷宇,邹春霞.富教授开宝马穷教授骑飞鸽 大学教授苦乐不均[N].中国青年报,2011.11.3. http://news.sciencenet.cn/htmlnews/2011/11/254892.shtm.

学术劳动力市场的上述分化,与普通劳动力市场研究中的劳动力市场分割极为相似。用二元劳动力市场理论来看学术职业,学术劳动力市场属于一级市场。进一步细分,研究型大学可视为学术劳动力市场中的一级市场,非研究型大学为二级市场。全球来看,二级学术劳动力市场向一级市场的流动非常匮乏。这可能并非完全由于劳动力素质差异造成的,而是一级市场长期以来构建起的从业壁垒或者说内部劳动力市场的规则和程序使然。这也符合一级劳动力市场的特征,"工资及劳动力资源配置这些与就业结构有关的事宜是由管理以及制度性规则来调控的,市场力量基本不发挥作用。此类工作优先安排现有的组织内部成员,甚至只向现有的组织内部成员开放"。[①]

学科供需失衡也是造成学术劳动力市场分割的重要原因。过去10年发生过流动的教师,更多集中在那些具有学术劳动力市场议价和流动能力的学科,可相对看作是一级市场,该市场需求较大,也更具备支付高薪的能力。另外一些学科,则可看作二级市场,流动能力弱背后是市场需求不稳定,薪酬支付水平也整体偏低。

学术劳动力市场也客观存在分割现象。如果用一级市场和二级市场来描述,学术劳动力市场中的一级市场:工资较高、工资外收益渠道多、处于学术中心、参与产业活动机会多、从事科研活动机会多;二级市场,工资较低、工资外收益少、流动机会很少、大多从事教学。但与普通劳动力市场分割的情况相比,中国的学术劳动力市场分割存在一些特殊的表现:

一是工作稳定性正好相反。学术劳动力市场中的"二级市场"的大学教师流动能力弱,工作极为稳定,而"一级市场"的教师则广受学术市场欢迎,流动能力强,这与传统劳动力市场分割恰恰相反。尤其在一些地方院校,可以清楚地看到,不仅教师们的总体流动水平极低,教师个体往往一辈子都待在同一个学校甚至同一个部门。当然,这种稳定性主要是针对中国而言,主要是因为中国高等教育缺乏人才分流机制,低质量甚至不合格的大学教师

---

① 程贯平.劳动力市场分割文献述评[J].西华大学学报(哲学社会科学版),2005(6):64—70.

无法淘汰出局。这一理论如果运用在别的国家也许会面临质疑,比如拉丁美洲的一些国家中,80%以上的大学教师是兼职教师,其工作没有保障。在这些国家,"二级市场"中教师的稳定性很差,这与普通劳动力市场的研究结论反而是相符合的。

二是造成分割的原因不同。传统劳动力市场理论一般认为,信息不对称、社会资本差异造成劳动力市场分割。学术劳动力市场中的从业者,普遍掌握现代信息技术,信息获取的能力差别不大。造成学术劳动力市场分割的主要因素在于学术能力、适应市场需求的能力等方面,总体而言,这是一种基于合理竞争、优胜劣汰的选择结果。

三是两级市场的壁垒不同。传统的劳动力市场分割,因一级市场和二级市场劳动者在学历等方面存在显著差异,泾渭分明且流动困难,但学术劳动力市场则保持有较为畅通的流动渠道。处于二级市场的学者,往往通过获取更高学位、增加博士后经历、从事更多科研活动等,进入一级市场。

(三) 研究假设

总体而言,中国劳动力市场分割理论研究正进入丰富期,但有效的数据支撑仍偏少。正如程贯平所指出的,"国内有关劳动力市场分割的文献最大的弱点是缺乏有效数据的支持,几乎没有定量的分析,一般都是将劳动力市场分割看作理所当然的存在,而没有模型去检验这种存在性。"[①]最近几年,在普通劳动力市场研究中开始逐步出现少量的实证研究,但在学术劳动力市场领域这一研究仍是空白,"鲜有研究探讨职业流动和收入不平等之间的关系,尤其关于职业流动对个体经济地位获得的直接作用方面"。[②]

文献阅读过程中,笔者发现美国威廉·玛丽学院学者芬尼根(Finnegan)曾在1993年发表过一篇名为《学术劳动力市场分割:综合性大学中招聘》的

---

① 程贯平.劳动力市场分割文献述评[J].西华大学学报(哲学社会科学版),2005(6):64—70.
② 吴愈晓.劳动力市场分割、职业流动与城市劳动者经济地位获得的二元路径模式[J].中国社会科学,2011(1):119—137.

论文①。这是一篇综合案例研究和历史研究的文章,基本思路是:第一,按照一定的学术机构划分标准选取不同类型高等教育机构作为研究案例;第二,将职业生涯研究框架运用到教授职业研究中,试图证明学者职业发展不是偶然或巧合实践,而是个人与劳动力市场外部力量互动的结果,是他们流动前和流动后所在组织的持续选择;第三,在两所案例大学研究的基础上,构建起规范的教师职业生涯模式。作者所称的学术劳动力市场"分割"的定义,强调的是不同学校类型之间的分割(综合型与研究型),以及不同时间阶段的分割(1972年之前;1972—1982年;1982—1990年),与本书所述的学术劳动力市场分割所依据的学术能力和流动能力标准是不同的。

基于上述理论分析和思考,本书有关学术劳动力市场分割与大学教师流动的基本假设是:

H2:存在主要学术劳动力市场和次要学术劳动力市场。

其子假设为:

h4:流动能力强的教师居于主要学术劳动力市场。

按照本假设,具有流动经历的教师,处于主要学术劳动力市场,因其具有更强的学术能力而更受市场欢迎,流动性更强,即学术能力与大学教师流动呈正相关关系。本章选取的反映教师学术能力的指标包括四个方面。一是学位水平指标,即是否以及在何种程度上受过专业学术训练。三级学位获得比例和地区,尤其是博士学位的有关情况将作为重要衡量指标。二是海外学术经历指标,即选取是否具有海外学术经历,以及国际履历历时长短作为衡量指标。三是学术成果指标,即单位时间内,被试所取得的学术成就。由于学术成就的质量等较难衡量,本章选取的是显性可比的论文、著作、专利的数量指标。四是竞争性资源获取能力指标,即是否以及多大程度上可以获得竞争性学术资源。将选取科研项目数量和科研经费数额作为衡量指标。

需要注意的是,无论是阶级/阶层分析范式、社会生产关系分析范式还

---

① Dorothy E. Finnegan. Segmentation in the academic labor market: Hiring cohorts in comprehensive universities. The Journal of Higher Education,1993,64(6):621—656.

是社会生产关系分析范式下的劳动力市场分割理论,对于社会收入分配的解释都直接批评了人力资本理论关于劳动力市场完全竞争的假设,但无法否认的是,在主要劳动力市场,尤其是学术劳动力市场,人力资本理论与劳动力市场分割理论的联系仍是比较紧密的。本研究对于分割理论的使用,也会考虑人力资本在其中发挥的作用。

二、数据来源

本章研究除继续使用学术职业变革国际调查(数据Ⅰ)外,还将使用课题组另一项调查数据——科技工作者调查(数据Ⅳ)。该项调查除可以与(数据Ⅰ)互相佐证外,还包含科研院所教师流动数据,可以进行高等学校与科研院所比较研究。课题组2009年开展的中国科技工作者家庭状况调查抽取4类对象(高校、科研院所、企业和县级科技工作者),共回收3259份有效问卷,其中,前两类——高校教师和科研院所研究人员,对于本研究非常有价值,该调查包含6所研究型大学583名教师、21个中科院科研院所560名教师,总样本数为1463个。

中国高等教育中科学院系统与高校系统并存,学术职业的概念体系中包含科研院所,但由于研究数据缺乏,一直少有对这两大高等教育系统的比较研究。中国科技工作者调查问卷大大扩宽了本书对于大学教师流动的研究视野。中国科技工作者调查问卷包含三大类指标,即学术工作指标、家庭指标、家庭与学术的互动指标。第一类指标是本研究所需要的。

三、学位水平与大学教师流动

(一)博士学位与教师流动:有流动经历教师具有博士学位的比例普遍高于无流动经历教师

国际数据中,有流动经历教师具有博士学位的比例普遍高于无流动经历教师。19个国家和地区中,有流动经历教师拥有博士学位的平均比例为

66.4%,比无流动经历教师(52.7%)高出13.7%。只有阿根廷、巴西、墨西哥3个拉美国家情况与此相反,这主要与这三国大学教师流动性大、兼职教师比例高有关。用有流动经历教师博士学位获得比例减去无流动经历教师博士学位获得比例,得到二者博士学位获得比例的差值(简称"比例差",下同),可以发现,英国(28.6%)、澳大利亚(22.8%)、芬兰(21.0%)、荷兰(21.4%)4个国家"比例差"超过20%;挪威(17.9%)、德国(14.9%)、中国(13.9%)、南非(11.9%)、意大利(10.6%)、日本(10.9%)超过10%;葡萄牙(6.5%)、美国(3.7%)、韩国(2.7%)、加拿大(0.7%)、中国香港特别行政区(0.6%)、马来西亚(0.2%)这一比例差在10%以内。

(二) 中国研究型大学流动与未流动教师"比例差"很小

学术职业国际调查数据中,研究型大学("985工程"建设高校)有流动经历教师博士学位比例(68.4%)比无流动经历教师(62.4%)高6%,而在"211工程"建设高校和"一般本科"高校,这一"比例差"分别达到22.8%和14.5%。在中国研究型大学教师流动调查(数据Ⅱ)中,具有流动经历教师的博士学位比例为73.1%,虽略高于未流动教师(72.6%),但二者差距不大。造成这一情况的主要原因是,在中国研究型大学中博士学位已成为入职的基本条件,博士学位比例已达到很高水平。随着时间推移,因历史原因不具博士学位的中老年教师逐步退休,部分不具博士学位的中青年教师也陆续完成在职攻读博士学位,未来中国研究型大学教师的博士化率将还会提高。此种情况下,是否获得博士学位将逐渐不能成为衡量教师学术能力的基本指标,而在哪里获得学位(机构声望)成为关键。

(三) 具有流动经历教师在海外获得三级学位的比例高于无流动经历教师,中外皆然

学士学位方面。在学术职业变革国际调查(数据Ⅰ)中,有流动经历教师在海外获得学士学位的平均比例为16.2%,比无流动经历教师高出6.2%。有8个国家流动教师海外获得学士学位比例低于未流动教师,但"比例差"的绝对值不大,其中,巴西、加拿大、中国、日本、墨西哥、美国6国

的这一"比例差"在1%以内,只有韩国(1.3%)和马来西亚(1.9%)的这一"比例差"在1%—2%。剩下11个国家和地区流动与未流动教师学士学位的"比例差"都为正数,其中,澳大利亚、芬兰、中国香港特别行政区、挪威、英国5个国家或地区这一比例在5%—10%,荷兰这一比例最高,达到15.2%。硕士学位方面。在学术职业变革国际调查(*数据Ⅰ*)中,有流动经历教师海外获得硕士学位平均比例为20.4%,比未流动教师高出5.3%,其中只有墨西哥1国,流动与未流动教师海外获得硕士学位的"比例差"为负(−3.5%)。澳大利亚、加拿大、韩国、葡萄牙、英国"比例差"都超过5%,荷兰最高,达15.2%。在这一数据中,中国流动与未流动教师在海外获得硕士学位的比例相差很小,"比例差"仅为0.4%。博士学位方面。在学术职业变革国际调查(*数据Ⅰ*)中,有流动经历教师海外获得博士学位平均比例(23.0%)略高于未流动教师(22.8%),但各国情况差异较大。有13个国家流动教师的这一比例高于未流动教师,其中澳大利亚、加拿大、葡萄牙、马来西亚、英国等国"比例差"都高于5%,荷兰、韩国比例差超过10%。与此同时,阿根廷、巴西、中国香港特别行政区、中国、墨西哥、挪威6个国家或地区的流动教师海外经历低于未流动教师,其中,中国香港特别行政区(−3.7%)、中国内地(−2.0%)比例差都为负值。中国内地出现流动教师海外获得博士学位比例低于未流动教师的情况,根本原因在于未区分学校类型。在中国研究型大学教师流动调查(*数据Ⅱ*)中则可以清晰地看到,中国研究型大学无流动经历教师在海外高校获得博士学位的比例(10.6%)仅为有流动经历教师(21.7%)的一半。

四、海外学术经历与大学教师流动

(一)多数国家具有流动经历教师的海外经历多于无流动经历教师

在学术职业变革国际调查(*数据Ⅰ*)中,有流动经历教师平均花费在其他国家的总时间为1.47年,高于无流动经历教师(1.08年)。只有美国、中国香港特别行政区、阿根廷和巴西的情况与此相反。日本、马来西亚、墨西哥、南非4个国家,二者总体相差不大(差异在2个月以内)。澳大利亚、加拿大、芬兰、德国、意大利、韩国、荷兰、挪威、葡萄牙、英国等则有流动经历教师比无流动经历教师海外阅历多出3个月以上。中国的情况是有流动经历教师平均海外阅历为0.69年,是无流动经历教师(0.33年)的2倍。

(二)中国研究型大学有流动经历教师的海外经历比无流动经历教师丰富

在中国研究型大学教师流动调查(数据Ⅱ)中,最近5年(2004—2008),有流动经历教师平均出国访学次数为1.7次,略高于无流动经历教师(1.6次),出席国际会议次数(4.4次)多于无流动经历教师(2.7次),在海外累计从事学术活动的时间,有流动经历教师(3.4年)高于无流动经历教师(3.1年)。

(三)中国科学院系统中有流动经历教师海外经历也多于无流动经历者

在中国科技工作者调查(数据Ⅳ)中,高校中有流动经历教师具有海外经历的比例为40.9%,高于无流动经历教师的37%。科研院所中有流动经历教师具有海外经历比例为55.7%,高于无流动经历教师的41.3%。将高等学校进一步细分为研究型大学、地方本科和高职学院,可以发现,三种类型的高校中,有流动经历教师的海外经历都高于无流动经历教师;研究型大学中有流动经历教师的海外经历略高于科研院所中有流动经历教师。

五、学术成果与教师流动状况

学术职业变革国际调查(数据Ⅰ)中,有对于教师学术成果的详细统计,相关的指标包括:在过去3年第一作者和非第一作者独著或合著的著作数等10项指标,在过去3年第一作者或非第一作者用外文发表的文章数等6项指标。本书全部选取这一项指标有关"独著/第一作者"的统计,发现,在其中的9项上,有流动经历教师的平均成果数高于无流动经历教师,依次是

"为基金资助项目而写的研究报告/专论"、"在学术会议上发表的论文"、"为报纸杂志撰写的专业性文章"、"所展示或演绎的艺术作品"、"所制作的影视作品"、"和外国同行合作出版的书"、"在国外发表的文章"、"在网上或电子期刊上发表的文章"、"在经同行评议的出版物上发表的文章"。剩下的7项指标,则低于无流动经历教师,依次是"独著或合著的著作数"、"主编或合编的著作数"、"被收录于学术专著或发表于学术期刊上的论文数"、"所获得的发明专利数"、"所编写的电脑程序数"、"用外文发表的文章"、"和本国同行合作出版的书"。似乎可以总结出这样的规律:**有流动经历教师更热衷于发表论文,尤其是外文论文、具有同行评议性质的论文,而无流动经历教师则倾向于"出书",包括独著或者合著。**

学术职业变革国际调查(<u>数据Ⅰ</u>)中,流动与未流动教师学术成果的基本状况,与中国研究型大学教师流动调查(<u>数据Ⅱ</u>)完全吻合。后者也反映出,中国的基本情况是,有流动经历教师国际论文多,无流动经历教师出版专著多。分析近5年来学术出版的三个指标,即专著出版、国际论文发表和国内论文发表,发现有流动经历教师出版著作五年总计为2.0本,无流动经历教师这一数字达到4.2本,发表国际论文方面则有流动经历的教师领先,二者5年总计平均发表数分别为18.2篇和12.3篇。国内论文发表方面,二者基本持平,具有流动经历的教师发表数量略多,二者5年总计平均发表数分别为14.1篇和13.9篇。

中国科技工作者家庭状况调查(<u>数据Ⅳ</u>)得到的结论与之类似。该调查对于学术成果的测量包括四个指标,即过去5年发表的学术论文数,出版专著数,编著、译著、教材数,获得专利数,同样,也将作者身份区分为"主持人/第一作者"和"合作者"两类。如果只考察"主持人/第一作者"的统计结果,可以发现:第一,高校中,有流动经历教师在所有4项指标上都高于无流动经历教师;科研院所中,有流动经历教师3项指标(发表学术论文、出版专著、获得专利数)领先于无流动经历教师,1项指标(编著、译著、教材数)低于无流动经历教师。第二,研究型大学有流动经历教师3项指标(发表学术论文数、出版专著、编著、译著、教材数)高于科研院所中具有流动经历的教师,1项指标(获得专利数)低于后者。

教师流动与出版偏好的关系反映出,具有流动经历的教师更愿意从事具有同行评价性质或者具有竞争性的出版工作,这也是具有流动经历教师学术能力的一种体现。

六、竞争性资源获得与大学教师流动

中国研究型大学教师流动调查(数据Ⅱ)中,将研究经费作为课题获得能力的考察指标,有流动经历的教师,其 2010 年课题总经费数达 30.9 万元/年,其中横向课题 21.8 万元/年,纵向课题 9.1 万元/年;不具有流动经历的教师,课题总经费数为 8.3 万元/年,其中横向课题 3.7 万元/年,纵向课题 4.6 万元/年。

中国科技工作者家庭状况调查(数据Ⅳ)中,过去 5 年(2004—2008)科研项目和经费数表现出四个特点:第一,高校中,无流动经历教师在"项目总数"、"科研经费总数"两个指标上都好于有流动经历的教师。第二,研究型大学的情况与上述高校总体情况差异较大,研究型大学中具有流动经历的教师虽然项目总数略少于无流动经历教师(少 0.1 项),但经费平均总数高于后者(平均高出 3 万元)。第三,科研院所中具有流动经历的教师,过去 5 年获得的项目总数和科研经费总数,均高于无流动经历教师。第四,科研院所中,无论是否具有流动经历的教师,其项目总数和科研经费总数,都远高于研究型大学教师,对于同样具有流动经历的教师而言,科研院所中教师科研经费数是研究型大学的 2.3 倍。

科研院所中有流动经历的教师与研究型大学中有流动经历的教师,为何在学历水平、海外经历和学术成果方面相差不大,科研经费却差异极大?如果从学术投入—产出角度来看,这对研究型大学教师是"不公平"的,如果从科研效率角度来看,科研院所投入更多经费,获得相似产出,也是"低效率"的,这再次引发我们对于中国科研机构设置的反思。笔者倾向于认为,中国要建设世界一流大学,一方面缺钱,没有西方发达国家研究型大学动辄数十亿美元的办学投入;另一方面缺人,没有西方发达国家接受过严格训练的高素质研究力量;此外,缺历史,没有悠久的高等教育历史可以追溯。此种情况下,中国的大学要异军突起,应将现存的科研院所研究力量消化吸收进来,这样虽不能解决"缺历史"的问题,但"缺钱"、"缺人"的问题则将大大缓解。而本研究再次反映出科研院所在中国高等教育系统中造成的不公平、低效率的问题,坚定了笔者有关将科研院所划转、调整进研究型大学的基本思路。

上述学术劳动力市场分割与大学教师流动的关系研究发现,与已有的部分研究结论比较契合。西方学者朱丽·汤普森等很早之前就指出,"科学家变得更愿意接受外来项目、集体合作,使用高度专门化的、复杂的设备"。[1] 这一变化,使得学术职业中"研究能力强的群体比研究能力弱的群体更多地受到了外来项目的资助"。[2] "处于学术职业阶梯上层的学术人员具有较强的流动性,在学术劳动力市场的流动性最大"。[3]

学术劳动力市场分割对于大学教师流动的影响根本在于学术市场学科间的分化以及相同学科内部依据评价标准造成的学术人的分化。"作为平等成员的学者团体,随着大学市场因素影响的增强,学者之间出现不同的职业发展机会和途径。一些学科学者受到市场的追捧,不再局限于大学高墙的庇护之下,许多人去企业或政府机构承担顾问角色。学术劳动力市场对这种热门学者的争夺迫使大学为了保住或得到人才不得不尽可能提供优厚的待遇和及时的提升机会……而另外一些学科的学者却只能坚守在自己的学科领域内。"[4]学科有了显学与非显学之分,学术劳动力市场中各学科发展失衡导致对于学术人定价的差异,造成学术劳动力市场分割。与此同时,学术职业漂移导致的重科研、轻教学的评价导向变化,使得同一学科内部也出现了分化,"大学教师在自身学科领域内的学术造诣是决定其学术地位的关键因素,并成为衡量其学术职业生涯能否取得成功的最终尺度,而研究的

---

[1] 朱丽·汤普森.跨越边界——知识 学科 学科互涉[M].蒋智芹,译.南京:南京大学出版社,2005:166.
[2] Rober T. Blackburn, Janet H. Lawrence. Faculty work: motivation, expectation, satisfaction. Baltimore and London: the Johns Hopkins University Press,1995:134.
[3] 李志峰.论高深知识与学术职业[J].中国地质大学学报(社会科学版),2009(9):114—119.
[4] 郭丽君.学术职业的思考[J].学术界,2004(6):148—154.

有效开展则是提升学术造诣的根基"。①

七、本章小结

本章研究印证了研究假设,即具有流动经历的教师,在学位获得、海外经历、学术产出、竞争性资源获取四个表现学术能力的指标上,都高于无流动经历教师,证实了本书提出的学术劳动力市场分割假设,即那些真正参与学术劳动力市场人才交易的教师,往往是具有较强学术能力更受学术市场欢迎的人。这验证了学术能力影响研究型大学教师流动的基本观点。

普通劳动力市场研究的对象是众多社会职业,而本研究聚焦于学术职业这一具体职业,也发现了其市场分割的现象,说明劳动力市场分割不仅发生在行业间,也可能发生在行业内。把学术职业放到所有普通职业中,学术职业属于一级(主要)劳动力市场,那是否说明一级劳动力市场如存在分割现象,其流动率与普通劳动力市场的结论是相反的呢(即本研究发现的学术劳动力市场中的二级市场流动率反而低于一级市场)?这仍值得进一步研究。

为什么学术劳动力市场存在分割现象?为何学术劳动力市场中一、二级市场流动规律与普通劳动力市场相反?笔者综合多种学术劳动力市场分割理论阐释,认为可能有以下几种原因。

第一,市场成熟度和怠工模型。普通劳动力市场中二级市场流动性高,很大原因在于其工资定价主要依据个人劳动的边际效应,完全竞争导致流动大幅发生。二级学术劳动力市场中缺乏流动,可能恰恰是因为市场成熟度不高,缺乏通过市场的方式进行资源配置的途径。效率工资理论认为,工资不是简单通过计量劳动的边际成本来配置劳动力资源。斯蒂格利茨(Shapiro-Stiglistz)提出的怠工模型②认为,企业不可能完整地监督工人的努力程度。只能一方面支付高于边际成本的工资促进工人努力工作少偷

---

① 杜驰,沈红.研究漂移视域下的学术职业定向[J].江苏高教,2008(2):26—28.
② Shapiro, Carl and Joseph E. Stiglitz. Equilibrium unemployment as a worker discipline device[J]. American Economic Review,1985,74(3):433—434.

懒、减少离职率,另一方面利用失业惩罚偷懒的工人。布洛和萨默斯(Bulow&Summers)①据此提出了二元劳动力市场模型,认为二级市场的工人即使要求更低的工资,也不可能在一级市场获得一份工作,"理由和怠工模型一样,如果他们接受了更低的工资,他们就有理由偷懒"。这种怠工模型应用到学术劳动力市场,我们会发现,不仅一级市场享受了高于边际成本的工资,二级市场也如此,且缺乏足够的惩罚慵懒的制度,最终导致二级市场流动性差。

第二,交易费用。威廉姆森(Willianmson)②等学者曾研究过不同劳动力市场的交易费用。令 K0 代表人力资本专用性低,K1 代表人力资本专用性高;S0 代表工作关系的可分离性;S1 代表工作关系的不可分离性。其中第四种情况对人力资本要求高且对工作关系要求高,此种情况下一方有损失则雇用双方都有损失,为了避免损失,双方更多运用契约来规范。学术劳动力市场是高人力资本要求市场,尤其是进入 21 世纪后,更多表现出学术团队、科研团队协同创新的趋势,此种情况下,劳资双方对于职业流动的态度更为审慎,这也是学术劳动力市场整体流动频率偏低的主要原因。

表 12 劳动力市场交易费用简化模型

技能专用性	雇员谈判能力	低	高
	低	1. 即期市场	2. 雇主机会主义
	高	3. 雇员机会主义	4. 能保证契约的双方

参见:姚先国,黎煦. 劳动力市场分割:一个文献综述[J]. 渤海大学学报(哲学社会科学版),2005,1:78-83。

第三,内、外部人及学术劳动力市场垄断。林德贝克和思诺尔(Linderbeck&Snower)③曾提出内部人—外部人模型(Insider-outsider Model),发现,"内部人利用已经就业的优势,与外部人不是处于同等的竞

---

① Jeremy I. Bulow, Lawrence H. Summers. A Theory of dual labor markets with application to industrial policy, discrimination and Keynesian Unemployment[J]. Nber working paper series. http://core.kmi.open.ac.uk/download/pdf/6690394.pdf.

② Williamson, O. E.. Markets and Hierarchies[M]. New York: The Free Press, 1975.

③ Lindbeck, Assar, and Dennis J. Snower. Wage Setting, Unemployment, and Insider-Outsider Relations[J]. American Economic Review, 1986(76):235—239.

争地位……使那些愿意接受比内部人更低工资水平的外部人不能被企业所雇用"。学术劳动力市场中,也存在内部人—外部人现象。直接结果是,早期占据重要学术岗位的人往往也是不流动的人,后期具有很强学术能力的人往往因内部人的阻碍而难以如愿进入目标学术系统。访谈中,高校人事部门部分负责人证实,希望流入的学术人,并非学术能力达到本校要求就能流入,而在绝大多数情况下要高于本校要求才可能获得入职许可。

第四,信息不对称与"信号筛选"。竞争理论认为信息不完全和不确定背景下,雇主只能借助于决定一个人培训潜力大小的教育来判断工人的未来表现。中国的学术劳动力市场,在20世纪末期,更多表现的是"博士崇拜",在高等教育大扩张时期研究性大学对于教师的需求更多以是否获得博士学位为标准。最近5—10年,则更多以海外学术经历为标准。这并非完全表现了对于学术能力要求的提高,而是一种学术符号的筛选。

第五,内生理论。部分经济学家提出二元劳动力市场的"内生"理论,即认为二级劳动力市场是内生于一级市场之中,当失业率上升时二级市场产生。直接的证据是,经济衰退时期所创造的岗位,大量是来自二级劳动力市场。他们认为,如果失业率没有高到导致二级劳动力市场形成的水平,政府应当采用税收调节的方式来鼓励二级市场的形成。是否学术劳动力市场中的二级市场也是内生于一级市场?当需求下降、竞争增加,是否逐渐产生出二级市场?或者说,当学术劳动力市场需求面临冲击,是否也需采取措施积极构建二级学术劳动力市场呢?按照该种解释,因为中国学术劳动力市场就业尚佳,未有高强度竞争与淘汰机制,最终会导致流动较少发生。

第六,工作习惯。工作习惯或者叫岗位惯性,是考察劳动力市场非常重要的方面。该种观点认为,一个人如果习惯于在二级市场就业,其流动到一级市场就业的概率就会很小,反之亦然。该种理论也可以解释一些"自愿失业"的现象,即部分学者即使短期失业也不愿意进入二级学术劳动力市场就业。一方面,在20世纪90年代之前计划模式下的中国高等教育系统中,教师缺乏流动,在此期间及之前任职的教师很可能因为岗位惯性而拒绝流动,导致教师整体流动率偏低;另一方面,中国二级学术劳动力市场缺乏流动文化或习惯也可能导致其流动率低。

本研究证实了学术符号与流动的密切关系，一方面说明流动对于教师学术水平的提高是有裨益的；另一方面也说明中国的学术系统缺乏足够的分流机制，无法有效评价和促进学术能力较弱的教师进行流动。笔者就学术劳动力市场分割的基本假设和研究结论访谈了阿特巴赫教授。他认为，美国也存在学术能力强的教师流动性强的问题，学术劳动力市场分割应该是世界范围内存在的普遍现象。笔者提出，美国有终身教职制度，对于低学术能力的教师分流不是应该导致次要学术劳动力市场流动率更高吗？他回答，美国制度中确实存在这种通过终身教授制度引发的"强迫流动"现象，但美国获得终身职位的教师则掌握了更多流动的主动权。笔者就学术劳动力市场分割可能的危害展开访谈，一位研究型大学人事处负责人说，当前各主要研究型大学对于新进教师都采取了基于合同与考核的人才分流制度，流动教师主要是两类人：学术能力较强的人和学术能力较弱的人。他认为"促进居于中游不上不下的这群人流动或发展"是当前人事工作面临的问题之一，因为该部分人能力一般，但不至于被淘汰，各方面表现平庸。也就是说，中国学术劳动力市场的分割，也许并非完全是本文研究划定的主要劳动力市场和次要劳动力市场，可能还包含一个人数巨大的中间学术劳动力市场，如何促进该部分教师的流动，也需要进行一定的制度设计方面的思考。

第五章

学术劳动力市场分割Ⅱ：社会资本与大学教师流动

[本章摘要] 本章结合中西已有研究，提出"强关系"社会资本更多影响中国研究型大学教师流动的研究假设。通过对北京大学等11所研究型大学教师流动的问卷调查，以及笔者在美国波士顿地区的访谈，从三个维度展开社会资本与大学教师流动的关系研究。研究发现，社会资本在中国研究型大学教师流动的决策讨论、信息获取、职位获得三个方面具有重要影响，"强关系假设"更适合于中国研究型大学教师流动。研究还发现，在大学教师流动的不同环节，不同社会资本所起的影响存在很大差异。在决策讨论过程中，家庭成员及朋友发挥了核心作用；在信息获取环节，一些基于学缘积累的弱关系起到了重要作用；在职位获得过程，基于学缘建立起来的强关系起到了核心作用。

社会资本影响大学教师流动，一直是"只可意会不可言传"的客观事实。西方主流的大学教师流动研究集中在学术劳动力市场理论范畴，认为学术市场类似于普通劳动力市场，由"看不见的手"即市场法则来支配。西方学术职业流动研究较少涉及社会资本内容，可能的原因是社会资本理论与学术劳动力市场理论存在冲突。前者强调关系、人情和网络对于流动决策、过程和结果的影响，这与基于市场法则、公平调剂人才供需的学术劳动力市场理论存在严重冲突。但对于人情社会的中国，学术职业流动与社会资本又表现出何种特质呢？会否与西方存在较大差异？本章结合对西方主要研究结论、社会资本理论的梳理,围绕中国研究型大学教师流动状况调查系统展开实证研究。

一、理论基础与研究假设

"资本"的概念是当代经济学和社会学影响深远的解释图式之一。按照科尔曼的观点,每个自然人从一出生就拥有了三种资本,即:由遗传天赋形成的人力资本,由物质性先天条件构成的物质资本,由自然人所处的社会环境构成的社会资本。

大学教师流动过程中社会资本所发挥的作用,不仅客观存在,而且作用极大。尤其是注重师徒关系、学缘关系、亲友关系等"关系社会"下的中国,社会资本对于大学教师流动产生的影响可能远超我们的想象。笔者在波士顿学院学习期间,波士顿学院的生物与物理学院(HIGGENS 楼)某实验室,其12名成员全部是中国学者和留学生。经了解得知,该实验室主任和副主任均为华人。如果我们尝试去分析国内高校某一院系师资的学缘结构,则可能会得到更多这样的发现。

社会资本一般在信息、决策和未来发展三个方面对于大学教师流动发挥作用。那些作为"先驱移民"的早期流动者,或者与教师本人具有亲缘、学缘、友谊或其他联系的教师,往往成为大学教师流动的信息获取者、决策参与者甚至起关键作用者(比如其本人就负责岗位信息发布和职位筛选),与此同时,这种社会资本网络也可能通过对于未来的发展预期影响教师的流动决策,比如教师会认为在一个拥有广泛人脉或掌握关键社会资本网络的学术机构,未来晋升、课题申请、文章发表等会更为容易。

同时,与经济资本相比,社会资本还有一个极为不同的特点,即社会资本并不是一次性消费品,其在流动过程中发挥作用,但却不仅不会因此而失去效力,反而可能因此更加紧密了彼此间的社会联系,并对后续的流动产生持续的影响。

有关社会资本理论的研究,最早开始于"社会网分析"的相关研究,也称为"结构分析",把人与人、组织与组织之间的纽带关系看成是一种客观存在的社会结构,分析这些纽带关系对人、组织的影响。最有影响力的社会资本理论主要包括强关系—弱关系理论、社会资源理论和结构洞理论。

对于强弱关系的界定,最早由格兰诺维特提出。他在1973年发表的《弱关系的强度》[①]一文中,按照四个维度,即互动频率、感情强度、亲密程度、互惠交换,对社会资本的关系强度进行了界定。其中,互动次数多为强关系,少为弱关系;感情较深为强关系,浅为弱关系;亲密无间为强关系,不够亲密为弱关系;互惠交换多而广为强关系,少而窄为弱关系。他对波士顿市牛顿市(Newton)300名白领求职过程的研究发现,56%的人是通过社会关系获得求职信息,以此证明了他所提出的"弱关系强度"假设,即在市场经济高度发达的社会,"弱关系"对于人们求职起关键作用。这一理论引起强烈反响,其中部分学者对此持反对态度,进而提出了"强关系"假设,尤其是一些亚洲国家的案例显示"强关系"对于求职结果的影响更大。

其中,边燕杰教授对于中国为何适用于"强关系"假设的阐释非常符合中国的文化和国情。他认为,从义务的方面来说,人情关系的实质是情感实惠的交换,长期而相互的"欠情"、"补情"心理,使得有能力提供帮助的人尽力在对方请求下提供帮助;从信任的方面来说,作为违背正式组织原则的人情交换,必须建立在彼此可以信任的基础上,信任的强度决定了这种人情交换发生的可能,"强关系"中的社会成员彼此信任度高,因此对于求职起决定性作用[②③]。

著名的华裔社会学家林南教授在对"弱关系"理论修正的基础上,提出了社会资源理论。在林南看来,社会资源可分为个人拥有的资源和社会资源。资源是被社会认为有价值的而且能够促进个人福利的东西,既包括诸如性别、种族、年龄等先赋性因素,也包括诸如声望、权力等成就性因素。而按照财富、权力或声望不同,职位是有高低不同的。高职位者的总体人数少,但能量大,低职位者人数多,但能量小。并且按照这种财富、权力、声望

---

① Granovetter, Mark S.. The strength of weak ties[J]. American Journal of Sociology, 1973,6: 1360—1380.

② Bian, Yanjie. Work and Inequality in Urban China [D]. Albany, New York: State University of New York Press, 1994.

③ Bian, Yanjie, and Soon Ang. Guanxi Networks and Job Mobility in China and Singapore [J]. Social Forces, 1997, 75: 981—1006.

等,自然将人划分成了不同社会等级,同一等级的社会成员往往联系紧密,即构成"强关系",不同阶层之间往往联系松散,构成"弱关系"。但是,弱关系将不同阶层拥有不同资源的人们联系在一起,资源的交换、借用与摄取可以通过弱关系纽带来进行。林南的理论价值在于,由于弱关系在不同社会阶层之间的串联,使整个社会可以认为是"嵌入式"的社会,社会成员社会资源的多少,某种程度上可以用嵌入社会阶层的广度和深度来衡量。这种对于社会成员的等级分类,和弱关系在其中的串联作用,则和上述强—弱关系理论的适用范围不同,强—弱关系理论因国家和体制不同差异较大,而社会资源理论则在各国皆然。但显然,林南对于"弱关系"的界定和格兰诺维特的存在很大差异,林南概念体系中的强与弱,更多地与社会分层相联系,而格兰诺维特则强调个体之间关系的亲疏。①②③

林南的社会资源理论中,弱关系能产生丰富的社会资本,他将社会资本与社会资源两个概念联系了起来。但是美国社会学家罗纳德·博特并不同意这一观点,他在《结构洞》一书中认为,关系强度与社会资源、社会资本的多少没有必然联系。所谓"结构洞",简单地说,就是社会成员 A 与 B 之间的联系并不紧密,但如果 C 和 A、B 都联系紧密和彼此信任,则可促成 A、B 之间产生交换,而 C 则占据了一个"结构洞"。博特据此认为,竞争优势不但是资源优势(有权、有钱、有地位等),而且更重要的是要有关系优势,那些社会上占据结构洞越多的人,获得经济回报的机会越多。博特的中国籍学生肖知兴教授则认为,中国的企业中汇集"关系"的"结构洞"往往成为腐败的温床,而对于企业员工来说,拥有的结构洞越多,企业的效率则越低下。④

可以发现,上述三种理论所讨论的内容差异很大。强—弱关系理论,属

---

① Lin, Nan, and Yanjie Bian. Getting Ahead in Urban China [J]. American Journal of Sociology,1991,97:657—688.

② Lin, Nan, Walter M. Ensel, and John C. Vaughn. Social Resources and Strength of Ties: Structural Factors in Occupational Status Attainment [J]. American Sociological Review,1981,46(4):393—405.

③ Lin, Nan and Wen Xie. Occupational Prestige in Urban China [J]. American Journal of Sociology,1988,93:793—832.

④ Burt, Ronald S. Structural Holes: The Social Structure of Competition [D]. Cambridge, Massachusetts: Harvard University Press,1992.

于最原始的对于人际关系所形成的社会资本的判断，这是基于感情亲疏、联系多寡而进行的，社会资源理论则走向宏观视角，试图将社会资源、社会资本与社会阶层联系起来，开始转向对于社会行为的解释，而结构洞理论则基本是难以进行测量的，只能看作美好的社会分析的模型而已。从这个意义上说，笔者认为强—弱关系理论，应用到大学教师流动研究中，更具可行性。与此同时，笔者也试图加入对于强—弱关系影响社会流动的讨论。一方面，已有的研究多以普通职业为样本，但普通职业与学术职业的职业特性存在很大差异，社会资本对于二者的职业行为选择是否会有不同的影响？另一方面，边燕杰等学者对于"强关系"的假设开始于20世纪80年代对中国情况的研究，20年后的今天，社会发展进入新的阶段，是否"强关系"假设仍在中国适用？这些都是值得探讨的问题。

笔者对于关系强弱的界定，将遵循格兰诺维特的四种判断方式。除此之外，他还提出了更为简洁的方法，即判断朋友圈子的重叠程度，重叠程度大则关系强，反之则关系弱。当然，当前社会资本理论本身所面临的是否能计量、如何计量等困惑，虽然是本文需要面对的现实问题，但却不是核心内容。笔者在对于社会资本与大学教师流动关系的计量中，将更多采取简单化的处理方式，主要回答社会资本是否影响大学教师流动，以及影响程度的大小。基本研究假设是：

假设："强关系"社会资本更多影响中国研究型大学教师流动。

根据上述理论分析，该假设可细化为：

子假设：符合"强关系假设"的社会资本，在信息获取、决策参与和职位争取三个环节，影响中国研究型大学教师流动。

二、研究发现

（一）社会资本影响流动决策：大学教师流动决策讨论对象以家庭成员为主

当被问及"在你做离职决定的时候，是否与他人进行了讨论"时，近四分之一(24.8%)的人在当初职业流动时,并未与他人商量。那些在流动过程中,与他人进行过讨论的教师,讨论的对象依次是:"配偶"、"父母"、"朋友"、"博硕士导师或同门师兄弟"、"原学校同事"、"原学校或部门负责人"、"目标学校或部门负责人"、"亲戚"、"目标学校的未来同事"、"同行业其他学校的教师"、"周围进行过职业流动的其他大学教师"、"曾求学单位的非同门教师或师兄弟"、"目标学校或城市的亲朋好友"。基本顺序可以概括为:家庭成员及朋友—导师同门—原单位同事与领导—未来单位领导与同事—其他教师—目标城市的知情人。笔者曾认为,与普通职业流动相比,因学缘与学术联系建立起来的社会资本会在更大程度上影响流动决策,但上述排序显示出,大学教师流动决策过程中仍是家庭因素占据主导,这与普通职业流动无显著差异。

从社会资本强弱关系看,"配偶"、"父母"、"导师和同门"、"原单位同事和领导"可以认为是强社会资本。他们熟谙流动者个人的基本情况,并设身处地就决策者流动前后可能面对的情况进行讨论,在大学教师流动决策过程中起核心作用。但正如弱关系理论所指出的,很多时候那些看似联系不

表13 大学教师流动决策讨论对象

	多选处理(%)	单选处理(%)
原学校或部门负责人	7.0	19.4
原学校同事	8.3	23.1
博硕士导师或同门师兄弟	9.0	25.0
曾求学单位的非同门教师或师兄弟	2.3	6.5
目标学校或部门负责人	5.6	15.7
目标学校的未来同事	5.0	14.0
目标学校或城市的亲朋好友	2.0	5.6
同行业其他学校的教师	3.3	9.3
周围进行过职业流动的其他大学教师	3.0	8.3
配偶	24.3	67.6
朋友	12.3	34.3
亲戚	5.3	14.8
父母	12.6	35.2

够紧密的社会资本,有时往往会起到决定性的作用,比如"周围进行过职业流动的其他大学教师",也许他们虽然和流动决策者关系一般,但他们有关流动的经历和观点却会对教师最终的流动决策起到很大影响。

(二)社会资本影响流动结果:基于"强关系假设"进行的流动活动,流动后满意度大幅上升

选取总体满意度指标和8项分类满意度指标作为流动结果,考察依据不同社会资本做出的流动决策,可以发现:

五类人群的意见使大学教师流动后满意度显著提升。按照满意度水平上升幅度从高到低排序依次是"周围进行过职业流动的其他大学教师"、"朋友"、"配偶"、"目标学校或城市的亲朋好友"、"父母"。5项指标中有4项来自于家庭和朋友,说明"强关系假设"更适用于大学教师流动的决策。同时,与"周围进行过职业流动的其他大学教师"进行讨论的教师,在流动后满意度也实现了大幅上升,这可视为"弱关系假设"在发挥作用。

朋友的忠告极有价值。在流动过程中与"朋友"进行过讨论的教师,8项满意度指标都显著上升。这可能因为朋友作为第三方对教师的了解和评价会更为客观,对新旧职位可能引发的得失能作出更冷静的判断。

来自"原学校同事"的意见值得重视,但"原学校或部门负责人"的意见要慎重听取。与"原学校同事"进行过流动讨论的教师,8项满意度指标中有6项实现了上升,"工作量"、"工资"、"各项福利保险"、"住房"、"个人关系"5项满意度指标甚至是大幅上升。这说明"原学校同事"可能更了解试图流动的教师流动前的状况,他们的意见非常有针对性。而来自"原学校或部门负责人"的讨论意见,对于大学教师流动后满意度提升的价值则远不如原单位"同事",听取他们意见进行流动选择的教师5项指标,包括总体满意度水平,却都下降了。

来自原求学单位的意见也应慎重听取。流动前与"博硕士导师或同门师兄弟"进行过讨论的教师,只有"工资、各项福利保险、住房"3项满意度水平有所上升,其他5项指标则下降了。与"曾求学单位的非同门教师或师兄弟"的讨论结果也类似,也有4项满意度水平下降了。为何应该是最了解流

动教师学术根基的导师和研究团队成员对于职业流动的建议并未达到应有效果？可能的解释是，这些基于学缘建立起来的社会资本，更多关注于流动教师的学术水平，而对其职业现状和未来可能缺乏了解。

"目标学校的未来同事"意见最好不要听取。流动前与"目标学校的未来同事"进行讨论的教师，与未讨论教师相比，8项指标中有6项满意度水平下降了。只有"工资"和"个人关系"两项指标略有上升。这说明，未来单位的同事所能提供的，更多是工资水平和人事关系方面的信息，其他方面的讨论参考价值有限，甚至有可能会因为讨论受到误导。

社会资本在大学教师流动决策环节，有两个方面的基本规律。一是"强关系假设"在大学教师流动决策中具有核心影响力，那些使大学教师流动前后满意度水平上升的讨论对象，大多是教师日常联系最为密切的人，如配偶、父母、朋友等，这一方面也归功于他们对于教师本身各方面了解更多，决策所需要的各类信息更全面，另一方面也归功于他们更深入地参与流动决策的思考，因为这可能与他们的未来有关，此外，他们更愿意担当，更直接地给出建议。笔者亲历过一个案例：

某研究生同时获得在中学和地方政府就职的机会，求助于周围数十名朋友该如何选择，最后他告诉笔者一个规律：那些全面分析两个职位各自优缺点，最后让他自己决定的，往往是一般的朋友；那些斩钉截铁告诉他哪个职位更好的人，是他最好的朋友。

这是非常有意思的现象，也可在很大程度上解释"强关系假设"对于大学教师流动决策过程更有帮助的原因。二是大学教师流动决策更接近职业流动，至少从上述有关流动前后满意度水平变化的分析中可以看出，来自教师学缘结构中的建议一般来自其他学术人员，与家庭人员的建议相比，对于满意度提升的贡献非常有限。

"强关系假设"在大学教师流动过程中发挥核心影响力，反映出职业流动决策过程中社会资本选择方面的两个基本要素，一是信息了解程度，二是利益相关程度。流动讨论的参与者对于流动者本人了解程度越深，越与其保持有利益相关性，对于流动决策的参与度越深，也往往能做出最优或相对最优的流动选择。

(三) 社会资本影响流动过程

1. 社会资本是教师获得招聘信息的主要途径

中国教师获得招聘信息的途径和西方国家有很大不同。后者大多是通过专业学术期刊、报纸、网络等媒介获知职位空缺,而本研究中教师流动过程中获得招聘信息的途径排序依次是:"网络"、"其他学校研究者"、"招聘单位人事处"、"其他途径获知"、"同事"、"亲友"、"报纸等媒体"、"专业期刊等媒体"和"猎头公司"。其中,"其他学校研究者"、"同事"、"亲友"三个可以算作社会资本的信息来源途径,占总样本的42.6%,如果算上"其他途径获知"(14.4%,被试填答的文字答案一般为"导师"、"同学"等),我们可以发现,通过社会资本获得招聘信息是中国学术职业入职过程的基本特征。这同时说明,中国仍缺乏主流的教师招聘的畅通渠道,此种背景下,**学术关系网的大小、与关系网成员来往的紧密程度,往往决定求职的成功与否**。这是社会资本对于学术劳动力市场分割的结果。

理想的学术职业求职环境,应该是信息充分而通畅、"零保密"状态下的招聘。只有所有教师公开参与学术岗位的竞争,学术职业蓬勃发展才更具希望。这一点,德国和美国学术职业做得比中国要好。德国青年教师往往要忍受长时间的"修行"之苦,且不允许低职称教师在本机构晋升为高职称,因此教师们必须密切关注招聘信息,以此保证每一个学术岗位的高竞争和高筛选性。美国研究型大学学术岗位招聘往往面向全球发布,并接受大量申请,也是通过高淘汰率保证学术职业质量。笔者在波士顿大学(BU)电子信息学院("EE")访谈过程中,恰逢该院在招聘一名助理教授,公开发布招聘信息之后,已收到哈佛大学等学校毕业生或教师发来的200多份简历,应聘者还包含一些来自声望略差的高校但已经获得终身职位的教师。

在中国学术劳动力市场信息发布机制不健全的背景下,社会中介机构应参与到人才配置活动中来,构建起学校与教师畅通高效的沟通平台。最为关键的是,各招聘高校或院系,应打破传统的"暗箱"操作,学术招聘应与公务员招考一样,置于阳光之下,杜绝定向招聘,甚至是"萝卜"招聘。

表 14　职位信息获取渠道

	多选处理(%)		单选处理(%)	
	流动	未流动	流动	未流动
网络	21.6	17.9	25.2	22.9
报纸等媒体	3.0	3.6	3.5	4.6
专业期刊等媒体	2.4	1.4	2.8	1.8
亲友	9.0	10.0	10.5	12.8
同事	14.4	20.0	16.8	25.7
其他学校研究者	19.2	14.3	22.4	18.3
猎头公司	0.6	1.4	0.7	1.8
招聘单位人事处	15.6	12.9	18.2	16.5
其他途径获知	14.4	18.6	16.8	23.9

2. 从"其他高校研究者"、"同事"和"招聘单位人事处"获得招聘信息，往往可以促进流动过程中的满意度水平提升

对比通过不同渠道获得招聘信息教师流动前后的满意度变化，所有 8 种渠道中，有 3 种渠道使教师流动后总体满意度水平提高，依次是"其他高校研究者"、"同事"和"招聘单位人事处"。前两项都与社会资本有关。

这里表现出两个非常显著的特征。

第一，与上述流动决策过程中家庭成员和亲友的核心作用不同，通过"亲友介绍"获得招聘信息的教师总体满意度水平低于非亲友介绍的教师满意度水平。学术职业是一种入门门槛较高、处于职业生态系统顶端的职业，而教师家庭成员和亲友从事学术职业的人数可能偏少，同时，学术职业又具有显著的学科属性，即使有家人或亲友从事学术职业，如果不处同一学科，也往往无法提供有效的求职信息。

第二，通过传统媒介（包括"网络"、"报纸"等媒体）获取招聘信息的教师，流动后总体满意度水平也低于通过其他途径获得招聘信息的教师。这意味着一些重要岗位、优质岗位往往是通过非传统媒介发布，其中社会资本发挥了核心作用。

社会资本对于招聘信息获取的影响可能不仅在于信息获取本身，甚至招聘活动本身就是某些社会资本促成的，即社会资本直接促成了某些招聘计划的开展,并通过社会资本直接将招聘信息传达给拟招录的目标对象。

3. 基于学缘而建立起来的师徒、同门之谊在大学教师流动的职位争取过程中,发挥了极为重要的作用

被试在当前职位争取过程中获得的帮助的来源,比例从高到低依次是:"博硕士导师或同门师兄弟"、"同行业其他学校教师"、"原学校或部门负责人"、"原学校同事"、"亲朋好友"、"其他"、"同行业其他学校教师"。

显著不同的是,在流动决策讨论、信息获得两个环节,基于学缘关系建立起来的社会资本并非起到核心作用,而在职位争取过程中,这种师徒、同门之谊却发挥了极为重要的作用,这种类似于武侠小说中的"门派"之情可能是教师在求学阶段积累的最好的社会资本。

但是,为什么基于学缘构建起的社会资本,对于教师流动的不同环节,发挥的作用存在很大差异?可能的解释是:对于前者,该种社会资本只参与教师对于新的职位是否流动讨论,对相关职位背景了解不足,而那些在实际职位争取过程中发挥作用的导师或同门学友,非常了解招聘职位(甚至直接负责这一职位的招聘),往往对该职位申请成功能起到一定的作用。

而这种学缘关系对于职位争取的影响,也不仅仅局限于师徒、同门的关系上。分析发现,不同社会资本参与大学教师流动过程中新职位的争取,对于流动发生后教师满意度水平有不同的影响。流动过程中得到"求学单位非同门教师和师兄弟"、"亲朋好友"、"博硕士导师或同门师兄弟"、"原学校同事"帮助的教师,流动后总体满意度水平提高。

表 15 社会资本与职位争取

	多选处理(%)		单选处理(%)	
	流动	未流动	流动	未流动
原学校或部门负责人	15.2	18.8	19.9	24.3
原学校同事	12.5	18.8	16.3	24.3
博硕士导师或同门师兄弟	30.4	26.8	39.7	34.6
求学单位非同门教师和师兄弟	3.8	6.5	5.0	8.4
同行业其他学校教师	20.7	8.7	27.0	11.2
亲朋好友	10.9	10.1	14.2	13.1
其他	6.5	10.1	8.5	13.1

三、本章小结

社会资本理论对于流动的研究最早集中在对人才迁徙的解释上，即已流动的人为未流动的人提供社会资本，从而鼓励和帮助后来者流动，引起大规模的迁徙发生，比如20世纪中国广东地区人才向中国香港地区的流动。显然在这一过程，那些关系更为亲密、更值得信任的人往往能给后来者更大的勇气和更多的帮助，这就是强社会资本发挥的作用。

本书的研究发现，社会资本对于中国研究型大学教师的流动具有重要影响。一方面，社会资本影响流动决策。流动决策过程中与"周围进行过职业流动的其他大学教师"、"朋友"、"配偶"、"目标学校或城市的亲朋好友"或"父母"进行过讨论的被试，流动后满意度显著提升，其中4项属于"强关系"社会资本，1项属于"弱关系"社会资本，说明"强关系"社会资本对于流动决策起到更核心作用。另一方面，社会资本影响流动过程。从"其他高校研究者"、"同事"处获取招聘信息并进行职业流动的教师，流动后满意度水平显著提升。基于学缘建立起来的师徒、同门之谊在教师流动的职位争取过程中，发挥了极为重要的作用。在职业流动的职业争取过程中，教师们最可能获得帮助的社会资本排序是"博硕士导师或同门师兄弟"、"同行业其他学校教师"、"原学校或部门负责人"、"原学校同事"、"亲朋好友"、"其他"、"同行业其他学校教师"。

本章的研究证实，社会资本是影响中国研究型大学教师流动的非常重要的因素。这种影响不仅发生在流动决策环节，也发生在流动过程尤其是信息获取和职位获得环节。在流动决策环节，强社会资本发挥了最重要作用，通过强社会资本尤其是家庭社会资本进行流动决策的被试流动后总体满意度和分类满意度都得到了显著提升。在流动过程环节，通过强社会资本尤其学缘社会资本获得聘用信息或者职位获得帮助的被试，流动后满意度得到了显著提升。笔者就这一研究结果访谈了阿特巴赫教授，他认为，以"关系"为代表的社会资本不仅在中国，在美国等国家和地区对于教师职位的获得和流动也都发挥了显著的作用。他同时指出，美国学术机构招聘信息更为公开，虽然关系发挥重要作用，但这种公开性保障了足够的竞争性。在笔者对MIT一位博士的访谈中，他认为寻求工作最主要是"和导师搞好关系"，来自导师的推荐而不是学术产出起到最核心作用。本书的研究发现，在大学教师流动的不同环节，不同社会资本所起的影响差异很大。在流动决策过程中，家庭成员及朋友发挥了核心作用，在职位信息获取环节，一些基于学缘积累的弱关系起到了重要作用，在职位获得过程，基于学缘建立起来的强关系起到了核心作用。可以认为，社会资本对于大学教师流动的影响存在于多个环节，整体是强关系在发挥核心作用。

强社会资本对中国研究型大学教师流动的影响集中体现在流动过程中的信息获取、流动决策和职位获取三个方面，其中，职位获取过程中社会资本的作用表现得最为明显。社会资本影响学术职业，也可以认为是一种"关系"研究。笔者在波士顿访谈期间，被访谈者多次谈到"关系"一词，说明这不仅仅是中国的情况。他们认为美国学术职业尤其是职位获取等阶段，"关系"的作用也非常重要。国际上，一些教师目前已开始使用中国"关系"一词的拼音（"GuanXi"）展开研究，进而形成了所谓的"关系社会学"。在某种意义上，本假设得到验证，也是对学术职业"关系"研究的一种推动。

笔者赞成强社会资本对于大学教师流动的核心作用，这一假设在研究中也得到了验证。但正如假设本身所提及，强社会资本对于大学教师流动的帮助，可能更适合发展中国家。这些国家学术劳动力市场缺乏规范，相关学术职位的招聘信息不够公开广泛，人才筛选过程中"人"的作用更大，而非制度。

第六章

中国研究型大学教师流动影响因素分析Ⅰ：综合判断

［本章摘要］将西方研究中可能影响大学教师流动的27项变量归为3类，通过对北京大学等11所研究型大学教师流动的调查，对假设进行验证。研究发现，中国研究型大学教师流动过程中更看重长期发展性指标，而非短期收入性指标。个人与家庭因素对于教师流动回归模型贡献最大，其次是学校因素和社会因素。中西大学教师流动影响因素很大的差异在于对待收入的不同态度，单纯通过提升工资收益促进教师流动的努力难以达到预期效果。

理性选择理论将人的高度理性与信息对称作为决策的基本前提，这在人才流动研究中一直得到广泛的应用。其代表性观点主要包括成本—收益分析模型、多变量的价值预期模型、家庭决策模型等。理性选择理论考察的是流动过程中微观层面的决策，拥有较为系统的分析框架，较为成熟的数量模型，数据采集具有可得性，研究方法可重复、可检验。理性选择理论是当前有关人力资本流动研究的主流理论。运用到大学教师流动研究，理性选择理论较为适宜。作为一种较为开放、具有一定预测功能的理论，近年来该理论正在泛化，更多的影响因素指标被纳入进来，而最大的趋势，在于将理性选择的参与主体从个人变为家庭。本书在此基础上，又将家庭的概念扩大为集体，认为大学教师流动决策过程中，不仅有个人和家庭参与，基于教育经历和工作经历所形成的学术共同体成员，也会参与到大学教师流动过程中。本书将理性选择的有效性作为验证理性选择理论的主要工具。理性选择理论对于流动影响因素的研究,强调微观上诸要素对于流动的影响。该理论是一种开放性理论,不断有学者在理论模型中加入研究者本人试图考察的影响因素变量。在研究量表设计过程中,笔者大量参考了西方学界有关教师流动影响因素和普通职业流动影响因素的主要成果,分个人家庭、组织(学校)和社会三个维度,凝练和概括出了27项影响因素指标作为本书进行理性选择与教师流动研究的主要指标。

一、教师自我评价的流动影响因素排序

(一) 个人与家庭因素

有流动经历教师的12项个人家庭影响因素指标中,只有"个人成长机会"、"子女教育机会与环境"这2项平均得分低于2,即介于"极度重要"和"比较重要"之间,剩下的10项都高于2,即介于"比较重要"和"不重要"之间。重要程度从高到低排序是:"个人成长机会"、"子女教育机会与环境"、"配偶的工作地点"、"职称或头衔"、"赡养老人"、"住房"、"个人总收入"、"潜在收入及保险福利"、"配偶的发展机会"、"工作量和工作压力"、"配偶的收入"和"与亲戚朋友的距离"。基本排序可以概括为:个人、子女、配偶和老人。

对于个人而言,又是先看重发展,后关注经济因素。无流动经历教师对于个人与家庭因素重要性看得更重。12项指标中有8项得分都低于2,其排序是"个人成长机会"、"子女教育机会与环境"、"配偶的工作地点"、"职称或头衔"、"赡养老人"、"潜在收入及保险福利"、"住房"、"个人总收入"、"工作量和工作压力"、"配偶的发展机会"、"配偶的收入"、"与亲戚朋友的距离"。

可以看出,无流动经历教师与有流动经历教师的排序几乎完全一致,只有一处存在差异,即三项与收入有关的指标的排序。有流动经历者重视程度从高到低依次是"住房"、"个人总收入"、"潜在收入及保险福利",无流动经历者则将"潜在收入及保险福利"排在第一位,"住房"排在第二,"个人总收入"排在第三。说明有流动经历者似乎更为务实,住房和实际收入是他们所关注的,无流动经历者则似乎抱有对"潜在收入"的期盼。

(二) 学校(组织)因素

有流动经历教师在学校因素方面的得分好于上述个人与家庭方面,8项指标中有7项都低于2,即介于"极度重要"和"比较重要"之间,按照重要程度从高到低排序依次是:"所在单位学术自由氛围"、"与学术圈联系的紧密程度"、"所在单位各项制度与政策"、"学校或院系声望"、"所在单位学生生源质量"、"总的研究经费"、"与同事的协作或关系"、"研究设备与图书馆设施"。

无流动经历教师的全部指标得分低于2,即介于"非常重要"和"比较重要"之间。按照重要程度从高到低排序依次是:"与学术圈联系的紧密程度"、"与同事的协作或关系"、"研究设备与图书馆设施"、"所在单位各项制度与政策"、"所在单位学术自由氛围"、"总的研究经费"、"所在单位教育理念与文化"、"学校或院系声望"、"所在单位学生生源质量"。

教师们对于学校因素之于流动的重要程度判断,表现出几个特征:一是流动与未流动教师都重视学术氛围与学术圈的联系;二是流动与未流动教师都重视机构内的学术制度和政策;三是流动教师更在乎学校和院系声望、生源质量等表现学校办学实力的指标;四是未流动教师更重视研究设备和图书馆设施等研究基础条件。

(三) 社会因素

本研究共设置了6项有关社会因素对于大学教师流动的影响因素。有流动经历教师的6项目指标得分普遍偏低,全部大于2,即介于"比较重要"和"不重要"之间。其重要程度从高到低排序依次是:"社会风气"、"地理位置"、"社区教育设施"、"气候环境"、"是否大都市"、"社区的娱乐和休闲设施"。无流动经历教师这一部分的指标得分也很低,按照对于流动影响重要程度排序几乎与有流动经历教师完全一致,只有"地理位置"和"社区教育设施"这两个指标在二、三位排序上进行了互换。这说明,与个人和家庭、学校因素相比,社会要素对于流动决策的影响略小。在这些社会性影响因素中,教师们很看重目标流入地点的社会风气,也关注地理位置。

表 16 教师对于三大类指标对于流动影响的判断

个人与家庭因素

	个人总收入	潜在收入保险福利	住房	个人成长机会	职称或头衔	工作量和工作压力	配偶的工作地点	配偶的发展机会	配偶的收入	与亲戚朋友的距离	子女教育机会与环境	赡养老人
流动	2.153	2.172	2.134	1.610	2.107	2.228	2.016	2.217	2.388	2.417	1.894	2.132
未流动	1.957	1.926	1.939	1.603	1.866	2.015	1.788	2.030	2.062	2.224	1.739	1.879
合计	2.083	2.084	2.065	1.607	2.021	2.153	1.936	2.150	2.274	2.348	1.839	2.043

学校因素

	学校院系声望	与同事的协作或关系	总的研究设备与图书馆设施研究经费	与学术圈联系的紧密程度	所在单位教育理念与文化	所在单位学术自由氛围	所在单位学生生源质量	所在单位各项制度与政策
流动	1.917	1.992	1.958	2.042	1.874	1.941	1.873	1.949	1.901
未流动	1.908	1.800	1.844	1.800	1.797	1.891	1.833	1.938	1.818
合计	1.914	1.924	1.918	1.956	1.847	1.923	1.859	1.945	1.872

社会因素

	气候环境	地理位置	是否大都市	社会风气	社区的娱乐与休闲设施	社区教育设施
流动	2.240	2.114	2.309	2.008	2.455	2.180
未流动	2.219	2.033	2.180	1.951	2.468	1.855
合计	2.233	2.087	2.266	1.989	2.459	2.071

数据说明：1——极度重要 2——比较重要 3——不重要
数据来源：中国研究型大学教师流动调查。

（四）综合排序分析

如果将上述所有三大类指标按照其对于流动影响程度的综合得分进行排序，则可发现：

第一，有无流动经历的教师都将"个人成长机会"作为流动考虑的第一要素。教师们普遍将"个人成长机会"作为流动影响因素首选，与此同时，与学术发展相关的其他因素，如"与学术圈联系的紧密程度"也在影响力排名中十分靠前。中国教师对于金钱等追逐似乎更为含蓄。中国大学教师其他收益（物质与非物质收益）可能远超工资和福利本身。该种情况下，"个人成长机会"可以理解为一个综合概念，与金钱收益不矛盾。

第二，有流动经历教师的各指标得分低于无流动经历教师。在设置的全部27项变量中，有流动经历教师认为影响程度小于2（即介于"极度重要"和"比较重要"）的指标数只有10项，而无流动经历的教师有19项。具有流动经历教师各指标的重要程度得分也普遍低于无流动经历教师。这说明无流动经历教师在流动决策中往往会考虑到更多因素。

第三，有无流动经历的教师对于流动影响因素的判断有联系也有区别。有流动经历教师流动影响因素的大致顺序是：个人发展—子女教育—机构因素—配偶工作地点—赡养老人—个人经济收益—配偶发展—社会因素。无流动经历教师的大致顺序是：个人发展—子女教育—配偶工作地点—机构因素—赡养老人—个人经济收益—配偶发展—社会因素。二者在机构因素和配偶工作地点方面顺序发生了互换。与此同时，对于机构因素的重要性判断也不相同，有流动经历的教师认为，各项制度和政策、学校和院系声望、理念和文化最为重要，而没有流动经历的教师则认为，与同事的关系、研究设备、各项制度和政策、科研经费最为重要。二者对于家庭的排序也有一些差异，有流动经历教师认为配偶的工作地点并非那么重要，仅排名第12，而未流动教师，其配偶工作地点重要性排名高居第3，说明他们如果要发生流动，和配偶在一起工作是至关重要的因素。家庭不同成员对于流动决策的影响，二者是一致的，基本排序都是子女—配偶—老人—亲友。

表 17　教师自评流动影响因素排序

流动	重要性	排序	未流动	重要性	排序
个人成长机会	1.61	1	个人成长机会	1.603	1
所在单位学术自由氛围	1.873	2	子女教育机会与环境	1.739	2
与学术圈联系的紧密程度	1.874	3	配偶的工作地点	1.788	3
子女教育机会与环境	1.894	4	与学术圈联系的紧密程度	1.797	4
所在单位各项制度与政策	1.901	5	与同事的协作或关系	1.8	5
学校或院系声望	1.917	6	研究设备与图书馆设施	1.8	6
所在单位教育理念与文化	1.941	7	所在单位各项制度与政策	1.818	7
所在单位学生生源质量	1.949	8	所在单位学术自由氛围	1.833	8
总的研究经费	1.958	9	总的研究经费	1.844	9
与同事的协作或关系	1.992	10	社区教育设施	1.855	10
社会风气	2.008	11	职称或头衔	1.866	11
配偶的工作地点	2.016	12	赡养老人	1.879	12
研究设备与图书馆设施	2.042	13	所在单位教育理念与文化	1.891	13
职称或头衔	2.107	14	学校或院系声望	1.908	14
地理位置	2.114	15	潜在收入及保险福利	1.926	15
赡养老人	2.132	16	所在单位学生生源质量	1.938	16
住房	2.134	17	住房	1.939	17
个人总收入	2.153	18	社会风气	1.951	18
潜在收入及保险福利	2.172	19	个人总收入	1.957	19
社区教育设施	2.18	20	工作量和工作压力	2.015	20
配偶的发展机会	2.217	21	配偶的发展机会	2.03	21
工作量和工作压力	2.228	22	地理位置	2.033	22
学校所在地气候环境	2.24	23	配偶的收入	2.062	23
是否大都市	2.309	24	是否大都市	2.18	24
配偶的收入	2.388	25	学校所在地气候环境	2.219	25
与亲戚朋友的距离	2.417	26	与亲戚朋友的距离	2.224	26
社区的娱乐与休闲设施	2.455	27	社区的娱乐与休闲设施	2.468	27

数据来源：中国研究型大学教师流动调查。

二、流动过程各要素变化情况排序

上述流动影响因素分析,停留在教师自评基础上,是否真实仍需验证。可以继续用此 27 项指标,比较具有流动经历的教师在流动前后这 27 项指标的变化情况。

(一)个人与家庭因素变化

流动发生后,个人与家庭因素变化最大的指标依次是:"个人成长机会"、"子女教育机会与环境"、"职称或头衔"、"配偶的工作地点"、"配偶发展机会"、"赡养老人"、"潜在收入及保险福利"、"住房"、"个人总收入"、"配偶收入"、"与亲戚朋友的距离"和"工作量和工作压力"。这一排序与上述教师自评流动影响因素顺序是基本一致的,只有 2 项指标的排序发生了微调,一是"职称或头衔"指标,从影响因素判断中的第 4 位上升到实际情况变化的第 3 位,这说明提升职称水平是教师实际流动过程中非常关注的方面;"配偶的发展机会"从影响因素判断中的第 9 位上升到实际情况变化的第 5 位,说明教师在流动过程中,大多改善了配偶的工作状况。

(二)学校因素变化

流动发生后,学校因素中没有一项指标平均变化程度位置值低于 2,即所有指标变化都介于"差不多"和"好一些"之间。各指标变化程度从高到低排序是:"与学术圈联系的紧密程度变化"、"学校或院系声望变化"、"所在单位学生生源质量变化"、"总的研究经费变化"、"所在单位学术自由氛围变化"、"研究设备与图书馆设施变化"、"所在单位各项制度与政策变化"、"与同事的协作或关系变化"。教师自评影响因素排序,与实际流动发生过程中各要素变化情况排序存在一定差异。"所在单位学术氛围"从第 1 位下降到第 5 位,"所在单位各项制度与政策"从第 3 位下降到第 7 位,这说明虽然对于流动目标单位的学术氛围和制度政策改变抱有期待,但流动发生后这两项的状况改变仍不能令人满意,可能同时也说明,无论是学术氛围,还是制度政策,其本身变化起来缓慢而困难。部分流动影响因素的指标是上升的,"与学术圈联系紧密程度"上升1位成为流动前后变化幅度最大的指标,"学校或院系声望变化"、"所在单位学生生源质量变化"、"总的研究经费"、"研究设备与图书馆设施变化"指标都上升2位,这说明流动过程中,教师们普遍进入学校或学科声望更好、研究经费更多、研究设备更好的机构。

(三) 社会因素变化

流动发生后,社会因素方面的6项指标变化从高到低排序是:"地理位置变化"、"社区教育设施变化"、"社会风气变化"、"是否大都市变化"、"气候环境变化"、"社区的娱乐与休闲设施变化"。这与教师自评的影响因素排序结果有一定差异:"地理位置变化"从第2位上升为第1位,"社会风气变化"则从第1位下降到第3位。这反映出,教师在实际流动过程中,虽然非常看重目标单位的地理位置和社会风气,但地理位置好坏变化是可以预测的,社会风气则困难很多。

(四) 综合排序变化

进一步将上述教师认为影响流动最核心的要素,按照流动前后发生改变的幅度进行排序,可以得到更为直观的判断。

第一,"个人成长机会"在两种影响因素排序中都位列第一,说明无论是理想还是现实,是否对于个人成长发展有利,都是教师进行流动决策第一考虑的要素。

第二,部分指标被认为是影响流动的重要因素,但流动发生后这些指标的变化幅度却不如预期,包括"单位学术氛围"、"单位各项制度和政策"、"与同事的协作或关系"、"社会风气"、"配偶的工作地点"、"赡养老人"、"住房"、"个人总收入"和"工作量和工作压力"。职业流动研究普遍认为,理性选择理论的局限在于,流动者很难在流动发生前预判流动真正会带来什么,即因为无法预判流动后状况往往使理性选择成为部分理性甚至非理性的选择。上述教师认为"应然"的影响流动的因素,与"实然"的流动后各因素的变化之间的差异正是理性选择的理论缺陷的直观体现。

表 18　大学教师流动后三大类指标变化

个人总收入	潜在收入保险福利	住房	个人成长机会	职称或头衔	工作量和工作压力	配偶的工作地点	配偶的发展机会	配偶的收入	与亲戚朋友的距离	子女教育机会与环境	赡养老人
2.787	2.683	2.72	2.024	2.443	2.944	2.538	2.664	2.835	2.856	2.328	2.669
学校或院系声望	与同事的协作或关系	总的研究经费	研究设备与图书馆设施	与学术圈联系的紧密程度	所在单位教育理念与文化	所在单位学术自由氛围	所在单位学生生源质量	所在单位各项制度与政策			
2.252	2.466	2.28	2.378	2.229	2.412	2.325	2.258	2.462			
气候环境	地理位置	是否大都市	社会风气	社区的娱乐与休闲设施	社区教育设施						
2.542	2.415	2.513	2.487	2.571	2.458						

数据说明：1——好很多　2——好一些　3——差不多　4——差一些　5——差很多。
数据来源：中国研究型大学教师流动调查。

第三,部分指标流动后变化幅度好于预期。这些指标包括"总的研究经费变化"、"研究设备与图书馆设施变化"、"社区教育设施变化"、"社区的娱乐与休闲设施变化"和"职称或头衔变化"。可以发现,高职称、好的研究设备、更多的研究经费、子女入学等便利,是当前中国研究型大学吸引人才的主要举措。也有一些指标变化幅度好于预期,但却不是高校人事部门努力的结果,包括"所在单位学生生源质量变化"、"地理位置变化"、"气候环境变化"、"是否大都市变化"等。这说明那些声望、地理位置、气候环境都较好,处于核心城市的高校在同等条件下更容易吸引到人才。

表 19 流动影响因素排序——教师自评 VS 流动前后变化

流动影响因素	A1 教师自评影响流动各因素重要程度排序	A2 流动前后变化幅度排序	A1－A2
个人成长机会变化	1	1	0
所在单位学术自由氛围变化	2	6	－4
与学术圈联系的紧密程度变化	3	2	1
子女教育机会与环境变化	4	7	－3
所在单位各项制度与政策变化	5	13	－8
学校或院系声望变化	6	3	3
所在单位教育理念与文化变化	7	9	－2
所在单位学生生源质量变化	8	4	4
总的研究经费变化	9	5	4
与同事的协作或关系变化	10	14	－4
社会风气变化	11	15	－4
配偶的工作地点变化	12	17	－5
研究设备与图书馆设施变化	13	8	5
职称或头衔变化	14	11	3
地理位置变化	15	10	5
赡养老人变化	16	21	－5
住房变化	17	23	－6
个人总收入变化	18	24	－6
潜在收入及保险福利变化	19	22	－3
社区教育设施变化	20	12	8

续表

流动影响因素	A1 教师自评影响流动各因素重要程度排序	A2 流动前后变化幅度排序	A1－A2
配偶的发展机会变化	21	20	1
工作量和工作压力变化	22	27	－5
气候环境变化	23	18	5
是否大都市变化	24	16	8
配偶收入变化	25	25	0
与亲戚朋友的距离变化	26	26	0
社区的娱乐与休闲设施变化	27	19	8

数据来源：中国研究型大学教师流动调查。

三、流动的总体结果是满意度大幅提升

理性选择理论的假设之二，是理性流动决策能提升教师满意度。针对这一假设，调查问卷中设置了大学教师流动前后满意度的对比调查。指标包括工作量满意度、工资水平满意度、各项福利和保险满意度、住房满意度、个人关系满意度、个人成长机会满意度、个人自我价值实现满意度和总体满意度，满意度分值从1到5，依次为"非常不满意"、"不太满意"、"一般"、"较满意"和"非常满意"。根据调查结果得到以下发现：

第一，流动发生后，教师的满意度大幅提升。流动后，教师的总体满意度位置值从3.3提升到3.8，除2项分类指标（工资水平满意度、各项福利和保险满意度）满意度水平未有变化外，其他指标均有所上升，其中满意度上升幅度最大的是"个人自我价值实现"（上升0.8），其次是"个人成长机会"(0.7)、"工作量"(0.2)、"住房"(0.2)、"个人关系"(0.1)。和金钱直接相关的三项指标——工资水平、各项福利和保险、住房中，只有住房满意度上升，可以认为，非金钱性因素对于流动产生最重要作用。

第二，流动发生前，流动教师满意度低于未流动教师。流动发生前，有流动经历教师的总体满意度(3.3)低于无流动经历教师(3.6)，其中差距最大的满意度指标是"个人自我价值实现"满意度（低0.5），其次依次是"个人

成长机会"(低0.4)、工作量(低0.2)和住房(低0.1)。"个人关系"指标满意度水平与未流动教师保持一致(均为3.6)。但是,有两项指标高于未流动教师,即"工资"(高0.1)和"各项福利和保险"(高0.1)。这说明,低满意度可能是教师流动的动因。

第三,流动发生后,流动教师满意度高于未流动教师。流动发生后,有流动经历教师的总体满意度(3.8)高于未流动教师(3.6)。除"工作量"满意度与未流动教师持平外(均为3.6),其他6项指标全部高于未流动教师,按照满意度平均位置值差额从高到低排序依次是"个人自我价值实现"(高0.3)、"个人成长机会"(高0.3)、"个人关系"(高0.1)、"住房"(高0.1)、"工资"(高0.1)和"各项福利和保险"(高0.1)。

表20 大学教师流动前后各项满意度变化

		工作量	工资	各项福利和保险	住房	个人关系	个人成长机会	个人自我价值实现	总体满意度
有流动经历	流动前	3.4	3.3	3.4	3.1	3.6	3.1	3.1	3.3
	流动后	3.6	3.3	3.4	3.3	3.7	3.8	3.9	3.8
无流动经历		3.6	3.2	3.3	3.2	3.6	3.5	3.6	3.6

数据来源:中国研究型大学教师流动调查。

四、大学教师流动影响因素回归分析

(一) 因子分析

因子分析的基本目标是用少数几个因子来描述许多指标或因素之间的联系,以较少几个因子来反映原资料的大部分信息的统计学分析方法,是一种化繁为简的降维技术。具体到本书,将27类指标进行归类,对于从中观上开展流动影响因素研究具有重要意义。

样本数据KMO测度值为0.810,"适合"进行因子分析。通过主成分分析,保留7个特征值大于1的因子,发现共对总体有约74%的解释力。

运用正交旋转,选择方差最大法(VARIMAX),共得到 7 类中国研究型大学教师流动的影响因素。因子命名如下:

① **机构因素**。包括机构或院系声望、与同事的协作或关系、总的研究经费、研究设备与图书馆设施、与学术圈联系的紧密程度、所在单位教育理念与文化、所在单位学术自由氛围、所在单位学生生源质量、所在单位各项制度与政策。

② **区域因素**。包括气候环境、地理位置、是否大都市、社会风气、社区的娱乐与休闲设施、社区教育设施。

③ **配偶因素**。包括配偶的工作地点、配偶的发展机会、配偶收入三个方面。

④ **其他家庭成员因素**。包括与亲戚朋友距离、赡养老人、子女教育机会与环境三个方面。

⑤ **收入因素**。包括个人总收入、潜在收入及保险福利、住房三个方面。

⑥ **职业空间因素**。包括个人成长机会、职称或头衔两个方面。

⑦ **工作压力因素**。包括工作量和工作压力这一指标。

主成分分析可以发现:第一,研究设计中所进行的个人与家庭因素、组织/机构因素和社会因素分类,各分指标仍紧密结合在一起,说明研究设计非常理想,KMO 检验也证实了样本结构效度非常好。第二,主成分分析成功达到了降维目标,将 27 个变量有效地分为 7 类,研究设计中的个人与家庭因素被分成了"配偶因素"、"其他家庭成员因素"、"收入因素"、"职业前景因素"、"工作压力因素"5 类,组织/机构因素和社会因素则没有再细分。

表 21 大学教师流动影响因素的因子分析

	因子						
	1	2	3	4	5	6	7
个人总收入	0.055	0.207	0.124	−0.09	0.8	−0.017	0.207
潜在收入及保险福利	0.195	0.125	0.16	0.123	0.816	0.117	0.08
住房	0.058	−0.06	0.41	0.064	0.392	0.195	−0.023

续表

	因子						
	1	2	3	4	5	6	7
个人成长机会	0.581	−0.065	0.048	0.043	0.083	0.583	−0.09
职称或头衔	0.067	0.104	0.266	0.205	0.114	0.82	0.058
工作量和工作压力	0.179	−0.005	0.183	0.212	0.245	0.008	0.794
配偶的工作地点	0.17	0.195	0.822	0.195	0.006	0.053	0.087
配偶的发展机会	0.108	−0.009	0.899	0.078	0.065	0.131	0.024
配偶收入	0.009	0.251	0.821	0.123	0.277	0.06	0.101
与亲戚朋友的距离	−0.045	−0.004	0.166	0.896	0.105	−0.012	0.039
子女教育机会与环境	0.28	0.255	0.286	0.497	0	0.432	0.026
赡养老人	0.004	0.011	0.13	0.878	−0.026	0.223	0.115
学校或院系声望	0.709	0.143	0.038	0.224	0.272	−0.156	−0.169
与同事的协作或关系	0.458	−0.04	−0.016	0.326	0.303	0.404	0.262
总的研究经费	0.595	0.083	0.037	0.159	0.467	0.267	−0.173
研究设备与图书馆设施	0.832	0.17	0.074	0.062	0.113	0.005	0.035
与学术圈联系的紧密程度	0.823	0.216	0.052	0.023	0.016	0.119	0.11
所在单位教育理念与文化	0.806	0.154	0.011	−0.111	−0.045	0.126	0.279
所在单位学术自由氛围	0.771	0.115	0.031	−0.098	0.03	0.238	0.336
所在单位学生生源质量	0.857	0.165	0.183	−0.041	−0.026	−0.05	−0.123
所在单位各项制度与政策	0.531	0.21	0.245	0.011	0.249	0.27	0.141
气候环境	−0.004	0.712	0.026	0.034	0.364	−0.144	−0.069
地理位置	0.174	0.812	0.215	0.117	0.031	−0.087	−0.232
是否大都市	0.128	0.838	0.068	0.112	0.016	0.026	−0.175
社会风气	0.177	0.766	0.055	−0.127	0.043	0.047	0.132
社区的娱乐与休闲设施	0.202	0.831	0.058	−0.076	0.068	0.163	0.174
社区教育设施	0.273	0.7	0.055	0.106	0.023	0.199	0.317

(二) 回归分析

通过回归分析可以看出,"机构因素"指标对于教师流动模型的贡献最大,说明大学教师在流动过程中更看重该项指标,其次依次是"配偶因素"、"其他家庭成员因素"、"收入因素"、"区域因素"、"职业空间因素"和"工作压力因素"。

表 22　大学教师流动影响因素的回归分析

		模型 1	模型 2	模型 3	模型 4	模型 5	模型 6	模型 7
机构因素	学校或院系声望	−0.223	−0.376*	−0.421*	−0.435*	−0.465*	−0.427*	−0.404*
	与同事的协作或关系	0.312	0.430*	0.374	0.334	0.319	0.321	0.291
	总的研究经费	−0.050	0.081	0.176	0.128	0.109	0.115	0.122
	研究设备与图书馆设施	0.539**	0.273	0.260	0.289	0.367	0.362	0.339
	与学术圈联系的紧密程度	0.114	0.086	−0.019	−0.017	−0.010	−0.008	−0.022
	所在单位教育理念与文化	0.255	0.204	0.232	0.185	0.244	0.231	0.240
	所在单位学术自由氛围	−0.318	−0.316	−0.452*	−0.524*	−0.510*	−0.465*	−0.471*
	所在单位学生生源质量	−0.173	−0.050	0.043	0.089	−0.002	−0.017	−0.005
	所在单位各项制度与政策	0.036	0.110	0.106	0.092	−0.055	−0.060	−0.047
区域因素	学校所在地气候环境		−0.117	−0.217	−0.233	−0.296	−0.287	−0.310
	地理位置		−0.009	−0.074	−0.049	0.041	0.008	0.013
	是否大都市		0.157	0.105	0.125	0.096	0.091	0.110
	社会风气		−0.046	0.045	−0.018	0.088	0.075	0.058
	社区的娱乐与休闲设施		−0.172	−0.188	−0.213	−0.284	−0.283	−0.290
	社区教育设施		0.257	0.181	0.182	0.148	0.154	0.161
配偶因素	配偶的工作地点			0.301	0.282	0.316	0.364*	0.366*
	配偶的发展机会			−0.205	−0.213	−0.278	−0.292	−0.303
	配偶收入			0.508**	0.506*	0.358	0.339	0.348

注:* ——$p<0.05$　** ——$p<0.01$　*** ——$p<0.001$

续表

		模型 1	模型 2	模型 3	模型 4	模型 5	模型 6	模型 7
其他家庭成员因素	与亲戚朋友的距离				−0.189	−0.159	−0.170	−0.167
	子女教育机会与环境				−0.033	−0.065	−0.062	−0.068
	赡养老人				0.415*	0.272	0.260	0.269
收入因素	个人总收入					0.428	0.391	0.368
	潜在收入及保险福利					0.162	0.195	0.179
	住房					0.003	0.008	0.020
职业空间因素	个人成长机会						−0.069	−0.086
	职称或头衔						−0.020	−0.027
工作压力因素	工作量和工作压力							0.090

注:* —— $p<0.05$ ** —— $p<0.01$ *** —— $p<0.001$

五、本章小结

研究发现,中国研究型大学教师流动过程中更看重长期发展性指标,而非短期收入性指标。教师自我评价的流动影响因素排序中,个人与家庭因素的总体排序是,"个人成长机会"、"子女教育机会与环境"、"配偶的工作地点"、"职称或头衔"、"赡养老人"、"住房"、"个人总收入"、"潜在收入及保险福利"、"配偶的发展机会"、"工作量和工作压力"、"配偶的收入"和"与亲戚朋友的距离"。学校因素的总体排序是,"所在单位学术自由氛围"、"与学术圈联系的紧密程度"、"所在单位各项制度与政策"、"学校或院系声望"、"所在单位学生生源质量"、"总的研究经费"、"与同事的协作或关系"、"研究设备与图书馆设施"。社会因素的总体排序是,"社会风气"、"地理位置"、"社区教育设施"、"气候环境"、"是否大都市"、"社区的娱乐和休闲设施"。在所有27项教师自评的流动影响因素中,"个人成长机会"排名第一,且教师流动前后各影响因素指标变化情况与教师自评流动影响因素的排序高度吻合。

个人与家庭因素对于教师流动回归模型贡献最大,其次是学校因素和社会因素。因子分析将27项流动影响因素概括为7大类,对于模型贡献程度从高到低依次是:机构因素、区域因素、配偶因素、其他家庭成员因素、收入因素、职业空间因素、工作压力因素。全书研究中,无论从教师自我评价、流动前后各项指标变化幅度还是模型分析结果来看,收入都不是影响中国研究型大学教师流动的核心要素。

可以认为,西方发达国家大学教师流动影响因素的研究虽然也有较大争议,但绝大多数的研究结论集中在收入、工作条件和职称三个方面。中国研究型大学的教师,在进行流动决策时虽然也关注上述方面,但个人长期的发展、配偶和家庭、学术机构的地理位置和声望等才是他们关注的核心要素。中西大学教师流动影响因素很大的差异在于对待收入的不同态度。美国等发达国家教师收入与流动的关系极为密切,但本研究发现,中国教师在流动决策过程中,对于与收入相关的指标(工资收入、工资外获得其他收入的机会、住房)认同度并不高。调查中甚至发现,部分中国教师在流动发生后,收入大幅下降,这在西方大学教师流动过程中是较少出现的,但他们流动前后整体满意度和分类满意度仍然在上升,极少有教师后悔当初的流动决策。"工资收入"、"获得其他收入的可能性"、"住房"三项与经济收入最直接相关的指标,并不是中国教师最为重视的内容,教师个人的发展空间、地理位置等才被视为更为重要的因素。这显然与古典理性选择理论中"理性人"利益最大化选择的假设是相悖的。这也正是中国大学教师流动的复杂之处和中国大学教师流动最大的困境之一。中国教师并不特别在乎表面上的金钱收益,因为中国人看重长远的发展机会,认为有比金钱更重要的东西,比如研究的平台,机构的声望。而从长远来看,这些东西会带来更多的利益,其中也可能包括更多的金钱。这给中国大学教师流动造成的困境在于:处于外围学术系统中的高校将无力改变教师向中心学术系统流失的局面,因为教师们看重的个人发展机会、地理位置、学校声望等,不是短期内或者单凭某一所大学所能改变的。处于外围学术系统的高校逐渐意识到,金钱对于大学教师流动的决策所起的作用非常有限,而事实上,这些处于外围学术系统的高校本身的资金实力就大大弱于处于中心学术系统的高校。因此，依靠金钱改善中国区域间、高校间单向度大学教师流动的愿望，既不现实，也不可持续。这使得中国大学教师流动的干预失控，大学教师流动与人才流失最终联系到了一起。

家庭因素是中国大学教师流动决策时需要考虑的非常重要的一个方面，其重要程度从高到低排序是子女、配偶、父母和亲友，这一排序对于是否具有流动经历的大学教师是没有差异的。可以看出，核心家庭成员的发展是大学教师流动最为关注的家庭因素，尤其是子女教育、配偶工作地点这两项非常显著。同时表现出较强的"夫唱妇随"的特征，即影响女性教师选择是否流动的因素几乎都与丈夫有关。这与西方的研究结论比较一致。

中国的大学教师流动也非常看重目标学术机构的声望和地位。从低声望高校流入高声望高校，从非核心地区流向核心地区，仍是主要的流动路径。这与优秀教师的积聚效应、核心城市和核心高校更多占有各类资源和潜在资源等有关。积极的发现是，当前西部研究型大学向东部大学流动的教师比例在下降，顶级研究型大学的部分教师面对激烈竞争也开始考虑向一般研究型大学流动，这些表现是有利于中国学术职业健康发展的。

第七章

中国研究型大学教师流动影响因素分析Ⅱ：分要素讨论

[本章摘要] 在上一章对影响大学教师流动 27 种因素分析的基础上，本章选取其中核心的四个要素——收入、声望与绩效、资历、性别进一步开展大学教师流动的影响因素分析。

一、收入与大学教师流动

马克斯·韦伯提出将"以学术作为物质意义上的职业"作为学术职业界定的基本范畴，从此学术职业开始区别于普通职业成为专门的研究领域。虽然如此，一直以来学术职业与普通职业的学科边界，或者说学术劳动力市场与普通劳动力市场的根本性差异没有得到根本区分。这一方面导致了作为独立学科的"学术职业社会学"研究体系无法构建，有关学术职业的逻辑性、内生性、职业性特征无法得到彰显，不能有效厘定学术职业社会学与普通职业社会学的学科边界。另一方面，这也导致学术职业研究无法得到学界的广泛认可。自 1997 年学术职业研究作为"舶来品"从西方传入中国香港特别行政区进而引入中国内地，17 年来数百种学术职业研究仍都困扰于学科建设的基本问题上，即为何在"大学教师研究"这一传统专门领域之外又引入"学术职业"概念？既然叫学术职业，其核心的"职业性"特征体现在哪里？有没有一个或一些关键变量，可以明确划定学术职业与普通职业的根本性差异？

(一) 文献回顾

1. 收入与学术职业流动的两种基本历史逻辑

流动是学术职业生而具有的特征,收入与流动的密切联系最早可以追溯到大学创立时期,即中世纪时期。按照对中世纪大学自然形成型、创立型和衍生型的基本划分,对这三类高校创建过程中教师流动与收入的关系分析可以发现,在中世纪大学创立之初,收入与流动形成了两种基本的历史逻辑关系,并一直延续至今,成为当今学术劳动力市场流动的基本逻辑。一是**对抗低收入的保护性流动**。这与普通职业社会学有关劳动力市场中低收入—流动—较高收入的基本逻辑是一致的。该种逻辑下,流动成为教师们对于低工资的报复行动,即使这种报复的方式最终不是职业流动,也可能转换成其他方式,比如降低工作量,或只拿出相当少的时间从事教学活动;或者大量兼职,接受校内外的其他职位来增加收入。(里德西蒙斯)[①]从中世纪时期开始,在"收费上课"的薪酬模式下,为获得有限的教师薪俸、征集考试费或者捐款,尤其是当其他大学提供了更高收入时,一些大学教师就会选择不辞而别。但该种流动逻辑不涉及对于职业精神的价值判断,因为这一时期的教师流动是对抗工作收入过低的主要手段。以意大利帕维亚大学为例,直到 15 世纪,该校仍有 30%—50% 的教师月收入不超过 50 菲尔瑞尼(即一名熟练劳动者的工资水平)。[②] 二是**追求高收入的溢价性流动**。早期学术职业就形成了明星教师群体,他们长期处于显著的卖方市场地位,学术劳动力市场更多通过溢价交易促成该部分教师的流动。

对抗低收入的保护性流动的历史逻辑,在收入水平变化后往往能得到抑制或扭转。比如一国经济如果好转并大幅提高学者待遇,一些在国外旅居的学者就会选择回国工作。20 世纪后半叶至今,新加坡、中国香港特别行政区等国家和地区的大学都曾以丰厚薪酬为武器,吸引了大批本国(地

[①] 希尔德·德·里德西蒙斯.欧洲大学史(第二卷)——近代早期的欧洲大学[M].张斌贤等,译.保定:河北大学出版社,2007:253.

[②] 希尔德·德·里德西蒙斯.欧洲大学史(第二卷)——近代早期的欧洲大学[M].张斌贤等,译.保定:河北大学出版社,2007:248.

区)学者回流任教。这种学者的回流也成为21世纪前10年学术职业的一个重要特征,主要包括两种形式,一是回国移民;二是回国兼职。近年来这种趋势在中国、印度、韩国、中国台湾地区、南非等国家和地区表现明显。

相对而言,追求高收入的溢价性流动在进入当代社会之后发展得更为迅猛,逐渐占据收入与流动关系的主流。当前世界范围的学术职业成为可议价职业,收入对于流动的影响变大,且这种影响不仅发生在学术职业内部,也发生在学术职业与其他职业之间。一方面,学术系统之间薪酬差异巨大,客观上导致了人才向收入水平更高的国家或地区流动。比如加拿大学者的平均工资比中国学者多六倍[1],而一些发展中国家则比中国还低,这导致了中国及其他经济落后国家高端学术人才的流失(即Brain Drain)。在发达国家内部,也往往因薪酬差距引发学者们的骚动,比如英国因经济持续低迷,最顶尖的学术人才往往接受那些提供更具吸引力的薪酬的国家和大学的邀请。[2] 在发展中国家内部,这一分化也极为严重。以巴西为例,1993年和2008年两次学术职业国际调查均发现该国学者收入远低于欧美等发达国家,但2012年巴西最好的大学——圣保罗大学,其学者年收入达到近8万美元,这和美国同类大学已基本持平。经济因素影响大学教师流动的最典型的例子发生在阿拉伯湾。这里并不是高等教育的发达地区,却也吸引了来自埃及、约旦和巴勒斯坦等地的许多学术人才,一部分印度人也来到这里,另一部分印度人流向东南亚,这些流动的背后多是经济因素在主导。即使在非洲大陆,也因存在经济发展程度的差别,出现了一些地区性的大学教师流动,南非、纳米比亚和博茨瓦纳就因较好的经济条件,将非洲各地的人才吸引到自己的国家。

另一方面,全球视野内作为整体的学术职业,因薪酬的吸引力降低,存在大量向其他职业流动的情况。各国大学教师们的工资,很难与具有同等教育程度从事其他职业的人尤其是专业技术人员相比,发展中国家的这一

---

[1] 阿特巴赫.全球高等教育趋势:追踪学术革命轨迹[M].姜有国等,译.上海:上海交通大学出版社,2010:18.
[2] 阿特巴赫.高等教育变革的国际趋势[M].蒋凯,译.北京:北京大学出版社,2009:29.

情况尤其严重,有些国家学者的工资"连中产阶级的生活方式也无法维持"①,有些国家的学术职业沦为边缘性职业。与此同时,大学教师工作的稳定性预期也在下降,很多国家对于教授们的职业阶梯设计从大范围的终身制变为固定合同、短期合同甚至兼职聘任,比如在美国,新的职位中只有一半是传统的终身教职②。那些与产业关系过于紧密的教师容易流失到学术职业外,被称为"学术创业家",在与产业界合作的过程中大量迁移到企业里,这种学术人才的流失有时是与大学的完全脱离,有时则以兼职或"双肩挑"的形式出现。比如生物技术领域的相关学科的教师们往往"跳槽"到生物公司,"据说哈佛大学已经取消了禁止生物技术研究商业化的决定,担心这么做会造成最好的医学及相关的教学科研人员流失至生物技术公司。"③

2. 收入因素并非大学教师流动最重要的影响因素

当代学术职业研究发现,收入虽然对于大学教师流动具有重要影响,但这种影响还存在一种显著的"抵消效应"。比如影响大学教师流动的因素可能包括收入、研究资源、院系的学术声誉、教师间的学术合作、学院的地理位置这五个方面,当教师因为收入过低而决定流动时,好的同事合作可能会起到挽留作用,使其放弃流动的想法。这在大学教师流动研究中是一种非常重要的思维模式,即补偿模式或者"推拉"模式,当推动教师流出的力大于拉动教师不流动的力,则流动发生。美国学术职业研究学者海思教授对于大学教师流动的研究认为,当代大学教师流动可归结于两个方面的因素:一是收入,二是机构声望。但他观察到美国另外一个极为重要的大学教师流动的基本规律,即"抵消法则"。20世纪中后期,美国学术劳动力研究兴起,这种"抵消效应"表现得极为明显。与中世纪早期大学处于初创期不同,20世纪中后期美国大学形成了鲜明的层类划分(高校、学科间学术声望的差异性已凸显出来),对于大学教师绩效尤其是研究绩效的关注也超过以往任何时

---

① 阿特巴赫. 全球高等教育趋势:追踪学术革命轨迹[M]. 姜有国等,译. 上海:上海交通大学出版社,2010:18.

② 同上.

③ 拉里·莱斯利. 学术资本主义:政策、政治和创业型大学[M]. 梁骁,黎丽,译. 北京:北京大学出版社,2008:116.

期,此种情况下,大学教师流动从对于收入的关注转向了对于声望、绩效等指标的考察。

学术劳动力市场开始表现出与普通劳动力市场截然不同的对待收入与流动关系的态度,这可能是学术职业与普通职业分野的最直接证据。美国学界的主流观点认为,声望、绩效等与学术活动直接相关的教育元素对于流动的影响大于收入等传统元素,但美国学界至今也未得出令人信服的实证证据。中国学界则因为长期计划经济体制下高等教育管理模式导致教师流动不畅,对于收入可能构建学术职业与普通职业壁垒的实质性关注和研究不足。

(二) 研究假设

如果从业者流动过程中对待收入的不同态度,对于学术劳动力市场和普通劳动力市场具有真实的关键区分意义,那么研究假设应在两个方面得到验证:一是学术职业收入与流动的规律应不同于普通劳动力市场的一般规律,二是收入对于学术职业流动的重要程度,应弱于学术职业的教育特征元素。循此思路,本研究构建了2条研究假设。

1. 基于普通劳动力市场中收入—流动关系的研究假设

概括来说,如果按照普通劳动力市场收入—流动关系的基本研究结论,则收入与大学教师流动的关系假设应概括为:"收入与大学教师流动存在显著相关性",其子假设应包括2个方面:"流动发生后大学教师收入增加";"流动次数(限制在一定数量)与教师收入水平呈正相关关系"。

但是,本研究认为,学术劳动力市场与普通劳动力市场的根本性差异在于从业者对待收入的态度存在根本性不同。学术劳动力市场从业者更多视**学术积累、发现、创新、传播为己任,流动过程中更看重与学术元素相关的要素,如学术产出、学术机构声望、学术职称等**,而淡化对于收入的追逐。因此,本研究的假设可概括为:

H4:收入与大学教师流动不存在显著相关性。

具体研究内容也将围绕对上述传统劳动力市场研究的2个子假设的否定展开,即:

h6：是否流动对于大学教师收入并无显著影响；

h7：流动次数对于大学教师收入并无显著影响。

2. 基于学术劳动力市场收入—流动关系的研究假设

西方学术劳动力市场文献中对于收入与大学教师流动基本关系的讨论，虽然有过一定的研究尝试，但总体而言实证研究是缺乏的，到目前为止对于流动与收入的关系也并无统一的结论。有关收入与大学教师流动关系研究的代表性学者是芭比泽特与休斯（Barbezat&Hughes）[1]，他们的研究发现学术人员因收入而流动的比例大大低于其他职业。在学术工作数量低于4的情况下，工资与学术工作数量关系是不显著的，超过4以后是负相关的。性别分析发现，女性从一份工作换到另一份，收入损失约为8%。与此同时，西方一些真正有影响的有关大学教师流动影响因素的微观研究，往往并不将收入因素排在影响因素的前列，即使研究会涉及收入问题，也往往将机构声望等纳入进来，作为分类变量讨论教师收入问题。[2] 结合西方的已有文献，学术劳动力市场视域下收入与教师流动的关系假设可概括为：

H5：收入是影响教师流动的关键要素但并非核心要素。

西方学术劳动力市场研究认为，有两类因素对大学教师流动的影响在一定程度上可能超过收入。西方学界普遍将声望、绩效对于大学教师流动的影响看得重于收入，与此同时，职称是又一个在西方学界占据大学教师流动主流影响因素的关键指标。因此，H5的子假设可概括为：

h8：相比于收入，声望对于教师流动的影响更大；

h9：相比于收入，绩效对于教师流动的影响更大；

h10：相比于收入，职称对于教师流动的影响更大。

3. 指标解释与控制变量设定

（1）直接收入、间接收入变量的设定

结合国际研究量表，本研究有关大学教师流动前后的"直接收入"采集

---

[1] Debra A. Barbezat, James W. Hughes. The effect of job mobility on academic salaries [J]. Contemporary Economic Policy, 2001, 19(4), ABI/INFORM Global：409—423.

[2] Allan M. Cartter. An assessment of quality in graduate education[M]. Washington, D. C.：American council on education, 1966：112.

4类指标,分别是"来自学校的工资收入"、"来自学校的其他收入"、"来自其他学术机构的收入"、"来自其他雇用收入"。与此同时,结合中国大学教师薪酬构成实际情况,本研究还将3类虽不属于直接收入但与收入直接相关的指标纳入调查量表,作为"间接收入"观测指标。一是**课题研究经费变量**。无论是否承认,中国当前状态下,课题研究经费与教师收入仍存在显性关系。一些学校甚至有课题经费按比例提取奖励给教师的政策设计。二是**住房变量**。在讲求"安居"、"乐业"的中国文化中,住房情况也是衡量收入状况的关键指标,尤其是对于学者的流动谈判,往往住房也会是筹码之一。比如看一些高等学校的引才计划中,大多包含有对于住房面积的承诺。三是**配偶收入变量**。当代家庭经济学的研究认为,职业流动更大意义上不是个人决策而是家庭行为或者至少是受到家庭情况的重大影响,因此本研究也将"配偶总收入"指标列为间接收入观测指标。

(2) 控制变量的设定

无论是普通劳动力市场研究还是学术劳动力市场研究,都存在一些基础控制变量,这些变量本身对于职业流动或教师流动也有重要影响,为更严格地进行全文假设的检验,需要更为审慎地分析各控制变量。有关大学教师流动的研究显示出人口统计学指标对于流动具有重要影响,核心仍然是性别、年龄与种族因素,由于种族因素对于中国学术职业的影响远远小于西方,因此本研究设置性别、年龄两个控制变量。

(三) 大学教师流动前后的收入变化

分析发现,具有流动经历的大学教师最近一次流动前后的收入情况发生了显著变化,其间接收入增加了,但直接收入反而出现了下降。

直接收入方面。被调查样本教师4项直接收入总和,从流动前的年均16.61万元下降为13.52万元,其中,"来自学校的工资收入"下降最为明显(3.26万元),其次是"来自其他雇用收入"(下降0.78万元)、"来自其他学术机构的收入"(下降0.14万元),只有"来自学校的其他收入"一项指标收入增加了(增加1.09万元)。

间接收入方面。具有流动经历的大学教师最近一次流动后,课题经费

表 23 中国研究型大学教师流动前后各项收入指标变化

	来自学校的工资收入(万元)	来自学校的其他收入(万元)	来自其他学术机构的收入(万元)	来自其他雇用的收入(万元)	课题经费总数(万元)	横向课题经费总数(万元)	配偶总收入(万元)	家庭总收入(万元)	家庭总支出(万元)	住房面积(平方米)
流动前 BM	12.91	1.32	0.63	1.75	18.66	11.37	8.46	23.74	11.37	112.60
流动后 AM	9.65	2.41	0.49	0.97	28.13	12.73	14.99	20.07	10.49	115.85
未流动 NM	5.78	2.15	0.50	0.50	8.97	1.13	5.13	12.36	7.32	107.29
AM-BM	−3.26	1.09	−0.14	−0.78	9.47	1.37	6.53	−3.67	−0.89	3.25
AM-NM	3.87	0.27	−0.01	0.47	19.16	11.61	9.86	7.71	3.17	8.56
BM-NM	7.12	−0.82	0.13	1.25	9.69	10.24	3.33	11.38	4.06	5.31

总数出现了大幅上升,从年均18.66万元上升到28.12万元,升幅超过50%,且增加部分主要是纵向课题经费(纵向课题涨幅111.1%,横向课题涨幅12%);家庭住房面积得到了改善但增幅不明显(增加3.25平方米);配偶总收入实现了较大规模的增长,从年均8.46万元增加到14.99万元,增幅达77.2%。

进一步将具有流动经历教师的收入与不具有流动经历教师的收入进行比较则可以发现,具有流动经历的教师无论流动前后,无论直接收入还是间接收入总数,都大大高于不具有流动经历的教师收入水平(只有"来自学校的其他收入"、"来自其他学术机构的收入"两项指标分别在流动前和流动后低于无流动经历教师)。

分析数据可以发现,大学教师流动前后确实伴随着收入的显著变化。但与普通劳动力市场不同,学术职业的这种流动带来的直接收入反而降低了,但3项间接收入指标都出现了不同程度的上升,这验证了本研究假设h8。

(四)收入与大学教师流动的相关关系分析

上述分析显示,大学教师在职业流动前后其直接收入、间接收入都发生了变化。那么,这种变化背后是否意味着收入与流动之间真实存在某种相关关系呢?

进一步开展的相关分析发现,大学教师当前"直接收入"变量与"是否流动"变量存在显著的正相关关系(P=0.198,Sig.=0.023)。"间接收入"方面,"课题总收入"变量与"是否流动"变量存在显著的正相关关系(P=0.223,Sig.=0.004),"住房面积"变量与"是否流动"变量基本不存在相关关系且未通过显著性水平检验(P=0.098,Sig.=0.407),"配偶总收入"变量与"是否流动"变量基本不存在显著相关关系(P=0.086,Sig.=0.269),但是,"配偶总收入"变量如控制住女性性别,则其与"是否流动"变量存在显著正相关关系(P=0.287,Sig.=0.015),这说明性别在收入与流动关系中扮演特殊角色,女性学者更多为配偶职业流动做出"伴随性"流动选择,这与西方一些有关性别、家庭与大学教师流动的关系研究观点是一致的,如辛普森(Simpson)①、基思和麦克威廉姆斯(Keith&McWilliams)②都认为结婚的女性可能受家庭责任和配偶事业的约束。已婚的妇女往往追随丈夫的事业,尽管女性的职业发展也可能限制其配偶,但当夫妻双方的职业发展发生冲突时,夫妻双方的决定仍然是有利于丈夫的。③ 与此同时,大学教师职业生涯中学术"流动次数"与当前"直接收入"呈显著正相关关系($P=0.393$,Sig.$=0.000$);"流动次数"与"课题总收入"、"配偶总收入"两项间接收入指标呈显著正相关关系,与"住房面积"不存在显著相关关系。

上述两两相关的统计分析结果显示出,大学教师的收入与是否流动、流动次数之间存在着密切联系,似乎部分验证了普通劳动力市场有关收入与流动的有关假设,但事实真的如此吗?

按照研究设计,本研究继续选取性别、年龄两类人口统计学指标作为控制变量进行偏相关分析发现:控制住性别变量,对于收入(直接收入、间接收入)与"是否流动"、"流动次数"变量的相关性水平无显著影响,而一旦同时控制住年龄变量,则收入(直接收入、间接收入)与"是否流动"的显著相关关系不复存在。只有当前"直接收入"与"流动次数"仍直接表现出显著正相关关系。控制住性别变量,对于"流动次数"变量与直接收入、间接收入变量的相关性无影响,继续控制住年龄变量,"流动次数"变量与"配偶总收入"这一间接收入变量相关性消失。

可以发现,"是否流动"变量与直接收入、间接收入变量表面上呈现一定的正相关关系,而一旦加入年龄这一控制变量则这种相关关系消失了,可以理解为年龄对于大学教师的直接收入、间接收入都有显著的影响,单次教师流动前后教师收入的变化应归为年龄(及与之相关的资历、职称)的变化而不是流动的影响,亦即是否流动与收入之间不存在相关性。

---

① Simpson,W.. Starting even job mobility and the wage gap between young single males and females [J]. Applied Economics,1990,22(6):723—737.

② Keith,K., and A. McWilliams. The wage effects of cumulative job mobility [J]. Industrial and Labor Relations Review,1995,49(1):121—137.

③ Bryson, Jeff, and Rebecca Bryson. Salary and job performance differences in dual career couples[M]. In Fran Pepitone-Rockwell (ed.), Dual-career couples. Beverly Hills, Colifornia:Sage,1980:241—259.

与此同时,"流动"次数变量与收入直接的关系却表现得完全不同,在连续控制住性别、年龄变量之后,仍表现出流动次数与直接收入的显著正相关关系,表现出流动次数与间接收入中"课题总收入"的显著正相关关系,说明流动次数确实对于收入有正向的影响,否定了本研究的 h10 假设。这说明,无论学术劳动力市场还是普通劳动力市场,在流动次数对于收入影响的关系方面存在共通之处。

表 24 中国研究型大学教师流动与收入相关关系矩阵

		直接收入	课题总收入	住房面积	配偶总收入
是否流动	未控制	0.198*	0.223***	0.098	0.287*
	控制性别	0.183*	0.192*	0.076	0.086
	控制性别、年龄	0.024	0.089	0.056	0.089
流动次数	未控制	0.393***	0.384***	0.151	0.240***
	控制性别	0.386***	0.349***	0.140	0.245***
	控制性别、年龄	0.224**	0.268***	0.114	0.057

注:* —— $p<0.05$ *** —— $p<0.001$

(五)大学教师流动的影响因素分析:收入与绩效、声望、职称的比较

前文研究发现,相比于"是否流动"变量,"流动次数"变量与收入指标的相关性更强,因此选择"流动次数"变量作为回归模型的因变量。同时,研究所设定的"住房面积"间接收入变量与"是否流动"、"流动次数"变量都不存在显著相关性,因此回归模型不再将其纳入收入观测指标。按照假设 h11、h12 和 h13 的研究设计,回归模型中自变量除包含收入指标外,还将引入职称、声望和绩效指标与之做对比。

本研究采用"输入"(Enter)方式逐次在回归模型中加入自变量,最终构建起大学教师流动次数的回归模型。该模型具有很好的解释力(R 方达 95%),说明所选取的有关变量可以很好解释教师流动次数发生的原因。从回归模型中可以看出,"绩效"是影响大学教师流动最为关键的因素(R 方增加 31.5%),超过收入指标对模型的解释力(R 方为 28.2%),其总体排序是绩效、收入、声望和职称,即验证研究假设 h11 而否定了假设 h12 和 h13,说

明中西方在流动影响因素方面仍存在重要性差异。

具体来看,"最近5年国际、国内论文总发表数"作为工作绩效的表征指标之一,比较能够客观反映学者的研究能力,在模型中反映出其与流动次数的相关性通过显著性水平检验。作为整体的收入指标对模型也有很强的解释力,尤其是"直接收入"指标对模型解释力达15.4%,间接收入指标中"配偶总收入"对模型的解释力也超过10%,另一项间接收入指标"课题总收入"对模型解释力较小(1.7%)。这说明,中国研究型大学教师流动过程中,收入仍然发挥重要作用,而这种作用不仅通过个体学者的收入来呈现,也通过学者所在的家庭其他成员的收入来呈现,还部分与研究资源占有情况相联系。声望指标方面,"博士学位获得机构类型"对模型贡献很大,按照机构声望从高到低(1—4)的指标设定,可以发现,博士学位获得机构声望越低,流动次数越低;同时为了凸显国际化对于声望指标的影响,本研究还将"海外累计学术工作时间"纳入回归模型,可以发现,这种在国际学术机构从事学术工作的经历(可视为"国际声望")与流动次数也表现出显著的正向相关关系,在海外累计从事学术工作的时间越长,教师流动的次数越多。除此之外,职称对于回归模型也具有重要影响,本研究职称按照从高到低设置(1—教授,5—助教),可以发现,当前职称越高的教师在历史上发生流动的次数越多。

模型反映出,收入对于大学教师流动的影响排在绩效之后,而且当不断加入其他变量之后,收入与流动次数的显著性水平逐渐下降。模型直观显示出,在中国研究型大学教师群体中,无论是直接收入还是间接收入都不是教师流动的最核心影响因素,但也在流动过程中发挥重要作用。

(六) 研究结论与讨论

中国学术职业研究开始于1997年,18年来经过一大批教育学者、经济学者和社会学者的共同努力已取得了丰硕成果。但核心问题之一——学术职业与普通职业的核心差异与研究边界划定仍非常缺乏。本研究首次通过对学术职业流动的历史梳理,凝练出"对抗低收入的保护性流动"和"追求高收入的溢价性流动"这两种学术职业流动的基本历史逻辑,紧扣学术职业与

表 25　中国研究型大学教师流动影响因素回归模型

		(1)	(2)	(3)	(4)	(5)	(6)	(7)
X1 收入	X11 流动后收入水平	0.046***	0.03***	0.029***	0.025**	0.02*	−0.104	−0.152
	X12 流动后课题收入		0.014***	0.015***	0.01***	0.015***	−0.002	0.028
	X13 流动后配偶总收入			0.003	0.001	0.002	−0.065	−0.176
X2 职称	X22 职称				−0.321***	−0.281***	0.033*	−0.828
X3 声望	X31 海外累计学术工作时间					0.02	0.357**	0.286
	X32 博士学位获得机构类型						−0.594*	−2.913*
X4 绩效	X41 论文发表总数							0.022*
R 方		0.154	0.265	0.282	0.383	0.441	0.635	0.950
Durbin-Waston		1.600	1.669	1.811	2.026	1.939	1.815	3.051

注：*——$p<0.05$　**——$p<0.01$　***——$p<0.001$

普通职业从业者流动的基本规律差异,大胆提出将收入作为分割学术职业与普通职业的关键特征指标,通过实证研究初步印证了收入变量在划定学术职业边界方面的重要价值。笔者同时认为,本研究在以下三个方面仍有继续讨论的价值。

一是两种学术职业流动历史逻辑的转向。随着时代发展,在一些经济面较好并且重视高等教育发展的国家,"对抗低收入的保护性流动"正逐渐退出历史舞台,"追求高收入的溢价性流动"成为国际主流。这是近年来欧洲学者流失美国的主要外部动力,也是近年来欧洲推出"欧洲研究区"(ERA)、欧洲一些国家推出人才吸引计划(如"重返芬兰计划")的动机之一。客观上,中国是受益于此种收入对于流动影响历史逻辑的转向的,近年来随着中国大陆经济状况好转,一大批国际华人/华裔学者正陆续回到国内,此种背景下,应继续用好经济收入的杠杆撬动国际学术人才市场。且这种对待收入对人才流动重要性的共识应转化为具体政策行动,美国学者阿特巴赫教授2012年组织的一项全球大学教师收入调查中,中国排名全球倒数第3的结果引起国内轰动。本课题组参与的19国(地区)学术职业调查(CAP)和50国学术职业调查(MORE2)数据也基本印证了阿特巴赫教授的研究结论。这说明中国大学教师收入仍有进一步提升的需要,并且在促进国际学术人员流动的同时应保护好本土学者的积极性,因为同样依据"追求高收入的溢价性流动"的基本原则,近年来国内本土学者从学术职业流入其他职业的比例正在增加,这一现象应该得到重视。

二是进一步凸显绩效质量指标。由于问卷调查研究方法所限,本书虽然发现了科研绩效指标对于大学教师流动的重要影响,但却无法区分这种影响是由学术绩效的数量还是质量带来的,这是本研究仍需继续深入下去的方面。西方学界进入21世纪之后,非常注重区分研究质量与研究数量对于教师流动的不同影响。尤其是西方近年来有关大学教师"资历惩罚"的反思性研究发现,有较高资历的教师往往具有"低不可测的学术生产力",那些仍然留在原大学的教师是未获得其他职位邀请的教员,因此,教授们虽然资历相似、学术成果类似,但实质性的学术成果难度可能是不同的,这两类人的研究记录可能并不具有相同的可比性。高职称教师的低回报反映的是对低学术生产力的实际支付而不是实质性的工资惩罚。这实际上指出了未来研究的方向,即应严格区分研究数量与质量指标,为决策提供更准确的参考。

三是学术职业与普通职业的边界厘定。本研究已初步明晰了收入在学术职业与普通职业流动中的重要区分意义,这对于学术职业学科的独立与成长具有价值。以收入为区分变量也具有合理性,普通职业中界定从业者水平与成功的显性维度就是收入水平,但显然大学教授们在一起谈论的更多是毕业于哪些高校、任教于哪所高校、论文发表与职称如何等非金钱性话题。遵循收入这一核心维度,未来的研究仍可在职业流动之外,继续探索职业选择、职业评价、职业发展等方面,学术职业与普通职业在收入维度上的差异,可能是未来在普通职业社会学之外构建学术职业社会学最为关键的研究载体。

二、声望、绩效与大学教师流动

学术机构声望与学者科研绩效对于大学教师流动影响的研究大多成对出现,但国际学界历经半个多世纪争论,对于二者影响作用孰轻孰重至今仍未作出肯定判断,一些前期研究结论还体现出较为显著的国别差异,西方有关声望、绩效与流动基本关系的既有观点是否适用于中国仍需检验。

中国自改革开放以来,长期固化的大学教师聘任管理模式,导致规范的学术劳动力市场一直未能构建起来,也导致有关教师流动规律的研究缺乏。进入新世纪之后,中国学术职业先后出现了两次显著的教师流动热潮,相关影响和趋势延续至今。第一次始于高等教育大众化初期,高等教育规模扩张导致高等学校对于具有任教资格的大学教师展开激烈争夺,形成了一次以"量"的积累为核心目标的大学教师流动热潮,这一波流动热潮在2003年前后达到顶峰。第二次流动热潮开始于大众化中后期。近年来,中国的高等学校对于教师的需求从"量"的扩张变为"质"的追求,通过人才流动吸引高品质学者进而提升高校学术职业竞争力成为关键。可以预见,中国在进入高等教育普及化阶段和建成若干所世界一流大学、成为高等教育强国之前,该种人才流动模式不会发生根本性改变。

事实上,各发达国家都大致经历过上述过程。比如在大学教师流动研究、学术劳动力市场研究最为丰富的美国,该项研究最早就起源于20世纪六七十年代该国高等教育规模扩张导致的教师流动激增。尤其是1958年开普勒(Caplow)和麦吉(McGee)《学术市场》(*The Academic Marketplace*)一书的正式出版[①],引发了一大批相关研究成果的出现。特别重要的是,《学术市场》一书提出了大学教师流动研究的一些基本维度,其核心内容之一就是有关声望、绩效对于流动的可能影响的评估与判别,这引起了后来学者的极大兴趣,很多学者在这一框架范围内,不断精确化声望和绩效测量指标和研究技术,都试图比较机构声望与绩效对于教师流动影响力的大小。

声望、绩效与大学教师流动的影响关系研究,其本质是要回答学术市场人才选任的标准问题,声望代表的是基于学术机构历史传统的纵向统计规律,绩效则表征的是基于学者个人学术创业的横截面成效。二者对于大学教师流动的影响力强弱,折射出的是整个学术生态的运行规律和健康状况,这也是很多欧美国家包括近年来一些发展中国家高度重视此领域研究的关键所在。截至目前,中国对于声望、绩效的对比研究也尚未出现,为此,本研究将结合相关理论假设和中国调查数据展开分析,以加强大学教师流动基本规律的探究,为改革决策提供参考。

(一) 理论基础与研究假设

自开普勒开始,西方学者就非常热衷于将声望、绩效对大学教师流动的影响进行比较研究。西方研究中,声望主要指学位获得学术机构或任职学术机构的名声和影响,绩效则用科研绩效即学术产出来衡量。西方研究主要包含三类,但众多学者研究结论并不一致。

一是分别将学校声望或学术表现与大学教师流动进行相关性比较。有的研究发现学术绩效(也有的文章将之称为学术生产力)与入职有竞争力的部门之间存在相关性[②]。尤其是对于大学教师的向上流动而言更是

---

① Theodore Caplow, Reece J. McGee. The Academic Marketplace[M]. New York: Basic Books, 1958. Reprint, Brunswick, N. J. Transaction, 1999.

② Cole, S., J. Cole.. Scientific output and recognition: a study in the operation of the reward system in science [M]. American Sociological Review, 1967(32):377—390.

如此。① 其中,有的研究对科研绩效做了更细致的区分,区分了文章总数(数量)和被引次数(质量),发现后者对于流动的影响更大。②

二是将声望与绩效对于流动的影响进行比较研究。该类研究一般认为声望相比于绩效,对于流动的影响更大。比如最早期的开普勒等对文科教师流动的研究发现,个人声望和机构声望具有相关性,流动过程中声望比学术表现更重要。③ 绝大多数研究都支持开普勒的上述观点,比如黑根思和黑格斯特罗姆(Hargens & Hagstrom)通过数据分析证实了声望对于流动更为重要。他们发现学术生产力变量与流动之间是弱相关关系,博士学位声望与其则是强相关关系。④ 科锐妮(Crane)研究发现,博士学位的声望比学术表现对于获得一个有影响力的部门的职位更有影响力,其主要原因是:在选择一个有影响力部门职位的时候,博士候选人还没有表现出卓越的能力。这些经过良好训练的博士可能在未来取得好的研究成果。⑤ 奥尔特(Ault)等人的研究集中关注一种单一的教师群体——经济学家。他们发现,经济学家的雇用的首要决定因素是毕业院校:出版对于该部分学术职业流向更高排名的机构只起一定的限制作用,对于向上流动影响有限。他们同时发现,大学教师流动的趋势是在相同地区,接受同级别或低级别的聘任。⑥ 这一观点持有者大多将此归结为两方面原因:那些研究大学教师入职的学者认为,学术职业入职阶段由于积累不多,申请者往往学术成就不突出,在学术产出不显著的情况下,机构声望是最好的评价指标;那些研究大学教师流动的学者则认为,来自高声望的大学的学者

---

① Brown, D. G.. The Mobile Professors [M]. Washington D. C.: American Council of Education, 1967.
② Cole, Jonathan R., Stephen Cole. Social Stratification in Science [M]. Chicago: University of Chicago Press, 1973.
③ Theodore Caplow, Reece J. McGee. The Academic Marketplace [M]. New York: Basic Books, 1958. Reprint, Brunswick, N. J. Transaction, 1999.
④ Hargens, L. L., W. O. Hagstrom. Sponsored and contest mobility of American academic scientists [J]. Sociology of Education, 1967(40):24—38.
⑤ Diana Crane. The academic marketplace revisited: a study of faculty mobility using the Cartter Ratings [J]. The American Journal of Sociology, 1970, 75(6):953—964.
⑥ Ault, D. E., G. L. Rutman, T. Stevenson.. Some factors affecting mobility in the labor market for economists. Economic Inquiry, 1982, 20(1):104—132.

获得高成就①。对于后一种原因一直缺乏实践的验证，最近美国印第安纳大学曼赫特兹（Huntley G. Manhertz）博士完成了一项非常有意思的研究。该研究发现，在1993年，威斯康星大学麦迪逊分校的顶级毕业生获得工作机会的大学排名高于哈佛大学的中等水平毕业生，但是后者（哈佛大学中等水平毕业生）在任教10年后发表的成果多于前者（威斯康星大学麦迪逊分校顶级毕业生）20%。②

  有关出版与学术劳动力市场的关系的研究，得到的往往是出版对于收入的正效应的结论。如有研究者运用33所公立大学中298位营销学教授3年来的各类学术成果发表状况对于他们9个月内工资的影响展开研究，发现与其他学科的研究领域相比，营销学教授的学术成果发表情况对于收入有更积极的影响。作者甚至分析了学术成果发表在何种杂志对于收入的影响最大等微观的议题。有研究者谈到了学术出版"通货膨胀"的问题。美国在20世纪70年代，没有发表学术成果还有可能在研究型大学或文理学院获得职位，但研究者最近对于康奈尔大学终身职教授的研究发现了一种趋势。他们收到针对社会文化人类学1个职位的220份入职申请，初步筛选留下的10个候选人中，5个已经或正在发表著作，其余人的简历中会有一些学术成果发表以及强大的有关专业服务或社会服务的清单。四个最后被邀请来参加校园面试的候选人中有3人都已发表著作。但也有研究结论是相反的，大学的学术声望与博士的声望和学术表现（生产力和引用率）没有相关性。③ 还有的研究认为，二者对流动和职位获得都无影响。如斯科特（Scott）等运用纵向的数据，发现先前的研究成果不影响科学家获得其第一个职位，是否以及在哪里从事博士后研究也无影响。另一方面，这一研究还显示，这些声望和科学家工作领域显著影响后续的研究成果。④

---

  ① Jerome G. Manis. Some academic influences upon publication productivity[J]. Social Forces,1951,29:270.
  ② Huntley G. Manhertz. Assessing contingencies associated with mobility, and earnings among tenured faculty within the United States academic labor market[D]. Indiana University,2002.
  ③ Gaston,J. C.. Big Science in Britain:A Sociological Study of the High Energy Physics Community [D]. Yale University,1969.
  ④ Long,J. Scott,Paul. D. Allison, and R. McGinnis. Entrance into the academic career [J]. American Sociological Review,1979(5):816—830.

三是将入职学校声望与入职后的学术表现综合起来展开研究。如有些研究显示:来自高声望的大学的学者获得高成就[1]。对这一发现的解释往往是好的研究设备,更多的来自同事和学生的激励。但黑根思和黑格斯特罗姆(Hargens&Hagstrom)的研究却得到两个令其他研究者吃惊的结论。一是博士学位机构声望与科研产出率的相关性弱(已有的研究几乎都证明二者关系紧密);二是科学家的本科学校和学缘(affiliation)之间的强相关。[2] 黑格斯特罗姆(Hagstrom)对四个自然科学领域的学术职业展开研究,发现在前20名大学中的各个教师层级,没有研究成果的显著差异。[3] 这可以理解为,所在机构的学术声望与学者的研究成就无显著关联。

也有学者对于入职后所在部门与学术能力的相关性提出质疑。比如乔纳森(Jonathan)等认为,虽然出版物的质量是重要的问题,但往往对于个人学术贡献的测量使用的是出版数量。[4] 按照这一思路,教学型高校中与研究型高校中相同职位的学者,因为学校声望的差异,他们获得发表学术成果的机会要少很多。

可以看出,西方对于声望和绩效影响学术职位获得和流动的研究往往是成对出现的。虽然研究结论上有一定的差异,但主流观点更倾向于认为机构声望对于职位获得和流动影响更大。

但西方的研究文献中并未看到有文献认为大学教师流动过程中绩效比声望更重要。由于流动能力很难界定和衡量,本书对于流动的研究主要考察流动频率。研究假设为:

H6:相比于绩效,声望对于大学教师流动影响更大;

h11:高学术声望的大学教师,流动频率高于低学术声望的大学教师;

---

[1] Jerome G. Manis. Some academic influences upon publication productivity[J]. Social forces,1951(29):270.

[2] Lowell L. Hargens, Warren O. Hagstrom. Sponsored and contest mobility of American academic scientists [J]. Sociology of Education,1967,40(1):24—38.

[3] Hagstrom W.. Departmental Prestige and Scientific Productivity. Paper delivered at the 63rd annual meeting of the American Sociological Association[C],Boston,1968.

[4] Cole, Jonathan R., Stephen Cole. Social Stratification in Science [M]. Chicago: University of Chicago Press,1973.

h12：高学术产出的大学教师，流动频率高于低学术产出的大学教师；

h13：控制相关变量情况下，处于高声望学术机构的教师流动水平高于高学术产出的教师。

（二）处于高学术声望学术机构的大学教师，流动频率显著高于处于低学术声望学术机构的大学教师

我们用两类指标来衡量大学教师所在的机构声望。一是博士学位获得学校的机构声望。二是大学教师前一份工作所在学校的机构声望。通过独立样本T检验可以发现，以博士学位获得学校作为机构声望指标，博士学位获得机构为"海外高校"的中国研究型大学教师，平均流动次数为2.56次，"985高校"为1.698次，"211高校"为2次，"其他本科高校"为1.5次。列方差齐次性检验，F值为6.26，流动次数与博士学位机构类型在0.01显著性水平通过检验。以大学教师第一份工作所在学校作为机构声望指标，可以发现，第一份工作为"海外高校"的中国研究型大学教师评价流动次数为2.14次，"985高校"为1.18次，"211高校"为1.78次，"其他本科高校"为2.43次，"高职高专"为2.6次。列方差齐次性检验，F值为11.965，流动次数与第一份工作所在学校机构类型检验显著。

因此可以看出，研究结论基本支持了"高学术声望的大学教师，流动频率高于低学术声望的大学教师"这一研究假设。但需要特别注意"985高校"与"211高校"的差异，无论是博士毕业机构还是第一份工作所在机构，来自"211高校"的教师流动频率都高于"985高校"，这与假设是不相符的。这也是本书的一个重要发现，即在中国，并非完全的高声望学术机构大学教师流动频率高于低声望大学教师。基于现实状况可以解释为"顶端效应"：即"985高校"处于学术系统的顶端，一方面，其流动目标机构数量少，另一方面，和"211高校"相比，"985高校"教师缺乏足够的流动动力。

（三）高学术绩效大学教师与低学术绩效大学教师流动频率上无显著差异

本书共有三大类有关学术产出的指标，分别是最近5年（2006—2011）

"第一作者独著的专著数"、"第一作者在国际学术期刊或会议上发表的论文数"、"第一作者在国内学术期刊或会议上发表的论文数"。取平均数,分析三类指标与教师流动频率的关系可以发现,只有"第一作者在国际学术期刊或会议上发表的论文数"与流动次数在 0.05 水平上检验显著。总体上可以认为,学术产出的高低,与流动次数相关性弱。这与郎(Long)等学者的研究结论一致,即学术产出(科研绩效)与教师流动无关。但同时,我们仍需要谨慎得出上述结论,因为按照库勒(Cole)等人的研究,如果将科研绩效区分为文章总数(数量)和被引次数(质量),发现后者对于流动的影响更大。[1]而本书并无有关科研绩效中引用次数的调查。

(四)声望对于教师流动的影响大于绩效

以流动次数作为因变量,考察机构声望、学术绩效对于模型的影响。以大学教师首份工作单位作为机构声望评价指标,可以看出,机构声望对于模型的贡献更大,且检验显著,机构声望越高,教师流动越频繁。以大学教师博士毕业学校作为机构声望评价指标,得出的结论完全一致。

表 26 机构声望、绩效与流动次数回归分析

	模型 1	模型 2		模型 1	模型 2
首份工作单位	0.325***	0.347***	博士学位获得机构	−0.142*	−0.088
第一作者独著的专著数		−0.43*	第一作者独著的专著数		−0.168
R square	0.25	0.572	R square	0.02	0.068
	模型 1	模型 2		模型 1	模型 2
首份工作单位	0.325***	0.332***	博士学位获得机构	−0.142*	0.165
第一作者在国际学术期刊或会议上发表的论文数	0.127*		第一作者在国际学术期刊或会议上发表的论文数	0.147	
R square	0.25	0.321	R square	0.02	0.106

注:*——$p<0.05$ ***——$p<0.001$

---

[1] Cole, Jonathan R., Stephen Cole. Social Stratification in Science[M]. Chicago: University of Chicago Press, 1973.

续表

	模型1	模型2		模型1	模型2
首份工作单位	0.325***	0.366***	博士学位获得机构	−0.142*	0.139
第一作者在国内学术期刊或会议上发表的论文数	0.034		第一作者在国内学术期刊或会议上发表的论文数		0.026
R方	0.25	0.281	R square	0.02	0.011

注：* —— $p<0.05$　　*** —— $p<0.001$

(五) 研究结论与讨论

本节对于声望、绩效与流动的关系研究，其基本结论与西方一致。即一方面，**流动与声望密切相关**。一般毕业于高声望学术机构、工作于高声望学术机构的大学教师，流动频率偏高。而与西方不同之处在于，中国研究型大学教师流动的"顶端效应"更为显著，因此出现了"985高校"教师流动率低于"211高校"教师的情况。另一方面，**科研绩效与大学教师流动相关性不显著**。但对于这一结论仍有继续讨论的空间，因为本书考察的只是科研绩效的数量方面而非质量方面。托尼·比彻对于学术部落的研究认为，"(学术机构)声望是学术专业人员获得大学职位、并在大学之间进行流动的基本通货"。① 本书的分析可以看出，这种"基本货币"对流动产生重要的影响。但仍需注意的是，此处的"声望"特指机构声望而非个人声望，一些研究中所说的个人声望更多的是本书所指的"绩效"，比如唐纳德·肯尼迪认为的"研究而不是教学能力被看作是基本的声望货币"②，再如李志峰、龚春芬曾指出的"学者的声望与他们的社会地位密切相关，是社会地位的重要标志之一"。③

---

① 托尼·比彻,保罗·特罗勒尔.学术部落及其领地:知识探索与学科文化[M].北京:北京大学出版社,2008.
② 唐纳德·肯尼迪.学术责任[M].北京:新华出版社,2002.
③ 李志峰,龚春芬.论学术职业的权力、权威与声望[J].清华大学教育研究,2008(8).

三、资历与大学教师流动

20世纪末,西方学术职业的研究发现,教师资历与学术收入之间存在一种微妙关系,即随资历增加大学教师的相对收入反而下降了,这被学界称为"资历惩罚"现象(Negative Returns to Seniority, NRS)。NRS规律的发现对于学术职业研究产生了重要影响。一方面,收入在学术职业与普通职业中重要性的差异、获得方式的差异,尤其是与资历、流动等变量关系的差异,从根本上凸显了学术职业的特殊规律,为开展学术劳动力市场与普通劳动力市场对比研究提供了关键支撑。学界进一步研究发现,NRS现象主要存在于学术职业之中,这揭示出了学术劳动力市场与普通劳动力市场运行规律的重大不同;另一方面,对于NRS规律的探索和应用对于高等教育决策也具有重要指导意义,尤其是对于后发国家而言,NRS规律可以为提升学术生产力、促进人才流动等相关政策决策提供理论支持。

最近20年来,围绕NRS现象的真实性、学科差异及理论解释,西方经济学界进行了不懈的探索,但既有的两种有关NRS现象产生原因的解释仍存在理论欠缺。中国学术职业研究起步较晚,且缺乏大样本实证数据,长期未开展NRS理论的研究工作。2008年,中国加入了最新一轮全球学术职业调查课题(CAP,19国/地区协同调查),初步构建起了大规模学术职业研究实证数据库和子数据库(如本研究的学术职业流动数据库),同时,伴随着高等教育大众化进程的深入,学术人员流动(Faculty Mobility)得以持续增加,传统凝固的层级式工资收入体系正发生改变,为深入开展NRS理论研究提供了可能。本书通过系统梳理构建起NRS的基本假设,通过对中国学术职业实证调查数据库的使用,对NRS的中国表现、具体问题和政策改革进行深入探究,并将有效检验西方两种主流NRS理论的中国解释力及理论拓展。

(一) 理论基础与研究假设

学术人员收入分层问题是经济学界持续关注的热点。早期研究过程中,西方一些经济学家先后发现,在非学术劳动力市场中的研究人员收入被证实与经验和学术产出呈正相关关系;但在学术劳动力市场中,资历与回报却呈现负相关关系。1993年,学者迈克尔(Michael)在《学术劳动力市场中的资历与买方垄断》①一文中,首次检验了这种"劳动力市场异常"现象。他在检验经验、资历和一些人口统计学指标对于教师收入的对数关系时发现,大学教师的收入(Earnings)与资历呈负相关关系。但他的这一研究受到质疑,主要因为其运用了3份不同的调查量表和指标,包括资历指标在内都存在跨数据集的界定上的差异,比如他对于"大学"的界定就横跨"所有大学和学院"、"高质量机构"和研究型大学等具有不同外延的概念。之后,凯文(Kevin)②试图用1989年麻省大学-艾默斯特校区(UMASS)的教师数据来验证迈克尔的研究结论。但他发现,在大学教师入职后的前15年,收入与资历是呈正相关的,之后才出现NRS现象。与凯文(Kevin)类似,芭比泽特(Barbezat)③等也发现在一定年限内资历与收入是呈正相关的,资历达到一定水平之后才出现了"翻转"。

NRS的提出引起了学界的广泛重视,其中也包含对于NRS是否真实存在的质疑。摩尔(Moore)等④在对1993—1994学年142位教授和副教授样本的分析中发现,资历和收入呈负相关关系并在5%显著性水平上拒绝原假设,但是如果控制住"研究质量"指标,则收入与资历的这种负相关系数就下降了,因此他们质疑过去的NRS研究结论在于没有控制住"研究质量"指标,并认为NRS是伪命题,"没有必要继续讨论下去"。但是,学界其他同行却认为,摩尔(Moore)等学者没有排除资历与未观测到的职位匹配质量的正相关关系,而这可能在相反方向上造成潜在偏差。进入21世纪,大量

---

① Ransom, Michael R.. Seniority and monopsony in the academic labor market[J]. American Economic Review,1993,83(1):221—233.

② Hallock, Kevin F.. Seniority and monopsony in the academic labor market: Comment[J]. American Economic Review,1995,85(3):654—657.

③ Barbezat, Debra A., Michael R. Donihue(1998). Do faculty salaries rise with job seniority [J]. Economics Letters,1998,58(2):239—244.

④ Moore, William J., Robert J. Newman, and Geoffrey K. Turnbull. Do Faculty Salaries Decline with Seniority[J]. Journal of Labor Economics,1998,16(2):352—366.

研究继续支持了 NRS 存在的假设,如布拉泽伯格(Bratsberg)等[1]对 21 年间 176 位教师的研究找到了资历负回报的有力证据。即使之前否定 NRS 存在的摩尔(Moore)团队,在继续开展的一项研究中加入助理教授样本,也发现了这种负向资历惩罚现象再次出现并检验显著。

为什么在学术职业中存在 NRS 现象?笔者将西方学界有关 NRS 的理论解释归纳为两类。**第一种解释,将 NRS 归因为大学的垄断势力**。该种观点认为高资历教师流动具有高成本,且高资历教师并不喜欢流动,因此,他们的收入与具有相同成就但愿意流动(离开)的教师相比要偏低。比如迈克尔(Michael)[2]就认为,来自大学买方市场的雇用者具有垄断权力,由于高资历教员具有高流动成本,他们不太可能流动,因此雇主(高校)在设定薪酬时会充分利用这一情况,从而导致了资历与收入的负相关关系产生,即那些不愿意流动的教师,无论是因为家庭还是其他原因,收入都低于与其条件相似但不拒绝流动的教师。威廉和迈克尔(William & Michael)[3]等学者也持这一观点。对于这一解释,长期从事学术劳动力市场研究的美国康奈尔大学劳动经济学院院长艾伦伯格(Ehrenberg)教授自己也承认"我们负责分配工资的院长,……充分利用了买方垄断势力"[4]。

第二种解释是学术界对于高产教师的"挖墙脚"理论(Raiding Models)。该种观点认为,教师的潜力在雇用的时候是难以被用人单位计量的,但是随着时间推移则变得清晰。学术成果多的人很快就被其他学术机构挖走,留下的都是低学术产出的教师。有较高资历的教师往往具有"低不可测的学

---

[1] Bratsberg, B., J. F. Ragan Jr., and J. T. Warren. Negative Returns to Seniority: New Evidence in Academic Markets[J]. Industrial and Labor Relations Review, 2003, 56: 306—323.

[2] Ransom, Michael R.. Seniority and Monopsony in the Academic Labor Market[J]. American Economic Review, 1993, 83(1): 221—233.

[3] Boal, William, Michael Ransom. Monopsony in the Labor Market[J]. Journal of Economic Literature, 1997, 35(1): 86—112.

[4] Ehrenberg, Ronald G., Paul J. Pieper, and Rachel A. Willis. Do Economics Departments with Lower Tenure Probabilities Pay Higher Faculty Salaries[J]? Review of Economics and Statistics, 1998, 80(4): 503—512.

术生产力",而最好的教师却永远在路上以寻求更好的工作。那些仍然留在原大学的教师是未获得其他职位邀请的教员,因此,教授们虽然资历相似、学术成果类似,但实质性的学术成果难度可能是不同的,这两类人的研究记录可能并不具有相同的可比性,高职称教师的低回报反映的是对低学术生产力的实际支付而不是实质性的工资惩罚。该种理论的核心观点是:实际上教师们并没有受到资历惩罚,相反,资历和生产率之间是存在负相关关系的。如果控制住教师流动情况,这种资历惩罚现象将进一步减弱。很多经济学研究者钟爱于这一理论解释①,但一直以来没有很好的对"挖墙脚"理论的实证测量方法和成果,已有文献中只有布拉泽伯格(Bratsberg)②试图对"挖墙脚"进行了定量计量和验证。其研究选取了美国中西部5所大学的经济类专业教师连续30年的有关数据,发现,即使控制住学术产出也大量存在资历惩罚现象,那些向更好职位或相当职位流动的教师资历惩罚反而非常严重,这与"挖墙脚"理论是不相符的。

上述两种理论解释都显示出,流动与 NRS 现象存在极为密切的联系。一方面,无论"大学垄断买方市场"理论还是"挖墙脚"理论对于 NRS 的解释,其核心都在于流动对于相同资历的教师会产生收入上的不同影响,即流动对于 NRS 是否发生可能是一种具有"催化"意义的变量。另一方面,西方从事大学教师流动研究的学者,也普遍认为资历是影响大学教师流动的核心因素之一,即资历情况也会反过来影响流动是否发生,其中主流的观点认为,高资历大学教师流动性更低,这与 NRS 研究学者的观点是一致的。比如布朗(Brown)③认为,流动性差异因职位不同而不同。高等级职位上的大学教师流动性比低等级职位上的学者低。那些获得终身职的教师,经常留在原地,直到他们成为全职教授。而一旦成为全职教授之后,他们拥有了流动的选项,比如可能为了寻求新的同事或填补某个领导职务的空缺会导

---

① Monks, J., M. Robinson. The Returns to Seniority in Academic Labor Markets[J]. Journal of Labor Research,2001(22):415—427.
② Bernt Bratsberg, James F. Ragan Jr. and Johnt. Warren. Does Raiding Explain the Negative Returns to Faculty Seniority[J]. Economic Inquiry,2010,48(3):704—721.
③ Brown, David. The Mobile Professors [D]. Washington, D. C.: American Council on Education,1967.

致流动,但更大比例的学者仍会选择留任,因为在那里他与学校、社区有了长期的磨合。对于资历与大学教师流动的这种负相关关系,有的观点认为,一个人在工作岗位上待得越久,人力资本投资越高。如果一个高级职称的学者打算流动,他积累的人力资本将很难转移到新的职位中去,因此他们不愿意流动。另一种解释集中在对于学者寻求另一份高职称工作的成本和收益的分析上。高职称者往往流动成本更高,选择流动意味着他们将舍去与很多同行的联系。而潜在的收益,无论是金钱上的还是非金钱上的,也许都无法弥补这一损失,因此可以判断,更多的高级职称者会待在他们当前的岗位上,因为他们不能从流动中得到益处。

但总体来看,西方学界有关 NRS 现象的两种理论解释,虽然都强调了流动对于检验 NRS 现象的关键意义,但都没有将教师流动作为核心的控制变量来展开分析,研究存在缺陷。一方面,"高校垄断权力"理论解释是否真实存在以及运行方式难以通过实证数据来检验,无法确定流动行为、流动意向对于资历与收入的负相关关系是否真的具有催化作用;另一方面,"挖墙脚"理论解释将学术生产力(学术成果数量和质量)作为关键控制变量,但已有研究发现学术生产力对回归模型虽有贡献但仍不是关键变量。

本书认为,NRS 现象客观存在并已在主流国家得到验证,进入高等教育大众化中后期的中国学术职业,NRS 现象已经或即将出现。但国际上对于 NRS 的两种理论解释存在的不同程度欠缺对于解释和预测中国 NRS 现象存在缺陷,本研究拟围绕教师流动这一核心控制变量,寻求第三种理论解释,即:教师流动的频率与类型对于资历与教师学术收入的负相关的理论解释。对于此观点,西方少数学者已经开始了前期探索但仍未得到具有信服力的相关结论。比如,前述布拉泽伯格(Bratsberg)[1]等学者试图回答对于同样具有流动经历但流动状况不同的教师,是否也存在资历惩罚现象。他们的研究发现了大量资历负回报的证据,"即使完全控制了学术产出指标,

---

[1] Bernt Bratsberg, James F. Ragan Jr. and Johnt Warren. Does Raiding Explain the Negative Returns to Faculty Seniority[J]. Economic Inquiry,2010,48(3):704—721.

当考虑了不同流动状态,论资排辈和报酬因素,这种负向回报依然只出现略微变化"。他们的研究认为,那些最终流动到更好职位或者更具竞争力职位的人也必然面对这种资历负回报。即使处于美国经济学学科排名前10的高校教师,也面临这种资历惩罚情况。但该项研究也仅考察了流动与否的情况,对于流动细致情况的考察非常不足。

本书的研究假设可概括为:

H7:中国学术职业存在资历惩罚现象,流动变量对于资历惩罚现象具有核心解释力。

具体包括3个子假设:

h14:资历越高,大学教师流动比例越低;

h15:资历越高,大学教师的学术收入越高;

h16:相同(相似)资历情况下,流动变量对于 NRS 模型的影响大于学术生产力的影响。

(二) 概念界定与数据来源

1. 有关资历的设定

NRS 早期研究学者迈克尔(Michael)[①]将其界定为"学者在某一机构被雇用的年限"。但学界普遍认为,迈克尔的研究受限于早期美国大学教师全国调查(NSOPF)数据的指标设定,该界定并不能完全反映大学教师的资历状况,后期研究学者则大多将资历界定为"从获得最高学位之后的受雇用年限"。但是,中国对于大学教师资历的界定存在一定的特殊性,即大量教师是在入职后获得博士学位,如果将获得最高学历后至今作为资历界定,显然忽略了其在获得博士学位前的学术职业从业经历。因此,本研究的资历界定为:学者从第一份学术职业工作至今的工作年限。

2. 控制变量的设定

西方 NRS 研究非常强调控制变量的设定问题,其设置的最重要的控制

---

① Ransom, Michael R.. Seniority and Monopsony in the Academic Labor Market[J]. American Economic Review,1993,83(1):221—233.

变量是学术生产力变量,既包括研究数量也包括研究质量,这在根本上是为了检测是否学者随资历增加研究能力(或欲望)大幅下降,因此本研究将"最近5年研究情况"作为学术生产力控制变量,并将研究质量进行了主要区分。

(三) 研究发现

1. 资历越高,大学教师流动比例越低

统计显示,虽然大学教师资历与是否发生过流动(P=0.436,Sig.=0.000)、发生流动次数(P=0.389,Sig.=0.001)都呈显著正相关关系,但被试的年均流动次数(总流动次数/学术职业从业年限)却与资历表现出显著的负向关系(P=-0.542,Sig.=0.000)。资历越高,大学教师流动比例越低,这印证了研究假设h14,也与西方学术劳动力市场NRS理论研究的结论保持一致,说明纵观学术职业一生,随着年龄和资历增加,大学教师流动意愿是持续降低的。这种高资历导致的低流动可能在一定程度上强化了高等学校作为买方市场的话语权力,即形成西方有关NRS第一种理论解释的现实基础,但这一解释建立在"一人一价"的教师谈判聘任基础之上,中国研究型大学近年来引进人才时逐渐引入该种教师薪酬制度,但经验证据显示,确已造成类似资历教师收入上的差异,如相似资历情况下,从外界引进教师时多在科研启动费、安家费、住房、薪资收入甚至职称晋升、国际化交流等方面提供更好承诺。而对于西方有关NRS的第二种理论解释,即高资历与低流动之间的相关关系是否与学术产出存在显著关联,本书通过进一步检验发现,在控制住最近5年大学教师国际高质量学术发表的情况下,这种负相关关系依然存在并通过了显著性水平检验(P=0.503,Sig.=0.000),说明西方的第二种理论解释在中国当前并不适用,亦即高资历的大学教师流动频率低并非主要是由于教师本人学术产出下降和学术质量降低造成的。但是,西方的该种理论解释在中国可能具有另外一个方面的有效性,即如果用"科研获奖"(如获得国家科技发明类奖项)、"海外履历"(如曾任教于北美著名高校)、"荣誉职称"(如院士)取代"学术产出"指标以表征学术质量,则可能对于NRS现象具有解释力。

表 27　中国研究型大学教师资历与流动的相关分析

资历	是否发生流动	流动次数	年均流动次数	年均流动次数（控制学术发表）
Pearson 相关性	0.436（**）	0.389（**）	−0.542（**）	−0.503（**）
Sig.（双侧）	0.000	0.001	0.000	0.000

注：** —— $p<0.01$

2. 资历越高，大学教师收入越高

统计显示，大学教师的资历越高其收入越高，这验证了假设 h15。在直接收入方面，大学教师"总收入"与资历呈显著正相关关系（P＝0.510，Sig.＝0.000），其中，"学校工资收入"、"其他雇用收入"两项指标表现出与总收入具有一致的显著正相关关系；在间接收入方面，也表现出收入与资历存在一定的正相关关系，其中，"课题经费总数"与资历呈显著正相关关系，尤其是"纵向课题经费数"表现明显，而"住房面积"与资历虽存在一定的正向关系，但未通过显著性检验。值得注意的是，"配偶总收入"指标表现出与资历存在一定的负向关系，可能的解释是本调查中具有流动经历的教师中男性比例较高（76.9%），其在流动过程中可能伴随着配偶一定的职业发展上的牺牲。继续讨论西方第二种有关 NRS 理论的解释，其认为 NRS 现象的出现与高资历教师学术产出降低和学术成果质量下降有关，而偏相关分析的结果显示出，学术论文数量和质量对资历与收入的基本关系并无显著影响，该理论再次在中国实践中未获验证。

3. 中国学术职业 NRS 现象的表征

上述数据显示，中国学术职业存在资历与收入的正向关系，这也符合普通民众有关中国大学教师资历越高收入越高的感性认知。但是，是否存在 NRS 现象的根本判断标准在于：相似资历学术职业从业者收入是否存在显著性差异。为此，本研究继续进行偏相关分析，研究发现，在不设置控制变量时，大学教师收入与流动次数呈显著正相关关系，说明流动经历可能对于大学教师收入具有重要影响（直接收入与间接收入皆如此），引入教师资历作为控制变量后，该种正向相关关系减弱但仍显著存在，说明中国学术职业也一定程度上存在 NRS 现象，即控制资历的情况下，仍表现出流动次数多的教师收入高于未流动或流动次数少的教师。

第七章　中国研究型大学教师流动影响因素分析Ⅱ：分要素讨论

表28　中国研究型大学教师资历与收入的偏相关分析

		教师资历	总收入	学校工资收入	学校其他收入	其他学术机构收入	其他雇用收入
直接收入	未控制论文发表变量	Pearson 相关性	0.510(**)	0.415(**)	−0.014	0.120	0.450(**)
		Sig.(双侧)	0.000	0.000	0.916	0.366	0.000
	控制论文发表变量	Pearson 相关性	0.515(**)	0.419(**)	−0.008	0.124	0.449(**)
		Sig.(双侧)	0.000	0.000	0.950	0.359	0.002
		教师资历	课题经费总数	横向课题经费总数	纵向课题经费总数	配偶总收入	住房面积
间接收入	未控制论文发表变量	Pearson 相关性	0.385(**)	0.071	0.309(*)	−0.015	0.011
		Sig.(双侧)	0.002	0.597	0.018	0.904	0.931
	控制论文发表变量	Pearson 相关性	0.282	−0.010	0.245	−0.050	0.130
		Sig.(双侧)	0.049	0.950	0.105	0.738	0.362

表29　中国研究型大学教师流动与收入的偏相关分析

	学校其他收入	其他学术机构收入	其他雇用收入	学校工资收入	课题经费总数	横向课题经费总数	纵向课题经费总数	配偶总收入	住房面积
未控制资历	−0.075	−0.063	0.056	0.205*	0.335**	0.139	0.325**	0.252**	0.155
控制资历	−0.064	−0.110	0.344*	0.239	0.093	−0.226	0.245	0.062	−0.019

注：*——$p<0.05$　　**——$p<0.01$

	总收入	学校工资收入
未控制资历	0.370**	0.205*
控制资历	0.350*	0.239

(四) 教师流动特质：对于 NRS 现象的新解释

本研究证实，中国学术职业也客观存在资历惩罚现象，国际 NRS 研究也首次出现了中国案例。但与此同时，研究发现西方对于 NRS 的两种解释，未能从根本上厘清中国学术职业 NRS 产生的原因。本研究发现，教师的流动特质与资历、收入的关系极为密切，可以围绕学术职业流动特征进行 NRS 第三种理论解释的尝试。事实上，西方学界也已经注意到了流动对于 NRS 现象的重要性，只是西方关注点更多停留在流动对于 NRS 现象的区分价值上（通过流动检测出同等资历教师的收入差异），而非流动本身对于 NRS 产生的影响。与之相应，西方对于教师流动对 NRS 影响的关注停留在"是否流动"上，对于流动特征的关注不足。本研究采集了 2 类流动指标，寻求流动对于 NRS 现象的新解释。

一是"流动次数"指标。流动次数区间设置在 1—5 次。按照前文所述，在控制住资历变量情况下，流动次数越多的教师收入越高，可以认为在研究型大学中教师通过反复流动最终确定了其学术劳动力市场报价，这类似于美国篮球职业联盟（NBA）的球员交易。交易确定了最终的市场价值，而那些不流动的教师则缺乏市场评估和买、卖方议价过程，流动不畅导致收入凝固，这导致即使与流动次数较多教师具有类似的资历与学术产出，其收入却低于前者，即 NRS 现象产生；

二是"流动类型"指标。传统 NRS 研究并没有详细讨论教师流动的类型特征，也因此忽略了流动类型对于 NRS 现象的可能解释力。本研究按照学术机构的类型和声望将中国研究型大学教师流动划分为 5 种类型：①"海归型"流动，即由海外高校（含港澳台）、海外科研院所或企业回到中国研究型大学任教；②"平移型"流动，即大学教师在国内研究型大学之间进行流动；③"上流型"流动，即由国内"211 高校"流入国内"985 高校"；④"逆袭型"流动，即由国内非研究型大学流入研究型大学；⑤"跨界型"流动，即由中国其他科研机构（如中国科学院系统和中国社科院系统）流入研究型大学。分析发现，在控制住资历指标情况下，①④、②④类型流动与"直接收入"是存在显著性差异的，类似地，可以继续讨论"直接收入"与"间接收入"的其他指标。此种讨论说明教师流动类型对于收入是有直接影响而非传统意义上的检测变量。

表30 中国研究型大学教师流动类型与收入的偏相关分析

	海归型	平移型	上流型	逆袭型	跨界型
海归型	1	−0.016	−0.406	−0.524 *	−0.356
平移型	−0.016	1	−0.235	−0.384 *	−0.286
上流型	−0.406	−0.235	1	−0.25	−0.126
逆袭型	−0.524 *	−0.384 *	−0.25	1	0.242
跨界型	−0.356	−0.286	−0.126	0.242	1

注：* ——$p<0.05$

全文研究可以发现：第一，未来中国NRS现象有扩大趋势。中国NRS现象随着学术职业的开放而产生，尤其是进入高等教育大众化以来中国研究型大学对于优质教师的争夺，形成的"一人一价、一人一议"的新进教师薪酬设计制度，为NRS的出现和发展提供了土壤。在可预见的未来，随着高等教育从大众化到普及化的深入推进，尤其是对高等教育质量的更高关注和中国提升研究型大学国际竞争力诉求的上升，NRS仍会呈扩大趋势，学界和管理者需进一步做好研究与应对工作。

第二，NRS的理论解释仍需丰富。西方的两种理论解释对于当前中国学术职业的NRS现象具有一定解释力，但都无法成为核心解释理论。其中，第一种"高等学校垄断说"，能解释高校一人一价薪酬制度设计模式下新引进人才的高收入制度设计，但却无法解释具有相似资历、处于同一单位、具有不同流动次数学者的收入差异；第二种有关学术产量与质量对于NRS影响的解释在本实证研究中也未得到验证。本书提出从大学教师流动特征指标出发进行第三种理论阐释，根本意义在于，当前中国学术职业从封闭到开放仍处于改革进程之中，既缺乏有效的制度设计（如严格的"非升即走"分流机制），也缺乏必要的激励引导制度设计（如类似于"欧洲研究区"鼓励流动的薪酬、社会保障设计，笔者将在另文中专门予以阐述），此种背景下，凸显流动对于NRS的重要作用，未来学术职业改革就可以以促进和规范流动为抓手，促成学术职业的健康发展。对于国际学术界而言，本理论解释是建立在对过去30余年的研究基础的梳理、实证分析和反思基础上,可能将为学界提供新的 NRS 实证研究方向和理论解释方向。

第三,应客观看待 NRS 现象。笔者认为,应更多看到 NRS 的积极意义。这种"资历惩罚"表面上呈现出"同工不同酬"的不合理性,但在本质上却是打破学术职业大锅饭、形成有效竞争、完善学术职业薪酬激励制度、构建适度规模学术职业流动通道的关键驱动力。NRS 的客观存在,也要求教育管理者进行科学决策,过度的"资历"惩罚可能造成教师阶层的显著分化,形成本土教师与海外教师、本校教师与外校教师、高等学校系统教师与科研系统教师、强势学科教师与非强势学科教师、明星教师与普通教师的对立与心理隔离,可能降低学术职业活力,因此应通过有效的管理决策将这种"资历惩罚"控制在合理范围内。

四、性别与大学教师流动

西方大学教师流动和学术劳动力市场的既有研究中,对于性别与流动的关系探讨占据重要篇幅,其核心意义在于通过有效区分学术职业的流动类型,分类进行流动干预,以促进学术职业的健康发展。西方已有研究的基本共识是,性别与大学教师流动存在显著相关关系,男女学者流动的频率、动机、规律和有效性干预存在显著差异。虽然如此,西方学者对于因性别引发的流动差异的具体结论也不尽相同,相关研究成果长期存在争论。中国开启高等教育大众化进程至今,先后出现过两种类型的较大规模的学术职业流动。一是大众化初期因学生规模的快速增长引发的教师需求增加进而导致的人才流动加速,其背后是对于办学基本师资数量资源的争夺,在此过程中,教师流动并不具备显著的性别符号特征;二是大众化中后期因提升高等教育质量而引发的对优质教师资源的争夺进而引发的学术人才流动,因中国客观存在的性别与研究成果的差异性特征导致两性在新一轮人才流动中出现较大差异,但与此同时,中国学术职业存在较为显著的夫妻一致性特征(夫妻双方全部从事学术职业的比例较高),部分女性表现出显著的伴随性流动特点。但是截至目前,中国不同性别教师流动的现状、特征和规律仍缺乏研究，如何在充分认识到教师性别差异对于流动影响的前提下，有效促进或规范教师流动行为，从而促进学术职业健康发展仍未得到科学回答。为此，本书将在相关假设基础上，运用中国研究型大学教师流动调查的最新数据展开研究。

（一）理论回顾与研究假设

学界很早就开始关注性别与教师流动的关系。西方大学教师流动的大量研究都"期望找到学术流动的性别差异"①。按照不同学者对于女性流动频率的不同判断，笔者将学界已有的关于性别与大学教师流动的假说概括成两个方面。

1. 女性大学教师低学术流动观点

该种观点认为，相比于男性，女性学者在不同国家和地区都表现出显著低于男性的流动频率。很多学者都持此观点，但对于为何出现此种现象却给出了不同解释。一是学术职业低流动属性特征解释。这种解释认为女性教师的配偶也大多从事学术职业，这一比例高于男性教师配偶从事学术职业的比例。由于学术职业相比于其他职业整体上更为稳定，因此女性教师更可能减少流动，芭比泽特和休斯（Barbezat&Hughes）②等学者就持有此种观点。

二是婚姻家庭牺牲特征解释。这种观点认为，结婚的女性可能受家庭责任和配偶事业的约束。这种将女性作为家庭和丈夫事业牺牲品的观点在文献中较多出现。比如杰夫和布赖森（Jeff&Bryson）③认为，已婚的妇女往往追随丈夫的事业，尽管女性的职业发展也可能限制其配偶，但当夫妻双方职业发展发生冲突时，夫妻双方的决定仍然是有利于丈夫的。杰拉德

---

① Rachel A. Rosenfeld, Jo Ann Jones. Institutional mobility among academics: the case of psychologists [J]. Sociology of Education, 1986, 59(4): 212—226.
② Debra A. Barbezat, James W. Hughes. The effect of job mobility on academic salaries [J]. Contemporary Economic Policy, 2001, 19(4): 409—423.
③ Bryson, Jeff, Rebecca Bryson. Salary and job performance differences in dual career couples [M]. London: Sage, 1980.

(Gerald)等①认为,即使是单身女性也会因性别而限制其工作搜索范围。辛普森(Simpson)②、基思和麦克威廉姆斯(Keith & McWilliams)③等都持有此观点。

三是**女性学术职业发展属性解释**。该种观点认为,获得终身职的女性往往在学术阶梯上比男性发展更为缓慢,因此也更不愿意进行学术流动,南希(Nancy)④等学者普遍持此观点。

四是**女性教师留恋高声望学术机构特征解释**。该种观点认为,女性是否流动不仅与职称(是否获得终身职位)有关,也与女性所处的学术机构的声望高低具有相关性。比如库勒(Cole)⑤的研究就发现,即使女性和男性同样存在于高声望的研究型大学,但女性获得终身职位的比例显著低于男性,这主要是因为她们更愿意留在高声望学术机构的非终身职职位上(而不是选择流动)。

五是**"大城市"特征解释**。杰拉德(Gerald)等学者⑥持有该种观点,认为职业女性往往更喜欢某些地区,尤其是大城市,因为那里提供更为活跃的社交生活。因此,通过限制自己一部分的学术市场,妇女们可能不会得到她们可以得到的最好工作。

六是**性别收入惩罚解释**。该种观点认为,流动可能导致女性大学教师收入降低,因此抑制女性流动动机与行为。普通劳动力市场的研究将性别导致的收入差异称为"性别惩罚"。学术劳动力市场研究发现,性别是影响大学教师收入的重要方面。即使控制住教育、科研产出、学术经历、机构类

---

① Marwell, Gerald, Rachel Rosenfeld, and Seymour Spilerman. Geographic constraints on women's careers in academia[J]. Science, 21 September 1979, 205(4412): 1225—1231.

② Simpson, W.. Starting even? Job mobility and the wage gap between young single males and females[J]. Applied economics, 1990, 22: 723—737.

③ Keith, K., A. McWilliams. The wage effects of cumulative job mobility [J]. Industrial and Labor Relations Review. 1995, 49(1): 121—137.

④ Ahern, Nancy. Career outcomes in a matched sample of men and women Ph. Ds[M]. Washington. D. C.: National Academy Press, 1981.

⑤ Cole, Jonathan P.. Fair science: women in the scientific community[M]. New York: Free Press, 1979.

⑥ Marwell, Gerald, Rachel Rosenfeld, and Seymour Spilerman. Geographic constraints on women's careers in academia[J]. Science, 21 September 1979, 205(4412): 1225—1231.

型、学科等变量,女性的收入仍然低于男性。学术劳动力市场中,女性教师流动过程也会出现"性别惩罚"现象,如芭比泽特(Barbezat)的研究发现,女性大学教师更换工作,可能会损失 8% 的收入。①

与"整体低流动说"的理论观点相对应的研究假设可以概括为:

H8:女性大学教师流动性低于男性大学教师。

子假设包括:

h17:女性大学教师整体流动频率低于男性大学教师;

h18:已婚女性大学教师流动频率低于未婚女性大学教师;

h19:女性大学教师配偶从事学术职业比例高于男性大学教师;

h20:配偶是否从事学术职业对于流动频率具有显著影响;

h21:高声望高校、低职称女性大学教师流动率显著低于低声望高校、低职称女性大学教师;

h22:中心城市女性大学教师流动性低于非中心城市女性大学教师;

h23:女性大学教师流动过程中在收入上存在"性别惩罚"现象。

2. 女性大学教师高学术流动观点

该种观点并不认同"整体低流动说"有关女性流动频率偏低的观点,相反,该种理论观点以性别歧视理论为出发点,认为性别歧视可能导致女性更多的流动,甚至由于女性发展机会少尤其是获得终身教职的可能性偏低,导致她们会更高比例地离开学术职业。

一种观点认为,传统认为女性流动频率低于男性的原因在于未控制住相关变量。比如罗森菲尔德和琼斯(Rosenfeld&Jones)②发现,将其他一些职业发展变量控制住,女性学者拥有很高的职业流动率,这种流动既包括学术流动也包括非学术流动。二人之后的研究③进一步发现,女性的流动可能是阶段性的,女性学者离开或重新回来加入学术职业的比例都很高,这验

---

① Debra A. Barbezat, James W. Hughes. The effect of job mobility on academic salaries [J]. Contemporary Economic Policy,2001,19(4):409—423.

② Rosenfeld,R. A., and J. Jones. Institutional mobility among academics: the case of psychologists [J]. Sociology of Education,1986,59:212—226.

③ 同上。

证了工作周期性引起女性流动的假设。

另一种观点认为,女性教师获得终身职难度过大、公平欠佳导致女性流动率高于男性。通常情况下,用人单位通常会假定所有妇女(单身或结婚)都受家庭责任的限制,因此相较于男性,会更多地向她们提供非终身职职位。由于较难获得终身职位,女性会因愤怒而离职。如果她们以离开学术部门作为对机会缺乏的回应,可能会导致妇女离开的速度大大超过男性。如芭芭拉(Barbara)[①]的研究认为,女性获得终身职位的情况正每况愈下,学术市场正变得更加糟糕,女性可能获得了法律上的取得终身职的机会,但事实可能是她们只能获得更低比例的终身职,"最后被录取,最早被开除"。

不少学者都持有"低职称女性教师的高流动说"观点,即使支持"整体低流动说"的芭比泽特和休斯(Barbezat & Hughes)[②]也认为,在非终身职岗位上的女性更倾向于流向学术市场。中国研究型大学没有终身教授制度,因此本书用职称的高低来区分,据此将"非终身职岗位高流动说"理论的研究假设概括为:

H9:女性大学教师流动性高于男性大学教师。

子假设包括:

h24:低职称女性大学教师流动率高于高职称女性大学教师;

h25:女性大学教师学术职业间流动频率高于男性大学教师。

(三) 研究发现

第一,**女性大学教师整体流动频率低于男性**。被试中男性学者平均流动次数超过2次,而女性学者仅为1.77次。方差分析显示,两类学者流动工作单位数具有显著性差异(F值为7.219,显著性水平为0.08),男性学者

[①] Reagan, Barbara. Stocks and flows of academic economists[J]. The academic labor market for economists, 1979, 69(2). Papers and Proceedings of the Ninety-First Annual Meeting of the American Economic Association:143—147.

[②] Debra A. Barbezat, James W. Hughes. The effect of job mobility on academic salaries[J]. Contemporary Economic Policy, 2001, 19(4):409—423.

流动率显著高于女性学者。具体来看,男性学者在"流动1次"、"流动2次"方面的频率低于女性学者;而在流动多次方面的频率则大大高于女性学者(表2)。这说明,确实客观存在女性教师流动频率低于男性的状况,但与此同时,这也反映出中国高校女性教师流动也日益频繁,女性教师总体流动率低反映出的是男女教师流动次数的差异,说明男性教师进行多次流动的可能性更大。

表31 不同性别大学教师流动次数频数与平均数分析

		流动1次	2次	3次	4次	5次	6次	平均流动次数
男性		36.30	33.81	15.30	6.76	5.69	1.42	2.14
女性	总体	46.53	35.64	9.90	4.95	1.98	0.00	1.77
	已婚	/	/	/	/	/	/	1.75
	未婚	/	/	/	/	/	/	2.00

第二,已婚女性学者流动频率未显著低于未婚女性学者。数据统计显示,已婚女性学者平均流动次数为1.75次,低于未婚女性学者的2.00次,表现出未婚女性流动频率高于已婚女性的趋势,但方差分析显示,这种差异性并不具有统计意义上的显著性(F值为0.708,显著性水平为0.402),说明已婚女性学者流动频率并未显著低于未婚女性学者。但是,既然未通过相关性检验,为何仍出现未婚女性流动频率较大的现象?本书认为可能的原因在于由于缺乏家庭的束缚,未婚女性更容易将流动动机转化为流动行动。

表32 不同性别教师方差分析

		平方和	df	均方	F	显著性
男性VS女性	组间	9.98	1	9.98	7.219	0.008
	组内	525.35	380	1.382		
	总数	535.33	381			
已婚VS未婚	组间	0.674	1	0.674	0.708	0.402
	组内	92.437	97	0.953		
	总数	93.111	98			

续表

		平方和	df	均方	F	显著性
配偶从事学术职业 VS 配偶未从事学术职业	组间	0.747	1	0.747	0.526	0.469
	组内	546.592	385	1.420		
	总数	547.339	386			
高声望、低职称 VS 低声望、低职称	组间	9.037	2	4.518	6.834	0.001
	组内	1879.179	2842	0.661		
	总数	1888.216	2844			
不同城市	组间	0.041	3	0.014	0.016	0.997
	组内	56.077	64	0.876		
	总数	56.118	67			
不同职称	组间	9.811	3	3.270	3.745	0.014
	组内	81.200	93	0.873		
	总数	91.010	96			

第三，女性教师配偶从事学术职业的比例高于男性教师。数据统计显示，男性学者与女性学者配偶从事学术职业的比例都很高。其中，39.42%的男性大学教师其妻子也是高校教师，38.3%的女性大学教师其丈夫也是高校教师，这种高比例从事相同职业的现象背后是学术职业的高稳定性和低流动性。但数据分析显示，男女大学教师在配偶同为"高校教师"的比例上无显著差异，似乎与研究假设不符。而进一步分析可以看出，女性教师配偶除很大比例为高校教师外，还有约三成是"各类专业、技术人员"，其中很多属于学术职业（如科研院所研究人员）或与学术职业联系紧密。将被试配偶职业分为学术职业类与非学术职业类两类进行观察，性别与职业的列联分析有关检验显示，性别与配偶职业处于弱相关水平。分析显示，这种情况确实客观存在的原因之一是女性教师的配偶从事学术职业比例较高，但女性教师配偶的这种高学术职业属性是否会导致女性教师流动率偏低呢？本书继续进行相关的验证。

第四，配偶是否从事学术职业对于流动频率不具有显著影响。将女性大学教师配偶按照是否从事学术职业进行划分（1=从事学术职业；2=未从事学术职业），区分两类人群流动频率的差异。结果显示，虽然表现出频次

表 33　不同性别教师配偶的职业

	男	女
国家机关、党群组织工作人员	4.01	4.26
企事业单位管理人员	18.98	12.77
各类专业、技术人员	18.25	29.79
高校教师	39.42	38.30
中小学教师	4.74	0.00
办事人员和有关人员	4.01	0.00
商业与服务业人员	2.19	1.06
农林牧渔生产人员	0.73	0.00
生产人员、运输人员和有关人员	1.46	2.13
军人	0.36	2.13
不便分类的其他劳动者	0.36	1.06
自由职业者	2.19	7.45
无工作	3.28	1.06
总计	100.00	100.00

上的差异性,但进一步对二者的相关分析显示,两类人群相关性检验 F 值为 0.526,Sig. 值为 0.469,不具有统计意义上的显著性差异。这说明,经验意义上女性教师大多跟随同样从事学术职业的丈夫进行职业流动的状况并未发生。可能的原因是,学术职业入职门槛高并讲求一事一议、一人一议,女性教师配偶流动过程中并不一定能够解决女性教师的入职流动的问题。

第五,高声望高校、低职称女性教师流动率显著低于低声望高校、低职称女性教师。将女性大学教师上一次流动学校层次进行声望水平的区分(1＝高声望学校;2＝低声望高校,其区分标准为是否为 211 高校),上一次流动发生前职称水平进行区分(1＝高职称;2＝低职称,其区分标准为是否为高级职称),形成 2 * 2 的女性教师分类,选取"高声望、低职称"和"低声望、低职称"两类女性大学教师人群,对其流动水平进行相关性检验。结果显示,来自低声望高校的低职称女性教师流动性更强,且通过了显著性水平检验(F＝6.834,Sig.＝0.001)。这说明,即使同样处于低职称水平,来自低声望学校的女性教师流动的可能性更大,这可能与学界认为的高声望学校里的低职称教师具有更强的流动忍耐性有关。

第六，中心城市女性大学教师流动性不显著低于非中心城市女性大学教师。将女性大学教师出生地进行分类，其中：1＝"大城市"，包含直辖市与省会城市；2＝"中城市"，包含地级市；3＝"小城市"，包含县级市和县城；4＝"农村"，包含乡镇和行政村。检验出生于不同属地的女性教师是否存在流动频率上的显著性差异，发现四类人群的流动频率未通过相关性检验（F值为0.016，Sig.值为0.997），未支持研究假设h22。这说明，女性教师并未表现出部分学者所认为的大城市倾向。当然，大城市倾向还有另外一种理解，即女性教师入职后从非核心城市到核心城市进行流动。由于调查数据中并不包含此类数据，非常遗憾本书无法进行相关解释说明。

第七，女性大学教师流动过程中在收入上存在"性别惩罚"现象。控制住婚姻状况、职称状况、国内论文发表和流动情况，将教师收入按照中位数划段，区分为"高收入"和"低收入"两类。进行回归分析可以发现，以"女性"为参照，如果有1名女性获得"高收入"，则可能有16.15名"男性"获得"高收入"，确实存在流动过程最后那个教师收入的"性别惩罚"现象，证实了研究假设，也说明虽然总体上女性教师伴随着流动收入会增加，但中国与西方类似，都存在女性教师同工不同酬的薪酬歧视现象。

表34 收入与性别回归分析

	B	S.E.	Wals	Df	Sig.	Exp (B)
性别(0＝女，1＝男)	16.151	32765.368	0	1	1	0.000
已婚	－0.373	20058.8	0	1	1	0.689
职称高	36.661	16304.358	0	1	0.998	
国内发表多	18.438	10086.527	0	1	0.999	
流动虚拟	0.693	1.581	0.192	1	0.661	2

第八，高职称女性教师流动率高于低职称女性教师。正高职称（平均流动次数2.28）与副高职称（1.84）女性教师流动性存在一定差异性，但二者与中级职称（1.45）女性教师的流动差异则更大，与助教（1.00）的流动差异也较大。总体表现出职称越高流动越频繁的情况。但是，值得讨论之处在于，这种职称与流动性的差异是否可能是由于年龄变量导致的？即，可能存在年龄增大、职称提高、累积流动次数增多的内在规律。为此，本研究继续

控制住年龄变量,结果显示,职称与流动的相关性水平有所下降,但二者仍表现出较强的相关性,总体呈现出高职称教师流动率高于低职称教师的状况,与研究假设正好相反。进一步检验显示,显著的差异存在于"正高职称"女性教师与"讲师"职称、"助教"职称女性教师之间。

表35 职称与流动的 Multiple Comparisons 分析

	(I) 1,4	(J) 1,4	Mean Difference (I-J) Lower Bound	Std. Error Upper Bound	Sig. Lower Bound	95% Confidence Interval	
						Upper Bound	Lower Bound
LSD	1	2	0.43333	0.26059	0.1	−0.0842	0.9508
		3	0.82616(*)	0.2769	0.004	0.2763	1.376
		4	1.27778(*)	0.5827	0.031	0.1206	2.4349
	2	1	−0.43333	0.26059	0.1	−0.9508	0.0842
		3	0.39283	0.2181	0.075	−0.0403	0.8259
		4	0.84444	0.55717	0.133	−0.262	1.9509
	3	1	−0.82616(*)	0.2769	0.004	−1.376	−0.2763
		2	−0.39283	0.2181	0.075	−0.8259	0.0403
		4	0.45161	0.56498	0.426	−0.6703	1.5736
	4	1	−1.27778(*)	0.5827	0.031	−2.4349	−0.1206
		2	−0.84444	0.55717	0.133	−1.9509	0.262
		3	−0.45161	0.56498	0.426	−1.5736	0.6703

第九,女性教师学术职业间流动频率并不高于男性教师。中国女性教师的流动意向调查显示,并不存在女性教师流出学术职业的比例高于男性的状况。对学术职业变革国际调查(CAP)的中国数据分析显示,女性教师倾向于在本校流动、校际流动、不同学术机构之间流动和流出学术职业的比例依次是 8.22%、10.31%、2.66% 和 5.88%,而男性教师这四项比例依次是 13.02%、14.90%、4.98% 和 7.66%。可以看出,男性教师在所有四种类型的流动意向方面都高于女性教师,不存在女性教师更倾向于流出学术职业的趋势。对相关分析的 Phi 值、Cramer's V 值和 Gamma 值等检验显示,性别与流出学术职业的倾向性之间不存在显著差异,即男性教师也不显著存在高于女性教师的流出学术职业倾向。

(四) 研究结论与讨论

本书将西方有关女性大学教师流动的基本特征概括为 9 条假设，其中前 7 条是基于女性教师流动率整体偏低的大前提提出的，后 2 条是基于女性教师流动率偏高的大前提提出的。通过研究，得到以下初步结论：

第一，中国研究型大学女性教师流动率低于男性。一方面，研究客观呈现出的男女性大学教师流动频率显示出男性平均流动次数更多，尤其是在多次流动指标上表现更突出；另一方面，研究否定了西方基于女性教师流动率高提出的两条子假设（h22，h23），即西方认为女性学者因为获得职称困难，女性学者也更可能从学术职业流向其他职业的判断并不成立。这与西方主流认为的女性大学教师流动率低于男性是吻合的，说明即使在没有建立起终身职制度的中国学术职业中，女性学者天然的某些性别特征同样导致了高职业稳定性的存在。

第二，中国研究型大学女性教师流动低稳定性高的情况主要与机构声望、收入有关。本研究基于女性教师流动率低所提的 7 条假设中有 4 条获得了基本验证，即"h17——女性大学教师整体流动频率低于男性教师"、"h19——女性教师配偶从事学术职业比例高于男性教师"、"h21——高声望高校、低职称女性教师流动率显著低于低声望高校、低职称女性教师"和"h23——女性大学教师流动过程中在收入上存在'性别惩罚'现象"。其中，h17 反映的是两性流动频率的客观差异，h19、h21 和 h23 则是对 h17 呈现的这种客观差异作出合理性解释的假设。但 h19 虽然获得证实，反映出女性学者配偶确实更多从事学术职业类工作，但 h20 紧接着却发现女性学者配偶从事学术职业对于流动频率不具有显著影响。因此，h21 和 h23 可能成为解释女性教师流动率低的关键原因。即一方面，女性学者非常看重机构声望，处于高声望学术机构的女性教师往往拒绝流动，哪怕其在高声望学术机构中并不占据核心地位（如职称较低、不是核心院系或部门）；另一方面，女性学者非常担忧由于学术劳动力市场的"潜规则"造成流动过程中"性别惩罚"现象出现，且可能不仅仅是本文检验的"收入"上的惩罚，也包含其他各类认同上的惩罚。

第三,中国研究型大学女性教师流动规律与西方总体一致但存在部分差异。研究在女性教师流动频率和其中2条原因的解释方面得到了验证,反映出与西方学界既有研究基本一致的规律,但也在三个方面表现出与西方的差异,这可能是中国女性大学教师流动的本土特征。一是研究发现,已婚女性大学教师的流动频率与未婚女性教师相比,虽然存在一定的比例差但未通过显著性水平检验,一定程度上呈现出婚姻对于流动的固化特征,但未通过检验可能说明二者的相关性水平并不高;二是研究证实,虽然中国女性大学教师配偶从事学术职业的比例大于男性教师,但配偶从事学术职业与否并不显著影响女性教师的流动频率,传统意义上认为夫妻都从事学术职业所以女性教师流动性低的观点在本研究中未获验证;三是研究显示,中心城市女性大学教师流动性低于非中心城市女性大学教师的假设也未获验证,说明至少在本研究的界定中,西方所谓"大城市说"导致女性教师流动的解释没有获得支持。

　　总体上看,女性大学教师流动的问题比较复杂。如果用冰山理论来看,露出水面的是其流动的频率和方向特征,而潜藏在水下的原因则非常复杂。本书试图揭示其中一些核心变量,部分指标也考虑了控制变量可能带来的影响,但仍有继续深入研究的空间。

五、本章小结

　　本章的研究发现,中国与西方大学教师流动的核心影响因素的研究结论,在绝大多数方面是一致的,这可能与中国学术职业发端于西方的事实存在某种关系,也从另一个方面显示出,全球学术劳动力市场已经形成,该市场中核心的价值观念具有较强的普适性。但中国仍有一些流动影响因素与西方不同,一方面可能是由自身学术系统的特点决定的;另一方面也可能是因为学术劳动力市场的发育程度不同造成的。

　　需要指出的是,本章研究存在一定的难度与风险,有关研究结论仍值得进一步探讨,比如收入与大学教师流动关系研究难度很大,根本在于中国大学教师收入的界定和真实收入信息的获得存在很大困难,这导致不同研究者研究结论存在差异。比如阿特巴赫教授2012年发布的全球大学教师收入调查的中国数据①与笔者所在课题组2012年参与的全球50国大学教师收入与流动调查("MORE 2")的中国数据就有较大差异。同时,校际间大学教师收入也存在一定差异,比如阎凤桥教授调查发现"某中央所属大学在职教师平均工资,2000年为22612元,2008年为75738元,8年之间工资收入增加了2.3倍"。这高于本书调查中无流动经历教师的平均收入,又低于本文调查中具有流动经历的教师收入。与此同时,对于流动的界定不同也可能带来研究结论的不同,比如谷志远研究发现"西方研究者所持薪酬收入对学术职业者职业流动显著影响的观点没有得到印证","以年收入为2万元以下为参照,年收入在2万元至4万元和年收入在5万元至6万元的大学教师考虑职业流动的发生比例高于年收入2万元以下的教师;然而,年收入在4万元至5万元和年收入在6万元以上的教师考虑职业流动的发生比例低于年收入为2万元以下的教师"。②该研究侧重于流动意向与收入的关系而本书研究的是实际的流动行动,从而导致研究结论与其并不一致。

---

① Philip G. Altbach, Liz Reisberg, Maria Yudkevich, Gregory Androushchak. Paying the professoriate: a global comparison of compensation and contracts[M]. Library of Congress Cataloging in Publication Date,2012.
② 谷志远.我国学术职业流动影响因素的实证研究[J].清华大学教育研究,2010(6):73—79.

第八章

研究结论与展望

本章从研究假设与检验、大学教师流动与学术职业的发展的基本关系、相关理论拓展与分析三个方面对全书研究进行总结,最后回到全书最初对于中国学术劳动力市场国际人才流失研究、国内流动缺乏等批评,结合对于欧洲研究区促进教师流动经验的介绍,提出促进和规范中国研究型大学教师流动的若干对策建议。

一、研究假设的检验

本书围绕学术劳动力市场特征、规律和理论的研究与实践,结合对全球和中国学术劳动力市场的理解与分析,共从 4 个方面提出 9 条假设和 25 条子假设。其中,14 条子假设得到了验证,9 条子假设被否定,另有 2 条子假设得到部分验证。

表 36 研究假设检验

研究内容	假设	子假设	是否验证
学术劳动力市场的中心与外围:流动方向与规律	H1:从外围到中心是中国研究型大学教师流动的基本方向	h1 从政治外围流向政治中心	部分验证
		h2 从经济外围流向经济中心	部分验证
		h3 从学术外围流向学术中心	是

续表

研究内容	假设	子假设	是否验证
学术劳动力市场分割Ⅰ：人力资本与大学教师流动	H2：存在主要学术劳动力市场和次要学术劳动力市场	h4 流动能力强的教师居于主要劳动力市场	是
学术劳动力市场分割Ⅱ：社会资本与大学教师流动	H3：社会资本对于学术劳动力市场具有分割作用	h5 符合"强关系假设"的社会资本，在信息获取、参与决策和职位争取三个环节，影响大学教师流动	是
教师流动的影响因素	H4：收入与大学教师流动不存在显著相关性	h6 是否流动对于大学教师收入并无显著影响	是
		h7 流动次数对于大学教师收入并无显著影响	否
	H5：收入是影响教师流动的关键要素但并非核心要素	h8 相比于收入，声望对于教师流动的影响更大	是
		h9 相比于收入，绩效对于教师流动的影响更大	否
		h10 相比于收入，职称对于教师流动的影响更大	否
	H6：相比于绩效，声望对于大学教师流动影响更大	h11 高学术声望的大学教师，流动频率高于低学术声望的大学教师	是
		h12 高学术产出的大学教师，流动频率高于低学术产出的大学教师	否
		h13 控制相关变量情况下，处于高声望学术机构教师的流动水平高于高学术产出的教师	是
	H7：中国学术职业存在"资历惩罚(NRS)"现象，流动变量对于"资历惩罚"现象具有核心解释力	h14 资历越高，大学教师流动比例越低	是
		h15 资历越高，大学教师的学术收入越高	是
		h16 相同(相似)资历情况下，流动变量对于NRS模型的影响大于学术生产力的影响	是

续表

研究内容	假设	子假设	是否验证
教师流动的影响因素	H8:女性大学教师流动性低于男性大学教师	h17 女性大学教师整体流动频率低于男性教师	是
		h18 已婚女性流动频率低于未婚女性	否
		h19 女性大学教师配偶从事学术职业比例高于大学男性教师	否
		h20 配偶是否从事学术职业对于流动频率具有显著影响	否
		h21 高声望高校、低职称女性教师流动率显著低于低声望高校、低职称女性教师	是
		h22 中心城市女性大学教师流动性低于非中心城市女性大学教师	是
		h23 女性大学教师流动过程中在收入上存在"性别惩罚"现象	是
	H9:女性大学教师流动性高于男性大学教师	h24 低职称女性教师流动率高于高职称女性教师	否
		h25 女性教师学术职业间流动频率高于男性教师	否

二、大学教师流动与学术职业的发展的基本关系探讨

大学教师流动与学术劳动力市场研究,本质上服务于促进学术职业发展这一核心目标。在全书研究的基础上,本章将就这种深层关系展开讨论。在此过程中,笔者进行了两个维度的访谈,一是通过开展中国研究型大学人事部门负责人访谈,了解当前教师流动的主要问题,大学教师流动与知识增

长、高等教育质量提升、高等教育竞争力之间的关系。二是海外访谈,通过对美国波士顿地区哈佛大学、麻省理工学院、波士顿学院和波士顿大学4所研究型大学华人或华裔学者的访谈,就海外学者跨国流动趋势、问题及原因等作出回答。

(一) 大学教师流动与学术职业质量保障

当代社会,大学教师流动成为学术职业质量保障的关键内容。"合理的学术职业流动无论是站在高校教师的角度,还是从高校或是国家层面来讲都是有益的。……(教师通过流动)自身素质得到了提高。合理的学术职业流动也有助于营造竞争氛围,激发老师的创造力和开拓精神,通过教师流动也为其学术体制和人事制度提供了现实教材,有利于学校更好地吸引优秀人才。"[①]

与历史上其他时期不同的是,当前这种通过流动保障学术职业质量的行为正通过制度化的方式获得合法性。在全球高等教育国际化浪潮下,促进教师流动正作为学术职业健康发展的普适价值,从世界高等教育的中心向外围传播。

从广义上说,将遏制毕业生近亲繁殖纳入教师流动的制度范畴的强制性流动保证了学术职业的多样性,以及因此而激发的学术职业活力。正基于此,遏制学术职业近亲繁殖的努力正在全世界推行。当今中国,高等教育从大众化向普及化阶段过渡,高校招生和教师招聘速度趋缓,提高高等教育质量、增强高等教育竞争力成为这一时期的主要目标。此种背景下,绝大多数研究型大学逐渐将遏制近亲繁殖作为学术职业发展着力克服的历史问题,因强制毕业生流动而促成的学术职业多样性正在形成,并促进了高深知识的形成与传播,"如果一个封闭的高等教育系统不存在学术职业的流动,也就不可能产生竞争,高深知识也无法实现迁移来体现被控制和垄断的价

---

① 李志峰,谢家建.中国学术职业流动的内外部因素分析[J].大连理工大学学报(社会科学版),2007(12):72—76.

值,自然也就无法形成学术职业之间的竞争"。①

从狭义上说,以教师评价为基础的教师分流制度,正使大学教师流动趋于规范化。拥有严格的教师评价制度或者终身教授制度的西方国家,青年教师流动已非常规范。正如阿特巴赫教授所认为的,那些感觉晋升终身教授无望的青年教师,为照顾颜面,往往会主动提出离开。而当前,"非升即走"理念下的教师分流制度设计正在中国出现,研究型大学新入职的青年教师获得的更多是短期聘任合同,并且注明聘期任务。教师分流制度规范化,使学术职业成为可观测、可评价甚至可比的职业,这虽然容易滋生科研等显性指标至上的问题,但总体而言,促进了学术职业的竞争,保障了学术职业质量。

大学教师流动促进学术职业质量提升,其基本路径在于通过流动促进知识融合,通过流动使学术职业成为高筛选性职业。与此同时,一些新型的教师流动也对学术职业质量提升有益,比如一些研究型大学正更多地从产业界吸引具有博士学位或者高级技术和管理经验的人到高校任教,将产业界的最新成果和动向引进来,这也是教师流动促进学术职业质量提升的重要方面。

大学教师流动促进学术职业质量提升,根本原因还在于竞争的引入。高校之间,因竞争力强弱不同往往引发教师流动。在此过程中,可能出现两种情况,一是人才流失方教育质量降低,二是人才流失方通过提升自身竞争力遏制人才外流进而提升高等教育质量。访谈中,一些高校人事部门负责人认为,现实中这两种情况都客观存在。也有的人事部门负责人认为,多年的高校教师竞争,在同层次类型高校中也会形成一定的"默契",彼此"互不挖人",此时竞争的舞台从国内转向国际,这在某种程度上进一步促进了高等教育的质量提升。

(二)大学教师流动与学术职业中的知识增长

与很多其他职业激烈的同行竞争不同,大学教师具有积聚的特征。知

---

① 李志峰.论高深知识与学术职业[J].中国地质大学学报(社会科学版),2009(9):114—119.

识的分化,使学术研究至少是自然科学研究,已经过了"单打独斗"就能获得重大成就的历史时期,研究团队、课题组正越来越大型化和多学科化。众多不同方向的学术精英汇聚在一起,对于知识的发展往往能起到极大的推动作用。

各研究型大学在交叉学科、新学科创立过程中,往往没有现成的人才可供使用。该种情况下,从国际或国内吸引人才成为必然选择。比如华中科技大学正在筹建的航天专业,本校既有的师资力量薄弱,必然需要引进大量的外部资源。北京大学的软件与微电子学院、上海交通大学的微电子学院、华中科技大学的生命科学与技术学院、光电学院等都具有鲜明的上述特征。这些新成立的学院或者列为学校战略发展的学院的某些新的研究方向,往往大量引入师资,且这些师资绝大多数来自于其他学术机构(且大多并不是新毕业的博士)。如果仔细分析,我们还可以看出,这些学院近年来发展极为迅速。这很大程度上,体现出大学教师流动对于知识增长的巨大贡献。

大学教师流动促进知识增长,主要原因除在于上述教师的积聚效应外,还在于流动过程中不同学术系统和学科基因的碰撞,能不断激发学术系统的活力。而这正是低流动频率的学术职业所缺乏的。

大学教师流动促进知识增长也是西方各国的共识。比如在德国,一直具有的促进教师流动的传统,很多时候显得不近人情甚至有些残忍。其对于大学教师流动的促进,既有强迫性的也有激励性的,对于青年学者,往往通过制度规定,避免其在同一学术机构从最低职称一直晋升到最高职称。激励性的措施则主要集中于高级职称学者,尤其是最高级职称 Q4 级教授。为促进他们进行流动,政府采取了提供现金奖励等大量举措。

反过来看,笔者认为,中国学术职业整体水平低于西方的现象也与低流动频率有关。改革开放超过 30 年,与经济制度的大幅改革相比,中国的高等教育改革缓慢,学术系统极为封闭,没有实行终身教职制度,但似乎人人都是"终身职"。与德国相比,中国目前研究型大学中绝大多数教师的讲师、副教授、教授职称几乎都在同一个学术机构获得,甚至很大一部分教师的三级学位与低、中、高级职称都是在同一个学术机构获得,他们在同一所大学求学、工作直到退休。没有分流机制的学术职业,没有同行评议的学术职业,"旱涝保收"、没有危机意识的学术职业,造成了学术知识生产的低效率和低质量,导致中国学术职业缺乏活力和后劲。

这种情况主要是由历史原因造成的,正如加雅拉姆和阿特巴赫教授所认为的,"在计划经济体制建立以来的近50年时间里,中国高校教师的聘任基本上采用'终身制'。教职人员一旦被聘用,就获得了所谓的'铁饭碗',即一份终身有保障的工作。无论其资历与贡献如何,所有教职工的工资待遇基本相同。几十年来,这种聘任制度导致了高校出现了大量的冗员、不合格教师及效率低下等问题"、"冗员问题随着高校合并变得日益严重。……如果一所规模小且不太知名的高校与一所规模更大且具有较好声誉的高校合并,那么,合并后的高校一般会以后者来命名,其教师聘任标准也以后者为准。如果规模较小的高校中教师的总体水平相对较低的话,很明显在合并后的高校中,他们将处于不利地位。"[①]

访谈中也有一种观点认为是文化原因导致中国学术劳动力市场的低流动性。有高校人事处负责人认为,大学教师流动与知识生长的关系显而易见,中国为何迟迟不能提高大学教师流动的总体比例,根本原因在于中国的传统文化中讲究"乐业"——追求稳定的传统。而这种文化是很难改变的,所以中国学术职业稳定的现实难以改变。笔者并不完全赞成这一看法,比如本书研究中我们发现,日本在1993年和2007年学术职业调查中,大学教师流动比例大幅上升,具有"3个及以上"工作单位的教师比例已超过全部学者的五分之一。而在日本的文化里,对于稳定与论资排辈的强调丝毫不亚于中国。另一方面在中国内部,其他曾经一度被认为稳定的职业,在过去几十年里,流动频率也大幅上升,这说明中国人不愿流动的文化当然可以改变。

笔者认为,中国大学教师流动的根本障碍在于制度设计而不是文化。一是在学术职业入职、职业生涯发展过程中缺乏人才分流制度设计;二是公立大学教师保持与国家户籍制度、档案制度、事业单位管理制度的紧密联

[①] N.加雅拉姆,菲利普·G.阿特巴赫.孔子与古鲁:中国与印度学术职业的变革[J].高等教育研究,2007(2):24—32.

系，一定程度上限制了流动；三是在教师流动过程中缺乏相应的政策引导与制度保障。笔者认为，既然对于大学教师流动与知识增长的正向关系无争议，就应想方设法在国家层面、高校层面采取更多有力举措，促进正向流动。"流水不腐，户枢不蠹"，学术职业不应该成为静止的死水，而应成为奔腾的江河，在流动中焕发活力。

(三) 大学教师流动与学术职业健康发展

满意度、稳定性和吸引力是学术职业健康发展的关键表征。

本研究显示，流动表现出对于教师个人和家庭满意度提升的积极作用。具有流动经历的教师在流动发生后，总体满意度大幅上升，7项满意度分指标不同程度上升，且只有不足2％的被调查者对流动行为表示后悔。

但大学教师流动却一定程度上引发高校人事管理部门对于学术职业整体稳定性的担忧。一方面，对于过度流失人才，扮演教师输出角色的高校而言，它们对于稳定性的担心在于明星教授出走，进而引发人才流失的从众效应，并使人才引进难度更大。正如某高校人事部门负责人所谈到的：

这就像一场拍卖。优秀教师奇货可居，往往是价高者得。我们与一线城市拥有雄厚资金实力的高校同台竞技，往往处于下风。与此同时，即使守住高校内部已有人才尤其是知名教授的难度也在增大……无论如何，人事工作越来越像一场战争，战争的胜利者将明星教授和有潜质的青年教师带回了自己的学校。

另一方面，对于大力促进流动引进教师的高校而言，也要面对学校内部稳定性的考验。在缺乏学术职业分流机制的中国，研究型大学面临一个问题，一方面要建设世界一流大学，另一方面，大批长期因历史原因、制度原因、近亲繁殖等积累下来的"低水平"学者占据学术岗位，目标人才却难以引进。一些有野心的高校管理者试图对这一现状进行改革，但这种改革面临的最大问题就是稳定。某高校人事处负责人谈道：

市场上不缺乏可以引进的优质人才。问题是，这些人来了以后放在哪里？我们试图对那些不适应学校发展要求的教员进行分流，但困难远比想象中的大。那些考核未通过的教师认为制度的不公而不是自身的能力欠缺，导致了他们需要转岗或者离去，而面对那些为学校服务数十年的人员，以及错综复杂的学校人事关系，'挥泪斩马谡'需要领导的巨大支持和改革者的无畏精神……在中国的大学里，也可能在所有依靠政府财政发放工资的职业中，最难改革的就是人事制度，最难分流的就是人。

与自然生态系统一样，学术生态系统也有自我更新的功能，但过程极其缓慢。教师从入职到自然退出，时间长达30—40年。但如果要改变这种自然退出的规则，对教师是否胜任进行评判，做出"非升即走"的决定，必然面临巨大的稳定压力。正如沈红教授所认为的，"腾笼换鸟"式的人才流动对于学校元气是一种伤害。

那么，美国高校有没有对于流动危害稳定性的担心？麻省理工学院某教授认为，基本不存在这种担心：

美国教师流动非常平常，且往往是双向或多向的。比如哈佛大学在美国排名第一，麻省理工排名在第三到第十，如果在中国，排名第十高校中的学者如有机会进入北大或清华，他们往往会选择流动，但在美国，一方面，他们可能从麻省理工流入哈佛，但另一方面，也有学者从哈佛流入麻省理工……这种相互流动维持了学术系统的平衡和稳定。有点类似于美国职业篮球联盟（NBA）中的篮球明星。他们在不同俱乐部之间的转会是自由的，虽然也存在一些传统的强队与弱队的概念，但是绝不可能出现只有从弱队向强队跳槽的局面。

笔者的合作导师阿特巴赫教授本人就是典型案例。他先后任教于哈佛大学、威斯康星州立大学、纽约州立大学等机构，最后回到波士顿学院。如果中国教师来选择，当他们进入哈佛大学之后，再流出的可能性则会很小。在这一点上，中美有很大差异。中国大学强调分层而不重视分类，强调一个中心而不是多个中心，造成的结果就是"逐层递进式"的大学教师流动，即：一般地方高校大学教师流动的目标可能是"211工程"高校，"211工程"高校教师流动的目标可能是"985工程"高校，"985工程"高校大学教师流动的目标则可能是"985工程"中排名靠前的高校。且这种流动大多是单向的，最终因无法形成回流影响学术职业的稳定。

大学教师流动与学术职业吸引力。二者的关系主要体现在大学教师流动的最后一种类型——职业间流动上,即外职业向学术职业的流动与学术职业向外职业的流动。

在美国,一些在非高等教育系统(如企业)中具有博士学位的专业人员会来到大学任教,一些特殊的学科(如商学)中这类人员的比例较大。也有折线型的流动,比如从大学到政府再回到大学的流动。前任哈佛大学校长劳伦斯·萨默斯曾为哈佛大学教授,然后担任美国财政部部长,卸任后再回到哈佛大学。笔者的调查中,中国研究型大学教师来自于非学术职业的比例比美国要低,但是中国存在的一种特殊类型的职业间流动需要关注。一些明星官员和明星企业家甚至歌星影星,摇身一变成为大学教授。这种情况在中国的发生比例正在上升。

当前中国社会对于成功人士,比如明星官员、商人的崇拜正蔓延到高校,一些高校正张开臂膀,试图接纳这些官员、企业家成为他们中的一员,从而获得更多的利益。官员、企业家则更为热衷于此道,名片中大学教授的荣誉似乎让他们对于知识的理解增进了不少,教授的光环、出入各种讲座与论坛传授他们所谓的成功哲学,俨然让他们成为了进步知识的代表。而那些曾经真正的学者,也削尖了脑袋试图成为这些类型的成功人士,一部分人如愿进入完全陌生的商界和政界,凭借他们过人的天分,也往往能取得不小的成功。

能量守恒的哲学中,获得与失去是一种攻守平衡。教师、官员和商人们都获得收益的同时,伤害的是谁?只可能是学术职业。邓晓芒教授曾怒斥中国公共知识分子的减少,一个原因可能就是这种大学对于官员和商人的崇拜。

学术职业向非学术职业的流动,在20世纪90年代的中国曾大规模发生,这是学术职业吸引力下降的显著标识。本书访谈中,当前中国研究型大学该种类型的流动比例较低。这可能是由两方面原因造成的:一是学术职业社会地位近年来大幅上升;二是上述教师与政界、商界的隐性流动正得到默许,教师根本不需要离职同样可以完成自己经商或者从政的目标。一位人事部门负责人谈道:

有些学科的大学教师们,根本不在乎自己的工资是多少。他们在乎的是项目的多少,或者公司的收益。学校对于教师工资的增加已经不能吸引他们留下……但是不给钱可以给政策,学校对于他们各种创收行为的默许最终让他们选择了留下。

学术职业中知识正与金钱建立起微妙的联系,这或许就是斯特劳所言的"学术资本主义"的表现。教师在与市场互动的过程中,对知识进行了定价并从中获益。如果对比工资收益,大学教师与同学历水平的专业技术人员会有极大的差异,但这种默契却维系了中国学术职位的稳定。

总体而言,学术职业内部教师流动是学术职业健康发展的表征,因流动而促进满意度提升,因流动而促进竞争力提升。学术职业间教师流动是学术职业吸引力的表征,也是学术职业包容性与分流机制的体现。

(四) 大学教师流动与学术人才的流失

在笔者试图开展大学教师流动的研究之前,一直会被问到同一类问题,即对于研究型大学教师而言,流动好还是不流动好,频率高好还是低好。这是个非常难回答的问题,因为流动的类型非常复杂,流动的原因多种多样,基于不同的视角往往得到不同的结论。但这又是一个不能回避的问题。没有清晰的价值指导,将无法明确中国当前大学教师流动存在的核心问题,无法就问题改善提供建议。结合访谈和个人思考,以下从人才流失的视角对研究型大学教师流动进行价值探讨。

"二战"之后,"人才流失"(Brain Drain)一词受到广泛关注。笔者查阅过的直接以"Brain Drain"为题目出版的英文专著就接近 50 部。之后,对另一个与之对应的词"人才获得"(Brain Gain,也有的翻译成"脑力循环")的研究也开始兴起,不少学者试图将这两个发音接近的词放在一起进行对比研究。所谓"人才流失",一般是用来指科学家或技术专家的流失。也有学者将之界定为"对于一个国家可能造成影响的垄断性人才的流失"。[1] 目前这一概念的外延有扩大化趋势,有的研究将社会科学中的精英纳入进来;有

---

[1] Richard Lynn. The Irish Brain Drain [M]. The Economic and Social Research Institute,1968:1—20.

的研究将所有具有一定学历水平但在海外工作的人也称为人才流失;而有的研究干脆认为,在海外攻读学位也属于人才流失。如果试图对已有的人才流失的研究进行文献的划分,我们会发现,最简便的方式就是国家维度:绝大多数研究文献都会在显著的位置标出,讨论的对象是哪国的人才流失,不少的研究被冠以《人才流失:××国到美国》这样的标题。

无论采取何种人才流失的界定,学生还是教师、社会科学还是自然科学,中国都是国际人才流失最为严重的国家之一。20世纪末,茨威格和陈昌贵(Zweig & Chen Changgui)等学者试图对中美人才流失进行研究,在美国波士顿、纽约、水牛城、阿尔伯克基、加利福尼亚等地对中国留学生和华人学者展开访谈,取得了一系列重要发现。[①] 20年之后,笔者在波士顿地区访谈发现,部分上述情况已发生变化(如华人学者与中国联系变得密切),但中美人才流失基本格局没有改变。据阿特巴赫教授介绍,2010年超过80%在美获得博士学位的华人没有回国。据波士顿华人学者介绍,仅在哈佛大学附属医院工作的华人就超过2000人,其中绝大多数是在美国获得学位。除获得海外学位进而留在国外这一传统路径外,在国内获得博士学位后赴美从事博士后工作,或者直接到美国寻找工作的情况也在发生。

从海外向中国的流动来看,中国政府近年来采取的多种举措,大幅改善了海外人才回国工作的条件,有一大批学者回到了祖国,但总体比例仍较低,高层次人才回归较少,且大部分以兼职为主。同时归国华人分布不均,主要集中在北京大学、清华大学、上海交通大学等一批中国顶级大学之中。访谈中,美国华人学者普遍认为,近年来华人归国学者有所增加,随着美国等经济衰退或债务危机出现,未来这种归国趋势还会继续。海外青年教师对回国多持观望态度,终身教授虽不愿回国,但仍保持一定程度与中国研究

[①] 如:第一,最高比例的人才流失来自北京(43.6%)和上海(17.9%);第二,近一半的人不确定是否回国或者确定不回国;第三,中国流失的人才在美国工作获得的薪金较高(家庭年收入高于2万美元),"经济因素很可能导致他们不愿回来";第四,近四分之一的人拥有两室一厅的公寓,"这可以解释为什么有孩子的人不愿回国";第五,女性不愿意回国的比例是男性的一倍;第六,41.5%的中国父母不愿意他们的孩子回国发展;第七,37.7%的被调查对象已与国内没有什么联系。David Zweig, Chen Changgui. China's brain drain to the United States: views of overseas Chinese students and scholars in the 1990s,1996.

型大学的学术联系。

华人或华裔学者向中国研究型大学流动目前仍存在问题,引不来、留不住和培养不好最为突出。造成这一现状的主要原因在于:

第一,薪酬水平。中国高校教师薪酬水平总体偏低,如完全依赖工资收入甚至难以生存。2010年,毕业于美国西北大学的浙江大学青年教师涂序自杀。扣除各项费用,临终前其实际月工资仅2000余元。访谈中一位教师谈道,"周围的一些学者回到国内后,赚的钱还不如在美国做博士后赚的多"。低薪酬无保障,因而中国研究型大学教师被迫从事各种课题的申请。这使他们工作压力增大,由于纵向课题较难获得,他们往往花费大量时间在一些低技术含量、较容易获得的横向课题上,通过知识交换养家糊口,俨然成为了"技术工人"。

第二,学术环境。比薪酬制度更为引发海外学者担心的是学术环境。无论是职称评聘、论文发表还是课题申请,都充斥着一些非学术的力量,这些力量甚至起决定性作用。这使得海外华人学者感到恐惧。一位青年教师在访谈中谈道,"我硕士和博士都在国外攻读,回到国内,没有关系。我又不擅长和别人打交道,将会困难重重"。

一位从上海某著名高校辗转斯坦福大学,目前在哈佛大学从事研究的教师谈到不愿归国的几条原因较有代表性。第一,研究平台。国内研究型大学研究平台还较低,与国际水平相差太远;第二,学术体制。美国的华人学者经常说,"在美国搞学术,回中国当官",国内行政人员掌握了太多资源,而一旦从事行政工作又牵扯太多精力无法专心学术。第三,论文发表质量。国内发表的论文质量较低,往往不能经受住时间检验,存在一些修改数据甚至数据造假的情况,缺乏同行评议是重要原因。第四,"关系"。无论是课题申请还是文章发表或者职称评定,都需要关系。很多海外回国的人,都不太擅长处理关系。

近年来中国政府和高校采取大量举措吸引海外华人学者回国,主要措施是大幅增加华人学者回国工作收入。但是收入的改善能促进海外学者的回归吗?一位教师讲了两个例子,一是欧洲有的国家大学教师的工资收入水平、社会福利等好于美国,但大量学者仍流动到美国。二是中国一个

"973"项目的经费往往数千万之巨,美国的科研项目经费要少得多,但华人学者仍然不愿归国。其他几位教师也大致表达了类似的观点,即最顶级的人才不会因为钱而跨国流动。

从中国学者向海外流动来看,依靠在中国本土成就获得美国职位的教师数量较少。笔者认为,这种情况的发生,非但不能说明中国高校教师国际流失少,反而说明本土学者仍缺乏国际竞争力,是整个学术系统人才培养竞争力和声望缺失的表现。只有当中国学者开始大幅全球流动,中国才真正参与到国际学术劳动力市场的人才竞争与交换,更多海外顶级人才才会来到中国。

笔者认为,大学教师流动虽然与人才流失有一定关系,但教师流动往往并不是人才流失的主要渠道。因国家间经济和社会发展水平的差异,高等教育发达程度和开放程度的差异,引发的学生流动并异国就业,才是中国人才流失的根本原因。笔者同时认为,该种情况也适合于绝大多数发展中国家。但是美国之外的发达国家的情况则有所不同,比如欧洲一些传统的经济强国和高等教育强国,会同时面临学者流失和学生流失的两面夹击。

随着中国经济的高速发展,教师经济收入与发达国家差距在逐步缩小,学术职业国际化水平在提高,学术自由等学术环境在改善,实验环境等工作条件在改变,这些都可能预示着未来国际学者和海外华人学者流往中国的可能性会持续增加。但最为根本的改变还在于学术基因的变化:随着中国研究型大学具有海外学位的教师比例不断上升,这些学术职业的新一代,将带回更多的海外高校学术传统,注重流动就是其中之一。这部分新鲜血液的加入,未来若干年,将会使中国高校教师的国际流动不断增加。

与欧洲国家不同,中国因教师流动而导致的人才流失,主要不是发生在国际层面,而是在中国不同地区之间,尤其是中、西部向东部的流动,非核心城市向核心城市的流动。这导致中西部高校往往成为青年学者的培养基地,一旦学者取得一定成就,具备了在学术劳动力市场中的交易价值,流失的风险随之加大。但这一情况似乎在改善,一些高校人事部门负责人认为,研究型大学地域间的流动正在降低,已基本遏制了"孔雀东南飞"的问题。一位人事部门负责人认为西部研究型大学正出现一种"特殊的稳定":"以前西部教师向东部的流动确实很厉害,但现在的情况是,这种流动不严重……我们的教师不愿意去比我们差的学校,比我们好的学校的教师不愿意来"。一位东部高校的人事处负责人也提到"这种情况(中西部向东部的大学教师流动)在之前较为普遍,这些年却很少发生了。我们去西部高校考察,他们的研究条件、收入水平、工作条件等都已经大幅提升,不比东部的学校差……'985高校'的总体待遇已经非常接近。与此同时,西部高校教师面临的住房压力要比'北上广'等一线城市高校教师面临的住房压力小得多。因此,那里的学者现在比较稳定,并不愿意流动"。

某人事部门负责人认为,真正促进大学教师向东部流动的原因在于"文化"。"学校氛围好的高校,教师们都愿意去","年轻的教师可能更看重待遇、职称等,对于已经是教授的教师,他们更看重环境,也就是学术氛围和学校环境","学校氛围越好,汇聚的人才会越多,则越来越多的大学教师流进来"。

中国研究型大学教师在区域间流动情况在好转,但本研究仍显示出西部学者具有更强烈的流动动机,需要密切关注。当前,中国学术劳动力市场刚刚出现,中国经济基本面较好,各研究型大学教师收入差异不大,地域间流动在减缓,但当学术劳动力市场成熟,单位制度逐渐瓦解(事实上基于档案制度的单位制度已经在瓦解,部分高校采取的扣留档案等方式已经无法限制教师流动),大学教师流动可能引发从众效应,当中西部学者向发达地区的流动比例大幅提高,精英高校教师流动与地域符号建立起更为紧密的联系,中国高等教育的发展将会重现经济领域地域间发展失衡和断裂的困局。

总体上可以认为,当前研究型大学教师直接的跨国流动并非导致中国人才流失的主要途径,国内研究型大学教师跨地域的流动也非中西部人才流失的"罪魁祸首"。至少在当前时期,不应过度担忧中国研究型大学教师流动可能导致的负面效应。反而应该看到,在国际流动方面,直接的人才跨国流动是一国学术职业竞争力的综合体现;国内流动方面,流动可能导致更多正效应。

三、全书研究的总体结论

（一）大学教师流动促进学术职业的起源，在学术职业形成、学术规范建立、学术自由获得、学术职业吸引力提升等方面起到核心作用

大学教师流动与学术职业的起源与发展，保持着天然而紧密的联系。早期学术人才缺乏的时代，教师的流动导致人才的聚集，进而形成最早的高等教育中心，最终促成学术职业形成；早期教师以流动为武器，与市政当局、宗教团体以及市民社会展开斗争，初步构建起学术职业的生存空间和职业规范，并通过大学教师流动促进这种规范在世界范围内的传播。可以认为，流动是学术职业生而具有的特征，是学术职业的原始"基因"。

在当代，大学教师流动与学术职业发展的关系变得更为密切。一方面，流动促进学术职业健康发展正成为越来越多国家或高等教育系统的共识。在一些国家和地区已经开始出现强制性或激励性的促进大学教师流动的规范性文件。另一些国家则将流动交给市场，由"看不见的手"利用供需和竞争来调节人才流动，并将规范学术市场秩序纳入政府职责。流动已成为学术职业的常态。在发达的学术系统中，我们很少再看到"生于斯、长于斯、学于斯、工作于斯、退休于斯"这种极度缺乏流动的模式。在成功的教师身上，我们往往会看到来自多个学术机构甚至多个学术系统的学术基因。

另一方面，大学教师流动成为学术职业是否健康发展的晴雨表。一国教师适度比例的流动，已成为学术职业活力的重要体现；而过大规模地向其他职业流动，则敲响学术职业吸引力下降的警钟。一所高校中的教师，参与到多向度、跨越地区甚至国界的大学教师流动，已成为该校教师竞争力的重要体现；反之，单向度的向其他高校、学术系统或其他职业的流动，则意味着该校学术职业正面临困境。

（二）西方主要国家大学教师流动显著提速；流动方式从结构性迁徙转向制度性迁徙；世界范围内的学术劳动力市场正在形成

"二战"之后，世界范围内的大学教师流动提速，并从结构性迁徙转向制度性迁徙。依据经济、文化、教育和社会发展水平的不同，一些世界性和地区性的学术中心陆续出现，学术系统的中心与外围划分日渐清晰，外围学术系统中的教师正与中心学术系统保持越来越密切的联系，流动也日渐频繁。最近15年来，世界主要国家的大学教师流动比例快速上升，部分国家甚至实现了流动频率的翻倍，在西方一些主要国家，具有三次或以上学术工作经历的教师比例陆续超过50%。这种趋势在一些国家还在继续，比如可以预见的是，欧洲国家大学教师流动比例还会上升，因为他们正在采取更大的促进教师跨国流动的努力。

大学教师流动的趋势正与高等教育的全球化与国际化保持更为密切的联系，并表现出新的特征。当前，对于发展中国家而言，学术能力的欠缺使他们的流动更多局限在本国学术职业中，发展中国家向发达国家的学术人才流失仍以学生流动为主。更多的是发达国家的教师活跃在全球学术劳动力市场，这一市场，正像商品市场一样，正在形成全球性的定价体系。可以预见，不同地区和国家间教师的价格差将会促成更大规模的世界性的大学教师流动。与此同时，大学教师流动的趋势正在对一些传统的教育观念提出挑战，比如学术劳动力市场对于教师的评价更多侧重于教师的科研水平而非教学能力，获得高质量教师的谈判正在以承诺降低教学任务为筹码，这表明传统的教学科研相结合的基本观念已经发生根本性的变化。

（三）中国研究型大学教师流动大大低于西方和部分亚洲国家，但近年来表现出上升态势。不同类型高校教师流动频率差异大，有流动经历和无流动经历教师学业发展与职业发展路径存在差异

中国大学教师流动总体频率偏低。全口径的中国大学教师流动频率不仅低于欧美国家，而且大大低于日本、韩国等被国际上公认为"缺乏流动"的

国家。中国研究型大学教师流动频率虽大大高于地方高校和高职院校,略高于中科院系统,但从国际上看仍处较低水平。从长期流动频率来看,只有3—4成研究型大学教师有过流动经历。从短期流动频率来看,5年内只有约 1/4 的研究型大学教师具有流动意向,约 1/10 的教师付诸了行动。对北京大学等 6 所研究型大学教师简历分析发现,过去 10 年里,教师的总体流动频率仅为 15.9%。中国高校大学教师流动的总体频率,低于两次世界范围学术职业调查中的绝大多数国家。但这并非完全是追求稳定的东亚职业文化造成的,对比日、韩的大学教师流动,可以发现,传统单位制度的影响、学术劳动力市场不健全、学术系统缺乏人才分流机制,以及因历史原因导致部分大学教师流动能力欠缺,是造成中国大学教师流动频率偏低的主要原因。

研究发现,不同类型高校教师的流动频率差别较大。工科类高校流动频率高于文科类高校,新成立的学院高于传统学院,西部和中部教师流动意愿最强,西部和东部教师实际流动比例最高。当前职称为副教授的教师过去 5 年流动意愿最强,实际流动行动的比例最大。学历水平越高,流动意向越高,流动行动比例越高。男性的流动意向和流动行动高于女性。中年教师流动意向和行动比例最大,其中以"31—40 岁"年龄组教师为最。

研究发现,有流动经历和无流动经历教师的学业发展与职业发展路径存在差异。学业发展路径方面,有流动经历教师更早获得硕士和博士学位,更多在海外获得本、硕、博三级学位和博士后经历。职业路径方面,有流动经历教师倾向于读完博士再工作,无流动经历教师则在职读博比例高。有流动经历教师平均在每个单位工作时间为 4—5 年,也可认为入职 4—5 年是研究型大学教师流动的高发期。国际流动来看,美国是中国研究型大学具有流动经历教师的主要来源国;国内流动来看,"其他本科高校"、"211 高校"和科研院所是中国研究型大学流动人才供给的主渠道。

研究发现,中国研究型大学教师的低流动频率正在改变。海外华人教师正越来越多通过直接或间接的方式回到中国;随着更多具有海外学术基因的教师加盟中国学术系统,会将西方学术系统中的流动传统带到中国。中国研究型大学也开始了人才分流机制的改革,通过以合同制、人事代理、绩效评价等方式，正将非升即走、非升即转等观念引入中国。中国的学术劳动力市场也在日趋健全，教师从对学术机构的忠诚，变成对个人市场价值的权衡，这将是大学教师流动的根本内驱力。可以预见，不久的未来，中国大学教师流动会大幅提升，除上述制度原因外，还包括另外两方面因素。一是从众效应，周围的教师发生流动将形成强烈的示范效应，进而激发更多的教师参与流动；二是社会资本，即如传统人才迁徙理论所认为的，先期迁徙的人会为后来者提供信息及其他帮助，社会资本引发大学教师流动的情况未来也可能大幅发生在学术职业中。

（四）中国客观存在学术劳动力市场分割，人力资本丰富的大学教师流动性强；社会资本尤其是"强关系"社会资本，对教师流动的决策、过程和结果具有重要影响

研究发现，中国学术劳动力市场确实存在显著分割现象，学术能力是影响研究型大学教师流动的重要因素。主要学术劳动力市场和次要学术劳动力市场在四个方面的学术能力指标方面存在显著差异。在博士学位比例和获得地点方面，中国研究型大学中具有流动经历教师的博士学位获得比例更高，海外获得三级学位的比例更高。在国际化研究经历方面，无论是中国研究型大学还是中科院系统的教师，都表现出具有流动经历教师海外阅历更丰富的特征。在学术成果方面，中国研究型大学具有流动经历的教师出版的论文尤其是经同行评议的论文数量更多，无流动经历教师则更多出版专著、编著等。在获得竞争性研究资源方面，中国研究型大学有流动经历的教师获得的课题数目少于未流动教师，但经费总数多于后者。

研究发现，社会资本对于中国研究型大学教师的流动具有重要影响。一方面，社会资本影响流动决策。流动决策过程中与"周围进行过职业流动的其他大学教师"、"朋友"、"配偶"、"目标学校或城市的亲朋好友"或"父母"进行过讨论的被试，流动后满意度显著提升，其中4项属于"强关系"社会资本，1项属于"弱关系"社会资本。另一方面，社会资本影响流动过程。从"其他高校研究者"、"同事"处获取招聘信息并进行职业流动的教师，流动后满意度水平显著提升。基于学缘建立起来的师徒、同门之谊在实际的教师

流动职位争取过程中,发挥了极为重要的作用。在职业流动、职业争取过程中,教师们最可能获得帮助的社会资本排序是"博硕士导师或同门师兄弟"、"同行业其他学校教师"、"原学校或部门负责人"、"原学校同事"、"亲朋好友"、"其他"、"同行业其他学校教师"。

(五)中外学术劳动力市场决策过程模型整体一致,少数流动影响因素存在差异

我们在收入与大学教师流动的研究中发现,流动发生后,确实出现了大学教师平均收入的大幅增加。大学教师收入与是否发生流动显著相关,流动次数与教师收入呈显著正相关关系,但收入只是流动影响因素之一,并非首要影响因素。在声望、绩效与大学教师流动的研究中发现,高学术声望的大学教师,流动频率总体上高于低学术声望的大学教师;高学术产出的大学教师,流动频率与低学术产出的大学教师差异不显著;声望对于教师流动的影响大于绩效,这与西方理论假设保持一致。在资历与大学教师流动的研究中,一方面印证了西方假说中资历与大学教师流动的负相关关系,即工龄越长,大学教师流动比例越低,职称越高,大学教师流动比例越低;另一方面,西方假说中的"资历惩罚"现象未得到验证,即高资历的大学教师与低工资的相关性检验未通过,这可能与中国并未实行终身教职制度有关。在性别与大学教师流动的研究中发现,中国的女性大学教师流动频率并不显著低于男性,这与西方研究结论不同,但女性教师流动过程中确实存在"性别工资惩罚"现象,二者通过流动获得"高工资"的可能性相差15倍之多。

研究发现,中国研究型大学教师流动过程中更看重长期发展性指标,而非短期收入性指标。教师自我评价的流动影响因素排序中,个人与家庭因素的总体排序是,"个人成长机会"、"子女教育机会与环境"、"配偶的工作地点"、"职称或头衔"、"赡养老人"、"住房"、"个人总收入"、"潜在收入及保险福利"、"配偶的发展机会"、"工作量和工作压力"、"配偶的收入"和"与亲戚朋友的距离"。学校因素的总体排序是,"所在单位学术自由氛围"、"与学术圈联系的紧密程度"、"所在单位各项制度与政策"、"学校或院系声望"、"所在单位学生生源质量"、"总的研究经费"、"与同事的协作或关系"、"研究设

备与图书馆设施"。社会因素的总体排序是:"社会风气"、"地理位置"、"社区教育设施"、"气候环境"、"是否大都市"、"社区的娱乐和休闲设施"。在所有 27 项教师自评的流动影响因素中,"个人成长机会"排名第一。

研究发现,教师流动前后各影响因素指标变化情况与教师自评流动影响因素的排序高度吻合。

研究发现,个人与家庭因素对于教师流动回归模型贡献最大,其次是学校因素和社会因素。因子分析将 27 项流动影响因素概括为 7 大类,对于模型贡献程度从高到低依次是:机构因素、区域因素、配偶因素、其他家庭成员因素、收入因素、职业空间因素、工作压力因素。全书研究中,无论从教师自我评价、流动前后各项指标变化幅度还是从模型分析结果来看,收入都不是影响中国研究型大学教师流动的核心要素。

可以认为,西方发达国家大学教师流动影响因素的研究虽然也有较大争议,但绝大多数的研究结论集中在收入、工作条件和职称三个方面。中国研究型大学的教师,在进行流动决策时虽然也关注上述方面,但个人长期的发展、配偶和家庭、学术机构的地理位置和声望等才是他们关注的核心要素。中西大学教师流动影响因素很大的差异在于对待收入的不同态度。美国等发达国家教师收入与流动的关系极为密切,但本研究发现,中国教师在流动决策过程中,对于与收入相关的指标(工资收入、工资外获其他收入的机会、住房)认同度并不高。调查中甚至发现,部分中国教师在流动发生后,收入大幅下降,这在西方大学教师流动过程中是较少出现的。但他们流动前后整体满意度和分类满意度仍然在上升,极少有教师后悔当初的流动决策。

家庭因素是中国大学教师流动决策时考虑的非常重要的一个方面,其重要程度从高到低排序是子女、配偶、父母和亲友,这一排序对于是否具有流动经历是没有差异的。可以看出,核心家庭成员的发展是大学教师流动最为关注的家庭因素,尤其是子女教育、配偶工作地点两项非常显著。同时表现出较强的"夫唱妇随"的特征,即影响女性教师选择是否流动的因素几乎都与丈夫有关。这与西方的研究结论比较一致。

中国的大学教师流动也非常看重目标学术机构的声望和地位。从低声望高校流入高声望高校，从非核心地区流向核心地区，仍是主要的流动路径。这与优秀教师的积聚效应、核心城市和核心高校更多占有各类资源和潜在资源等有关。积极的发现是，当前从西部研究型大学向东部大学流动的教师比例在下降，顶级研究型大学的部分教师面对激烈竞争也开始考虑向一般研究型大学流动。这些表现是有利于中国学术职业健康发展的。

（六）后发国家学术职业的共同特点是缺乏流动，应通过畅通与国际学术劳动力市场联系渠道等方式促进流动

本章即将绘制的世界上18个学术系统大学教师流动频率与满意度的二维象限图，从中发现中国、巴西、南非等后发国家全部集中在二三象限，共同的特征是缺乏流动。本书提出了后发国家学术职业向发达国家学术职业靠拢的四个阶段，一是本国优质生源向外输出阶段（间接流动），二是本国生源批量回流阶段，三是本国大学教师直接向发达学术系统流动阶段，四是本国大学教师与发达学术系统人才互动流动阶段。笔者认为只有后发国家以更积极的心态畅通与国际学术劳动力市场的联系渠道，同时，后发国家应完善本国学术劳动力市场入职制度、构建起本国的终身教职制度、整合和提高本国现有的学术职业资源并促进薪酬与社会保障制度的跟进，才可能通过流动促进学术职业发展。

（七）海外华人或华裔学者出现一定程度归国趋势，但更多持观望态度，对于学术环境、学术平台和薪酬水平的担忧是主要原因

访谈发现，国际上，华人教师虽出现一定程度的归国趋势，但华人青年教师更多持观望态度，华人终身教授更多愿意以兼职身份保持与大陆学术职业的联系。主要原因在于其对中国学术环境和学术研究水平信心不足，中国学术职业薪酬水平过低也是重要方面；国内来看，短期内中国研究型大学教师流动仍将继续保持在较低水平，主要原因在于研究型大学内部仍缺乏分流机制，高校与高校之间、高校与科研院所之间流动壁垒仍非常坚固，且缺乏与教师流动匹配的社会保障制度。

四、研究理论的扩展与讨论

本研究紧紧围绕学术劳动力市场和普通劳动力市场研究的有关理论和分析框架,试图将整个研究置于劳动经济学的分析范畴之中。但无一例外的是,本书所采用的分析框架或理论基础均起源于西方。由于中国大学教师流动研究刚刚起步,其对中国现状的分析能力、解释能力和预测能力等尚未有研究进行论证。本研究围绕大量一手调研数据和访谈材料,试图对中国情况进行系统研究。在此过程中,绝大部分研究假设得到了验证,但也发现西方一些研究结论在中国适用性需要修正和讨论,主要包括以下方面。

(一) 对学术劳动力市场中心—外围分析框架的补充

学术劳动力市场的中心与外围分析框架,是一种对于地区和国家间人才流动,尤其是单向度人才流失的解释性理论。阿特巴赫教授在对这一理论的阐述过程中,多次提到的案例就是中国和印度,因此可以认为,该理论创立之初就是建立在对中国等欠发达国家的现实考察基础之上的。研究发现,中心—外围分析框架对中国大学教师流动具有较强的解释力。与此同时,中心—外围分析框架对于大学教师流动的解释,应包含两条假设:第一条,即传统理论所认为的,处于外围学术系统的大学教师有向中心学术系统靠拢的基本趋势和内在动力;第二条,处于外围学术系统的大学教师向中心学术系统的流动,不是直接的,而是间接的。

笔者增加的第二条假设的意义在于,对于发展中国家来说,应区分流动意向、流动能力和流动结果三重概念。外围学术系统中的教师具有流向中心学术系统的强烈动机,但流动能力才是是否最终发生流动的决定性因素。从教师角度观察可以发现,直接从外围学术系统流向中心学术系统的教师数量和比例是极低的。但笔者没有完全否定学术劳动力市场的中心—外围分析框架。一方面,从国际上来看,虽然没有学术职业从外围到中心的直接流动,但双方的流动往往通过间接的形式达成。另一方面,中心—外围的大学教师流动理论,对于中国内部区域间的大学教师流动具有很强的解释力。

本书对于中心—外围分析框架的研究,还特别发现和强调了外围与中心的相对性。这种相对性,在国际上来看,使一些非美国的高等教育传统中心面临人才流失的困境。他们对于美国的人才流失与中国也有不同,既有间接的通过攻读美国学位等方式的流动,也有直接地从学术岗位上直接流走的情况。当前这些传统的高等教育中心正试图改变这种格局,采取的基本方法是合纵连横、抱团发展,试图将学术世界从单一中心变为多中心,目前这种努力仍在继续。从中国国内来看,中心—外围的相对性几乎使除北大、清华外的所有高校都卷入人才的竞争和恐慌,即使浙江大学、南京大学、武汉大学等传统老校和名校,也处于巨大的压力之中。

(二)对学术劳动力市场分割理论的全面阐述

劳动力市场分割理论是劳动经济学的重要研究内容,但"学术劳动力市场分割"概念在国际学界却仍极少被提出,更缺乏实证检验。笔者认为,学术劳动力市场存在一纵一横双重分割的现象,据此分别从人力资本和社会资本两个理论视角构建假设,最终通过多项数据调查的综合使用验证了这些假设。这将为该领域的后续研究提供研究基础。

事实上,上述学术劳动力市场外围向中心的流动,根本原因还在于人才定价的出现。在当今时代,人才的价值在被各种符号所确定,比如博士学位获得机构的声望、海外经历、学术产出、获得课题的能力、职称等,而全球教师定价出现后,一旦教师意识到自身价格被低估,就会到学术市场中寻求交易。这就是学术劳动力市场理论对于大学教师流动机理的基本解释。

美国是非常重视市场力量的国家,"看不见的手"不仅在传统商品市场和金融市场大行其道,人才的交易也往往由市场决定,其中也包括学术人才。所以我们发现阅读到的有关学术劳动力市场的著作,绝大多数作者是美国人。他们认为教师的流动应更多建立在规范的市场之中。

笔者在已有的学术劳动力市场研究的基础上,提出学术劳动力市场分割这一假设,意在将学术劳动力市场与普通劳动力市场的研究结合起来,因为学术劳动力市场的研究刚刚起步,而后者已有丰富的积累和成熟的理论。

本书的研究完全证实了笔者对于学术劳动力市场分割的基本判断,即它与普通劳动力市场的区别在于,处于主流学术劳动力市场中的大学教师流动性更高,因为他们的学术能力更强,而处于次要学术劳动力市场中的教师,因学术能力所限,反而更加珍惜当前岗位,稳定性更强。

社会资本对于学术劳动力市场的分割,一直是"只可意会不可言传"的客观现实。但西方主流的对于学术劳动力市场分割的研究集中在性别、种族等方面,尚未看到有关社会资本对于学术劳动力市场的分割方面的研究文献。社会资本理论最早对于流动的研究集中在对人才迁徙的解释上,即已流动的人为未流动的人提供社会资本,这种鼓励和帮助后者流动促成了大规模人口迁徙的发生,比如 20 世纪中国广东地区向港台和海外的流动。在这一过程中,那些关系更为亲密、更值得信任的人往往能给后来者更大的勇气和更多的帮助,这就是强社会资本发挥的作用。笔者赞成强社会资本对于学术劳动力市场的分割作用,这一假设在研究中也得到了验证。但正如假设本身所提及的,强社会资本对于学术劳动力市场的作用可能更适合于发展中国家,这些国家的学术劳动力市场缺乏规范,相关学术职位的招聘信息不够公开广泛,人才筛选过程中"人"(而非制度)的作用更大。

学术劳动力市场分割理论在中国得以验证,说明中国计划经济向市场经济的改革正在影响着学术市场。传统上被划入"事业单位"的高等教育机构中,人员流动大多被称为"调动",强调计划性和行政指令。而本研究发现,中国和其他国家一样,市场的力量在人才流动中的作用正在加大。市场基本规则在于竞争,只有教师们参与到人才竞争,中国学术劳动力市场才可能渐趋规范并促进中国学术职业水平的整体提升。学术劳动力市场分割理论并不一定适合于处于学术系统中心的发达国家。中国存在显著的学术劳动力市场分割的情况与高等教育历史有很大关系。由于"文革"等对于高等教育基础的毁坏,"留校"制度引发的大量学术职业近亲繁殖,单位制度下人才流动的凝固等,使得中国高校教师水平参差不齐,积淀下一大批可能并不胜任研究型大学工作的教师。而由于受限于学术能力,他们更多拒绝流动,留在中国高等教育系统直至退休,从而造成中国研究型大学教师能力的分化,导致学术劳动力市场分割较为严重。而在西方国家,每一位进入研究型大学的教师都经过严格筛选,虽然他们也有学术潜质和能力上的差异,但严格的人才分流机制往往使低学术水平的大学教师流动的比例更高(研究显示,真正获得终身教职的教师则流动比例很低)。从这个意义上说,学术劳动力市场分割理论,在中国也可能是一种过渡性的理论解释。随着中国学术职业入职门槛的提高,退休等原因使不合格学术人才逐渐退出,以及各种带有强制性的教师分流机制的建立,可能本书对于学术劳动力市场分割的基本假设,即主流学术劳动力市场大学教师流动性高的现象会逐渐有所改变。

(三) 对学术劳动力市场决策过程模型的修正

西方学术劳动力市场决策过程模型,更多倚重于经济学中理性选择理论的部分研究成果。近年来,有关人才流动的最新研究也绝大多数集中在该领域,越来越多的影响因素指标被纳入进来。当前研究的趋势在于将理性选择的参与主体从个人变为家庭。本书在此基础上,又将家庭的概念扩大为集体,将基于教育经历和工作经历所形成的学术共同体引入进来,或者将理性选择的有效性作为验证理性选择理论的基本视角。研究发现,教师流动过程中的集体决策客观存在且发挥重要影响;对于解释教师流动方面,中国教师对于流动决策过程中的影响因素与西方主流假设整体一致,也存在一些区别。

最显著的区别是对于与金钱相关的变量的态度。"工资收入"、"获得其他收入的可能性"、"住房"这三项与经济收入最直接相关的指标,并不是中国教师最为重视的内容,而教师个人的发展空间、地理位置等被视为更为重要的因素。这与古典理性选择理论中"理性人"利益最大化的假设是相悖的,但这也正是中国大学教师流动的复杂之处和中国大学教师流动最大的困境之一。中国教师并不特别在乎表面上的金钱收益,而是更看重长远的发展机会,认为有比金钱更重要的东西,比如研究平台和机构声望。从长远来看,这些方面会带来更多的利益,其中也可能包括更多的金钱。这给中国大学教师流动带来的困境在于:处于外围学术系统中的高校将无力改变教师向中心学术系统流失的局面。教师们看重的个人发展机会、地理位置、学校声望等,不是短期内或者单凭某一所大学所能改变的,处于外围学术系统的高校逐渐意识到,金钱对于大学教师流动的决策所起的作用非常有限,而事实上,这些处于外围学术系统的教师本身的资金实力就大大弱于处于中心学术系统的高校。因此,依靠金钱改善中国区域间、高校间单向度大学教师流动的愿望,既不现实,也不可持续。这使得中国大学教师流动的干预失控,大学教师流动与人才流失最终联系到了一起。

五、中国大学教师流动的展望与建议:对欧洲研究区的经验借鉴

世界范围内,大致存在两种对于大学教师流动的不同态度。一种是通过积极的地区或国家政策干预,促进大学教师流动和知识转移,该种模式以欧洲为主要代表。另一种是将大学教师流动作为市场行为,政府和高校所做的努力主要在于规范学术职业的流动规则,不加干预、由学术劳动力市场通过竞争对大学教师流动进行自然调节,以美国为典型代表。当笔者问美国教师其所在学校是否有促进或规范流动的基本政策时,通常的回答都是没有。因此本书将介绍欧洲近年来促进大学教师流动的主要举措,希望对中国促进大学教师流动提供参考和建议。

(一) 欧洲研究区:历史与现状

欧洲研究区(European Research Area,ERA)是近年来全球影响较大的促进区域间合作研究和教师流动的重大举措,其目标是"构建一个开放的知识空间",在这个空间里,各成员国研究机构、人员、企业充分利用知识和技术,更多地参与跨越国界的竞争与合作。促进区域内大学教师流动是其核心目标之一。

欧洲研究区的动议最早在2000年1月的欧盟委员会上提出,当年3月里斯本欧盟峰会被认为是该项目创建的标志性时间。建设欧洲研究区具有较深的文化根基和现实背景。一方面,"二战"之后,欧洲国家已开始尝试打破国家科学疆界,合作发展,共同对抗美国和苏联,比如它们在欧洲核研究

中心(CERN)和欧洲原子能共同体(Euratom)等方面的国家合作都超过50年,之后的欧洲航天局(ESA)等合作也陆续开展。另一方面,20世纪90年代至今,欧盟的成立、欧元区的划定、博洛尼亚进程等展开,跨国界的各项合作日益频繁,欧洲研究区可以看作是各成员国在知识创新方面的合作。

但欧洲研究区建设显然比之前所有的科研合作的野心都更大,欧洲研究区陆续出台的各产业几十个子报告几乎包含了所有的研究领域和产业领域。欧洲面临的环境也与几十年前发生了巨大的变化,最大的困境在于对美国的人才流失严重,这也使各国进行人才合作更具紧迫性。

但欧洲研究区的推进也面临很多问题,即使到今天,其效果仍难称理想。我们看到的更多是一些远大的设想、规范性的合作文本而非具体的行动,相关目标不断落空,各种计划完成时间一再推迟,甚至中途险些夭折。比如该计划很早就提出了R&D投入占GDP 3%的总体目标,至今却仍未实现。笔者在波士顿访学期间,有幸向欧洲高等教育国际研究中心(Centre for Higher Education Internationalization,CHEI)负责人汉斯·德维特(Hans de Wit)教授请教欧洲研究区的最新进展,他认为欧洲研究区"外热内冷"。大家都知道这是极有价值的事情,但由于欧洲各国纷纷陷入经济困难,当前各国都不愿意拿出钱来从事这一工作。目前欧洲国家中,只有德国经济略好,其他国家"也许需要再过10多年等经济好转才能真正实现"。

欧洲研究区建设有几个关键年度①。2000—2006年采取的主要行动包括:

第一,出台"欧盟研究框架计划"(EU Research Framework Programs),最新的框架计划是《第七框架计划》(2007—2013),并于2007年成立了欧洲研究理事会(ERC)。ERC是一个泛欧洲的科学资助机构,在追求卓越的基础上,会用尽量简单的程序对项目展开资助,以此鼓励研究人员在所有领域自由地开展前沿研究。

第二,发起"欧洲技术平台"(European Technology Platforms)建设,通过这一平台让产业界、其他利益相关者都共享合作研究的商业利益,自下

---

① European Research Area. http://ec.europa.eu/research/era/index_en.htm.

而上形成"欧洲研究区网"计划(ERA-Net),促进区域和国家间的协作。

第三,通过"开放协调法"(Open Method of Coordination),在自愿原则下,促进各成员国展开国家层面的政策改革。

第四,设定了R&D投入占GDP 3%的整体目标。2002年,在巴塞罗那召开的欧洲理事会(Barcelona European Council)上,强调各成员国R&D投入应达到GDP 3%的整体目标,并通过了一项广泛的行动计划,以增加和改善各成员国R&D经费投入状况。

第五,通过"广泛基础创新战略"(Broad-based Innovation Strategy)。2006年,欧盟通过了该战略规划,旨在提高研究和创新条件。2006年11月,通过了现代化研究和创新社区援助计划,并已采取措施,以支持欧洲有前途的技术密集型产业的"领先市场"的出现。

第六,出台"欧盟凝聚力"(EU Cohesion Policy)政策文本。通过金融工具—基金—给予强有力的财政优先的基本思路,促进各国尤其是合作国家中欠发达国家研究和创新能力的提升。

到2007年,欧洲研究区建设虽然做了很多国家合作的基础工作,但仍难克服各国条块分割的状况,与此同时,R&D经费投入等远未达到预期目标,欧洲研究区陷入困境。这一情况下,ERA委员会发布绿皮书,呼吁给欧洲研究区建设注入新动力,在2008年通过"卢布尔雅那决议"(Ljubljana Process),提出克服国家间"碎片式"的合作,建立一个强大的时代,第一步是在当年12月委员会通过了重点涉及未来政策规划的"2020欧洲研究区愿景"(2020 Vision for ERA)。

最新的消息是,欧洲研究区咨询委员会建议将欧洲的研究经费控制从欧洲委员会下放给独立的"arms-length"。在新出版的《欧洲研究区委员会》(European Research Area Board)报告中,欧盟的研究预算份额拟增加两倍,到2030年达到GDP的12%,其中一半用于基础研究。而最新一轮融资中,2007—2013年研究经费将达到740亿美元,其中75亿美元用于基础研究。[①] 同时,欧洲科学基金会(European Science Foundation,ESF)计

---

① http://go.nature.com/yVLwT3.

划与EUROHORCS合并,组成新的欧洲国家研究理事会。这两个组织将机构和资源结合起来,形成一个暂时名为"欧洲研究组织(European Research Organization,ERO)"的机构,目标正是更积极地推动欧洲研究区建设,如为促进研究人员跨越国界自由流动提供资金等。

(二) 欧洲研究区促进大学教师流动的主要举措

欧洲研究区中最重要的促进大学教师流动的举措是ERA委员会所推行的"欧洲合作伙伴关系"计划(European Partnership for Researchers,EPR),旨在加强各国教师的职业生涯合作,提高欧洲研究人员的职业前景,刺激年轻人进入学术职业,帮助欧洲研究区保留住欧洲人才,并从世界其他地区吸引研究人员。EPR的根本目标在于促进国家、学术界和工业界之间的流动,而非仅仅在学术职业内部流动,最终通过教师职业前景改善和流动性增强,促进知识在整个欧洲的自由扩散,在整个欧洲层面平衡研究人员的供给和需求,并提高欧洲研究人员的整体水平。

EPR旨在加快在四个关键领域取得进展:

① 公开竞争各类研究基金;
② 完善社会保障和养老保险,保障教师的流动;
③ 提供有吸引力的就业和工作条件;
④ 提升研究人员的培训、技能和经验。

其中最为重要也最为艰难的是第二条,即构建一个泛欧洲的研究人员社会保障和养老金体系,以此为教师流动解除后顾之忧。因为在此之前,教师们选择在国家间流动,不同国家间社会保障和养老金无法互相承认和转让,教师们必须自行承担因此而带来的各种社会保障风险。这是教师做出流动决策时需要克服的最大障碍之一。而目前,欧洲研究区有关完善大学教师流动各项社会保障的努力,仍停留在研究层面,缺乏实质的进展,因此本书将就一些研究上的共识进行分析。

欧盟委员会研究总局(European Commission Research Directorate-General)在2009年发布的《欧盟研究人员养老保险可行性研究》报告中,认为欧洲研究区建设应提供一个切实可行的解决方案,覆盖补充养老保险的权利,克服研究人员的流动性障碍,应通过鼓励建立针对性的泛欧养老金制度,最终有助于欧洲研究领域更加开放,提升区域高等教育和学术职业竞争力和吸引力。该报告从 8 个方面展开了一次非常严谨的政策和实证研究,包括:

① 其他市场(非学术劳动力市场)是否已经开展或有成功的跨地区合作构建养老金市场范例;

② 雇主尤其是跨国公司,是否有建立泛欧养老金安排的意愿和行动;

③ 在欧盟 IORP(指令 2003/41/EC)指令基础上是否可行;

④ 泛欧洲 IORP 的养老金的基准问题分析;

⑤ 养老金安排的成本结构和预算(财政负担);

⑥ 各国适用于雇员的劳动法、社会保障和税收条件分析;

⑦ 各国影响研究人员的养老金福利的评估。

该研究的基本结论是:欧洲经济区的研究人员有建立跨境养老基金的需求,建立这样的安排现在也是可能的。

研究表明:第一,由雇主为欧洲经济区建立研究人员跨境养老基金受到广泛支持,时机已较为成熟,可以在大多数欧洲经济区国家建立这样一个制度安排。在一些国家,因为缺乏这种跨国的养老金,使研究者尤其是公共部门的研究人员,很难跨境流动。第二,从市场的角度来看,已经有一些成熟的跨国养老金市场案例,如一些跨国公司已经建立起欧盟跨境养老金系统。第三,劳动法和社会保障条件已基本具备,可以增加国家主管部门之间的合作,构建新的框架,并为这些机构之间的信息沟通提供交流平台。第四,在产品设计方面,金融服务提供商愿意提供相关的养老金跨境业务,对它们而言,这种应对跨境客户的需求正稳步增长。第五,由于养老金制度品种繁多,开展跨境养老金合作需要进行深入系统的制度和管理设计,为了这一目的,可以成立一个具有代表性的特别委员会。第六,在利益结构上,应推动组织考虑确定一个跨境养老基金产品开发和提供金融服务的供应商或财团,并明确合作的具体条款。①

---

① European Commission Research Directorate-General. Feasibility Study for a EU Pension Fund for Researchers. nRTD/DirC/C4/2009/026879.

可以看出《欧盟研究人员养老保险可行性研究》的侧重点在于是否可以进行有关跨境养老金系统的设置论证,而缺乏具体化操作的方式和建议。在此之后,欧盟出台的另外一项报告则做了更为详细的讨论。

由博格曼(Jos Berghman)任课题组负责人的庞大专家组于 2010 年出台了《社会保障与养老金补充:研究者工作和流动新格局》的报告,该报告长达 270 页,是一份更为深入全面的进行欧洲跨境社会保障系统构建的论证报告。

该报告认为,当我们今天来观察一名教师时,再难发现他(或她)会在一所大学,或者其他公立或私立研究机构中度过一生,而是会从一个国家流动向其他国家,甚至同时在多个国家展开工作。学术人员的工作模式多年来发生了巨大变化,大学教师流动性急剧增加。一方面,这种研究人员的流动性,是一个充满活力和成功的欧洲研究区的重要因素,这也一直是欧盟委员会过去几年的首要任务之一。但另一方面,欧洲各国并没有因为大学教师流动性的增加,而考虑到对相关工作模式和规则进行变革,研究者在跨国流动过程中,经常发现自己与社会保障记录相脱节。研究人员的国际流动经常受到社会保障滞后的限制。①

该研究发现,进行国际流动的研究者对于他们的社会保障状况(47%)、流动可能导致的负面财政影响(38%)缺乏了解,这是进行国际流动面临的最大问题。其他的问题还包括行政壁垒限制流动(14.7%,包括:主管部门之间缺乏沟通、程序过于复杂、缺乏对家庭福利维护的灵活性)。当研究者被问到他们有关争取退休金权利的经历,超过 70% 的人认为存在缺乏对于退休金是否可以转移的信息,许多人根本不知道如何才能正确管理自己退休金的权利。超过 40% 的研究者认为消极的财政影响是限制他们流动的原因之一。40% 的人抱怨跨国流动缺乏有效的行政服务支持。15% 的人认为他们在流动过程中缺乏既得利益的跨国转移。

---

① Expert Group (Chairman: Prof. Jos Berghman, Reporter: Prof. Danny Pieters) (2010). Social Security, Supplementary Pensions and New Patterns of Work and Mobility: Researchers' Profiles[R]. http://ec.europa.eu/euraxess/pdf/Final_report_September2010.pdf.

该研究认为,实现跨境养老金制度设计,主要存在两个方面的问题。一是要把青年研究者(低级研究者)纳入进来。"最大的问题存在于博士生、青年学者(低职称)和博士后研究者,他们在某些特定状况下甚至会没有社会保险"。最主要的方式就是将这些青年研究者也纳入雇佣系统,"最有效的打破这种社会保障隔阂的方法是将所有研究者都当作受雇用者来对待,因为只有受雇用者才会享受最全面的保护"。二是对于研究者的界定存在争议。国家雇用、自雇人员(self-employment)、公务员和学生在不同国家身份认定是不同的,"研究者应与普通受雇人员和工人相区分"。报告建议,应由雇主来确定哪些属于研究者,而不是听凭研究者自己的陈述或研究成果的展示。

该研究提出以下 8 个方面的应对建议:

第一,由于存在多种研究型机构,短期内不可能预见到所有研究人员的解决方案,建议优先寻求对于处在大学中的研究人员或获得认可的科研机构研究者的解决方法。

第二,研究人员是社会上积极的人,应该有自由流动的权利,尤其是在欧洲研究区的流动。报告强烈认为,社会保障不应成为大学教师流动的障碍,欧盟及其成员国应认真研究促进研究者自由流动的必要步骤。

第三,各种研究者,尤其是年轻的研究者,在国际流动过程中没有足够的社会保障。报告建议给所有的研究人员至少提供最低的社会保障。

第四,最近实施的社会保障协调规则需要得到解释,应以国际研究者流动需求为导向。

第五,要关注补充养老金问题。补充养老金也是一个典型的阻碍教师职业生涯流动的负面社会保障的因素。

第六,研究人员的家庭成员应考虑进去。应让他们的社会保险保持稳定,比如流动教师的家庭成员在其原所在地保留原始状态。

第七,来自欧盟以外的其他国家的教师流入欧盟,应受到平等的对待。欧盟也应该提供相应的社会保障。

第八,建议欧盟采取措施提高信息服务水平,最好在主管部门和大学或研究机构通过协商信息点建立一个具有互补性和更专业、准确的信息系统。

虽然欧盟教师为论证欧洲研究区内跨境社会保障提供了丰富的素材和深入的研究,但是否能够最终施行,仍存在变数。事实上,欧洲研究区建设面临的真正问题仍然在于众多国家体制的差异,社会发展水平的差异,尤其是政治上缺乏认同,正如丹尼·皮特斯(Danny Pieters)教授在报告中所指出的"对于在短期内是否可行的一套新的欧盟社会保障协调规则和应用规则,已经开始了激烈的辩论,但最大的问题仍然是政治上是否通过(Political Will)"①。各国政治体制的差异无疑使最终政策的走向充满了不确定性。与此同时,各国忙于应对债务危机,这为欧洲研究区建设最为关键的财政性指标是否能实现留下了阴影。欧洲研究区对于中国研究型大学教师流动的建议,更多在于理论方面、政策框架方面或者合作思路方面。

(三) 有关中国研究型大学教师流动的政策建议

按照流动频率高低和学术职业满意度高低②,可以将世界上主要国家(和地区)分为四个象限。笔者发现,发展中国家,包括中国、巴西、墨西哥、阿根廷、马来西亚等,主要集中在第二和第三象限。作为后发国家代表的"金砖五国",有2个国家分布在第三象限(中国和巴西),1个国家分布在第二象限(南非),其共同的特点是流动偏低,对于这些后发国家而言,促进学术职业发展核心的内容之一就是促进流动。

后发国家学术职业大多起步较晚,学术职业中流动的文化和传统意识不强,由于师资缺乏或文化因素导致近亲繁殖等现象较为严重。此种情况下,促进后发国家大学教师流动关键应从制度方面寻求突破。

---

① Expert Group(Chairman: Prof, Jos Berghman, Reporter: Prof. Danny Pieters)(2010). Social Security, Supplementary Pensions and New Patterns of Work and Mobility: Researchers' profiles[R]. http://ec.europa.eu/euraxess/pdf/Final_report_September2010.pdf.

② $N=n_2-n_1$,n_2=总共在学术机构工作年限,n_1=在当前学术机构工作年限,当N大于等于1时,为流动发生。二维象限图绘制遵循相对性原则,具体方法是:取各国大学教师流动的平均值,高于平均值定义为"高流动"国家,低于平均值定义为"低流动"国家;取各国大学教师的满意度评价平均值,高于平均值定义为"高满意度"国家,低于平均值定义为"低满意度"国家。

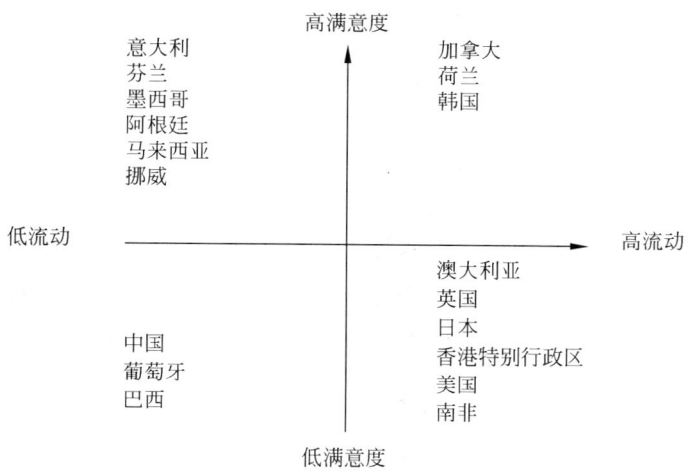

图 16　不同学术系统大学教师流动频率与满意度二维象限图
数据来源:学术职业变革国际调查。

一是完善本国学术劳动力市场入职制度。对于学术机构自行培养的毕业生采取强制分流的政策,且由行业自律上升为国家干预,斩断近亲繁殖的根源。与此同时,可将大学教师近亲繁殖率作为教育教学评价的指标或者大学排名的指标之一,或者作为政府拨款的依据之一,通过评价引导改革。只有当学术劳动力市场入职制度规范化,打破毕业生与母校的依赖关系,整个学术劳动力市场流动才能正常运转起来。

二是构建起本国终身教职制度。通过终身教职制度的构建,一方面保证学术职业发展受到特别保护(不至于因言获罪、因"研"获罪),另一方面,可以通过强制筛选和分流,增加学术职业竞争,促进流动。笔者曾和阿特巴赫教授讨论,中国是否适合构建终身教授制度,他的回答非常肯定。

三是畅通与国际学术劳动力市场的联系。后发国家与先发国家缺乏实质的教师互动流动,真正要实现二者之间畅通的教师流动需要阶段性的努力:一是本国优质生源向外输出阶段(间接流动),二是本国生源批量回流阶段,三是本国大学教师直接向发达学术系统流动阶段,四是本国大学教师与发达学术系统人才互动流动阶段。每一阶段都必须匹配有专门的制度设计才能保证学术职业稳步向前发展,在这一过程中,尤其要避免对于发达学术系统的抗拒与抵制，只有畅通与全球学术劳动力市场的沟通渠道，才可能在能量交换过程中不断提高本国学术职业发展水平，最终实现后发国家学术劳动力市场从外围向中心的过渡。

四是本国学术职业资源的整合与提高。后发国家大多有被殖民的历史，高等教育系统的历史往往表现为本国与西方混杂，甚至表现出西方不同高等教育系统共同作用于后发国家高教系统的特征，导致学术资源以不同的高等教育形式出现，这对于本来就规模偏小、质量偏低的学术职业发展极为不利。这些后发国家应采取更大努力，促进不同高等教育系统的融合，至少应促进其中从业的大学教师的交流与互动，从而提升整个国家学术职业的发展水平。

五是薪酬制度与社会保障制度的跟进。促进大学教师流动提升学术职业发展水平是一项高成本的教育活动，需要后发国家提供足够的财政保障。比如面对全球学术劳动力市场定价，"匹配报价"成为后发国家吸引国际人才的基本条件，伴随而来的是大幅的教师待遇提升背后的财政经费支出。与此同时，相应的社会保障制度也需要跟进，保证教师在流动过程中无后顾之忧。

中国研究型大学教师流动频率低。一方面，因为大学内部缺乏分流机制。中国研究型大学对于教授职称的评定核心指标在于数量指标，而最终是否获评教授职称也完全由学校或学院内部决定。人情社会的中国，这种内部的学术评议通过率大大超过美国基于同行评议甚至学生评议的比例。另一方面，高校之间流动壁垒顽固。流出高校往往以档案制度和户籍制度等为要挟，拒绝教师流走。高校系统和科研院所系统流动难度也很大。

正如刘献君教授所言，"我国高校教师聘任制度中存在的主要问题之一是缺乏准入制度，不管什么人，只要进了高校，就可以成为高校的永久教师，除非犯严重错误或自己不愿意干，否则就可以不离开高校。要解决这一问题，就必须参照美国等国家高校的办法，建立准入制度，大约有 5—7 年时间，在这个期间，一方面教师提高自己，认识自己，看看自己是否适合高校的工作；另一方面学校可以考察、了解教师，看看这位教师是否适合长期在高校教师岗位上工作。"①

长期低流动,使中国学术职业被视为高稳定、"旱涝保收"、缺乏竞争性和活力的职业。这将难以吸引最聪明和有抱负的人加入其中,也使得中国学术劳动力市场迟迟难以规范。正如某高校人事部门负责人认为的那样,低流动的根本原因在于社会保障不健全。她认为,西方教师的流动仅仅是改变工作,而中国教师一旦失去了大学里的工作,则意味着失去所有,包括子女在大学附属学校学习的机会等。这使得每一次大学教师流动都是极为慎重而艰难的选择。笔者非常赞同她的这一观点,欧洲促进大学教师流动的过程中,最大的障碍也在于社会保障制度难以贯通,教师们出于对社会保障的担忧往往拒绝流动。

经过综合考虑,笔者提出以下对策建议:

国家层面,应认识到大学教师流动对于学术职业发展的核心作用,认识到中国大学教师流动处于较低水平,应采取更为积极的举措促进大学教师流动。

第一,将大学教师流动与职称评聘制度相结合,采取更积极的举措促进低职称教师的流动。比如设置终身教授职位,并构建严格的同行评议制度。可以效法德国,限制教师在同一高校完成低职称向高职称晋升的渠道,强迫其通过流动获取更大的学术成就。

第二,推行积极的激励和保障计划。美国对于教师分流的举措建立在对于非终身职教师给予丰厚的收入保障和自由的学术空间。中国在改革教师分流机制时应特别注意加强对青年教师的保护。与此同时,对于高职称学者不愿流动的问题,可效法德国,由政府出台流动激励性政策。

第三,国家层面出台政策遏制研究型大学学术职业近亲繁殖。研究型大学教师近亲繁殖扼杀国家学术创新能力,应从各高校自律变为国家行为,用政策甚至法律的方式通过强制性规定限制近亲繁殖现象发生。

第四,国家层面构建大学教师流动的中介机构。效法公务员制度中的

---

① 刘献君.高校教师聘任的制度设计——基于学术职业管理的研究[J].高等教育研究,2008(10):34—38.

"凡进必考"原则,研究型大学人才引进应在国家层面进行招聘信息发布,收取候选人简历,并组织同行评议进行初步筛选,而且还可以通过中介机构大力引进海外学术人才。

第五,变教师收入隐性化为显性化。大力消除目前广泛存在的教师隐性收入,如对于开公司的教师予以开除,对于挪用或侵吞科研课题收入的教师予以起诉。与此同时,大幅提高教师显性收入水平,参考同等发达程度国家研究型大学教师收入水平,重新制定收入标准,并降低不同职称教师收入差,大幅提升青年教师收入水平。

第六,构建大学教师流动的社会保障机制。至少在研究型大学层面,对于流动教师的各类保险、子女教育等问题给予足够关注,实现地区之间、高校之间的社会保障对接。由政府出台社会保障补充基金,如补偿因大学教师流动增加的子女教育成本,或对因大学教师流动导致的配偶离职给予帮扶(提供求职机会或救济基金)。

高校层面,应大力改善学术环境,清除限制大学教师流动的制度壁垒。

一方面,各研究型大学应着力改善学术环境,规范各项学术制度,尤其是职称评审制度、课题申报制度、教学和科研评价奖惩制度等,增强海外学者回归信心。同时,规范各高校人才招聘流程,使每一次招聘都在阳光之下,通过更严格的制度、更激烈的竞争引进最有潜质的教师。斩断一切近亲繁殖的路径,并取消历史上存留的因解决家属工作问题而引进师资的方式,所有入职人员都须参与严格的竞争。

另一方面,各研究型大学代表了中国学术职业的最高水平,应以更开放的姿态鼓励和促进大学教师流动,并更为积极地参与到全球人才竞争中。由国家或高校设置落后地区人才引进转移支付资金,缩小地域之间学者收益的差异;破除制度壁垒,简化大学教师流动的行政流程;通过谈判,构建起以同行评议为基础的职称互认制度等。

参考文献

一、外文文献

[1] Anthea Bill, Bill Mitchell, and Riccardo Welters. Job Mobility and Segmentation in Australian City Labor Markets[J]. Working Paper No. 06-11, 2007. http://el. newcastle. edu. au/coffee.

[2] Annelies E. M. VanVianen, Jan A. Feij. Personality Factors and Adult Attachment Affecting Job Mobility[J]. International Journal of Selection and Assessment, 2003,11(4).

[3] Alison L. Booth, Marco. Francesconi. Job Mobility in 1990s Britain: Does gender matter[A]? in S. W. Polachek(ed.) *Research in Labor Economics*, *Volume 19*. Bradford: Emerald Group Publishing Limited, 2000.

[4] Acemoglu, Pischke. For some qualifications to this hypothesis in the case of imperfect labor markets, 1999.

[5] Ault, D. E., G. L, Rutman, and T. Stevenson. Some Factors Affecting Mobility in the Labor Market for Economists[J]. Economic Inquiry, 1982, 20(1).

[6] Allan M. Cartter. An Assessment of Quality in Graduate Education [M]. Washington, D. C. : American Council on Education, 1966.

[7] Ackers, L.. Moving People and Knowledge: Scientific Mobility in the European Union[J]. International Migration, 2005, 43(5).

[8] Arimoto, Akira. The Academic Structure in Japan: Institutional Hierarchy and Academic Mobility[C]. Forces of Impacting Changes of Academic Profession —— with Cross Country Perspectives. International Workshop on Changing Academic Professor, Wuhan, 2011.

[9] A. J. Engel. From Clergyman to Don: The Rise of the Academic Profession in Nineteenth-century Oxford[M]. New York: Oxford University Press, 1983.

[10] A. H. Halsey, M. A. Trow. The British Academic[M]. Cambridge, Massachusetts: Harvard University Press, 1971.

[11] A. H. Halsey. Decline of Donnish Dominion: The British Academic Profession in the Twentieth Century[M]. Oxford: Clarendon Press, 1992.

[12] Acob Philip. Changing Values in Colleges: an Exploratory Study of the Impact of College Teaching[M]. New York: Harper & Row, 1957.

[13] Burton R. Clark. The Academic Life: Small Worlds, Different Worlds[M]. The Carnegie Foundation for the Advancement of Teaching. Princeton: Princeton University Press,1989.

[14] Bryson, Jeff, and Rebecca Bryson. Salary and Job Performance Differences in Dual Career Couples[M]. London: Sage, 1980.

[15] Barrick, M. R. , Mount, M. K. . Effects of Impression Management and Self-deception on the Predictive Validity of Personality Constructs[J]. Journal of Applied Psychology,1996,(3).

[16] Brown, D. G.. The Mobile Professors [M]. American Council on Education, Washington, D. C. ,1967.

[17] Berelson, B. . Graduate Education in the United States [M]. New York: McGraw-Hill,1960.

[18] Blackburn,Robect,Charles Behymer, and David Hall. Research Note: Correlates of Faculty Publications[J]. Sociology of Education,1978,51(2).

[19] Brubacher, J. S. , W. Rudy. Higher Education in Transition: A History of American Colleges and Universities [M]. New Brunswick and London: Transaction Publishers,1997.

[20] Barnett, R. , A. Phipps. Academic Travel: Modes and Directions[J]. The Review of Education, Pedagogy, and Cultural Studies,2005,27(1).

[21] Borjas, G. J. , S. Rosen. Income Prospects and Job Mobility of Younger Men [A]. Research in Labor Economics,1980.

[22] Blau, F. D. , Kahn, L. M. Race and Sex Differences in Quits by Young Workers [J]. Industrial and Labor Relations Review,1981,34(4).

[23] Bernt Bratsberg,James F. Ragan Jr. and John T. Warren. Dose Raiding Explains the Negative Returns to Faculty Seniority[J]? Economic Inquiry,2010,48(3).

[24] Bowen, William G. , Sosa, Julie Ann. Prospects for Faculty in the Arts and Sciences[M]. Princeton: Princeton University Press,1989.

[25] Chang, C. , Wang, Y. . A Framework for Understanding Differences in Labor Turnover and Human Capital Investment[J]. Journal of Economic Behavior and Organization,1995,28(1).

[26] Christine Baaijens. Changes of Working Hours and Job Mobility: the Effect of Dutch Legislation. Institute for Labor Studies (OSA) and Tilburg Institute for Social and Socio-Economic Research (TISSER),2004.

[27] Cole, Jonathan R. , Stephen Cole. Social Stratification in Science[M]. Chicago: University of Chicago Press,1973.

[28] Cole, Jonathan P. . Fair Science: Women in the Scientific Community[M]. New York: Free Press,1979.

[29] Cronenwett, P. N. , K. Osborn, and S. A. Streit(eds.). Celebrating Research: Rare and Special Collections from the Membership of the Association of Research

Libraries[M]. Washington D. C. : Association of Research Libraries, 2007.

[30] Claus Madsen. Scientific Europe: Policies and Politics of the European Research Area. 5 Wates Way, Brentwood, Essex CM15 9TB, United Kingdom, 2010.

[31] Christian Dustmann and Sonia C. Pereira. Wage Growth and Job Mobility in the United Kingdom and Germany[J]. Industrial & Labor Relations Review, Vol. 61 (3), Article 6. Available at: http://digitalcommons. ilr. cornell. edu/ilrreview/vol61/iss3/6.

[32] Charle, C.. The Intellectual Networks of Two Leading Universities: Paris and Berlin, 1890—1930[M]. Wagner, Frankfurt and New York: Campus Verlig, 2004.

[33] Cartter, Allan M.. PhDs and the Academic Labor Market[M]. New York: McGraw-Hill, 1976.

[34] David Zweig, Chen Changgui. China's Brain Drain to the United States: Views of Overseas Chinese Students and Scholars in the 1990s[M] London: Roatledge, 1996.

[35] Dorothy E. Finnegan. Segmentation in the Academic Labor Market: Hiring Cohorts' Incomprehensive Universities[J]. The Journal of Higher Education, 1993, 64(6).

[36] Derek Neal. The Complexity of Job Mobility Among Young Men[J]. Journal of Labor Economics, 1999, 17(2).

[37] Dimitris Pavlopoulos, Didier Fouarge, Ruud Muffels, and Jeroen K. Vermunt. Labor Market and Income Inequality[J]. Schmollers Jahrbuch, 2007, 127: 47—58.

[38] Davia, Maria A. Job Mobility and Wage Mobility at the Beginning of the Working Career: a Comparative View Across Europe. Working Papers of the Institute for Social and Economic Research, 2005.

[39] Debra A. Barbezat, James W. Hughes. The Effect of Job Mobility on Academic Salaries[J]. Contemporary Economic Policy, 2001, 19(4).

[40] Diana Crane. The Academic Marketplace Revisited: A Study of Faculty Mobility Using the Cartter Ratings[J]. The American Journal of Sociology, 1970, 75(6).

[41] Diana Crane. Scientists at Major and Minor Universities: a Study of Productivity and Recognition[J]. American Sociological Review, 1965, 30(5).

[42] David M. Hoffman. Changing Academic Mobility Patterns and International Migration: What will Academic Mobility Mean in the 21st Century[J]? Journal of Studies in International Education. Published online, DOI: 10, 2008.

[43] Daul H. Morrill, Emil R. Spees. The Academic Profession: Teaching in Higher Education[M]. New York: Human Sciences Press, 1982.

[44] Dacid E. Ault, Gilbert L. Rutman, Thomas Stevenson. Mobility in the Labor Market for Academic Economists[J]. The American Economic Review, 1979, 69(2).

[45] David C. Stapleton. Cohort Size and the Academic Labor Market[J]. The Journal of Human Resources. ,1989,24(2).

[46] Emilia Del Bono, DanielaVuri. Job Mobility and the Gender Wage Gap in Italy. CESifo Working Paper,2008.

[47] Ehrenberg, Ronald G. Academic Labor Supply. In Economic Challenges in Higher Education, edited by Charles T. Clotfelter, Ronald G. Ehrenberg, Malcolm Getz, and John J. Siegfried[M]. Chicago: University of Chicago Press, 1991.

[48] Ehrenberg, Ronald G., and Mavros, Panagiotis G.. Do Doctoral Students' Financial Support Patterns Affect Their Times to Degree and Completion Rates [J]? Journal of Human Resources, NBER Working Paper No. 4070 (Also Reprint No. r1996), Issued in August,1995.

[49] Emest L. Boyer, Philip G. Altbach, Mary Jean Whitelaw. The Academic Profession: an International Perspective[M]. Princeton, N. J.: The Carnegie Foundation for the Advancement of Teaching,1994.

[50] Fuller, S.. Job mobility and Wage Trajectories for Men and Women in the United States[J]. American Sociological Review,2008,73(1).

[51] Ferber, M. A., and J. W. Loeb. Professors, Performance and Rewards[J]. Industrial Relations,1974,13(1).

[52] Ferber, M. A., E. P. Hoffman. Are Academic Partners at a Disadvantage[M]? In Academic Couples: Problems and Promises, edited by M. A. Ferber and J. W. Loeb. Urbana, IL: University of Illinois Press,1997.

[53] Fulton, O., C. Holland. Profession or Proletariat: Academic Staff in the United Kingdom after Two Decades of Change[M]. In Academic Staff in Europe: Changing Contexts and Conditions, J. Enders (ed.). Westport, Connecticut: Greenwood Press, 2001.

[54] Frederick Rudolph. The American College and University[M]. New York: A Division of Random House, 1962.

[55] Fixed World: Evidence From Performance Forecast[J]. Journal of Personality and Social Psychology,2009.

[56] Freeman, Richard J.. The Market for College-trained Manpower [M]. Cambridge, Massachusetts: Harvard University Press, 1971.

[57] George J. Borjas. Job Mobility and Earnings over the Life Cycle[J]. Industrial and Labor Relations Review,1981,34(3).

[58] Gaston, J. C. Big Science in Britain: A Sociological Study of the High Energy Physics Community[D]. New Haven: Yale University,1969.

[59] Grubel, H. G., A. D. Scott. The Immigration of Scientists and Engineers to the United States, 1949—1961[J]. The Journal of Political Economy,1966,74(4).

[60] George, J. M.. Personality, Affect, and Behavior in Groups[J]. Journal of

Applied Psychology,1993,78(5).

[61] Gerritsen, J. Global. Academic Migration is not Easy Ride[N]. University World News May 17, Issue 0076. http://www. university worldnews. com/article. php,2009.

[62] Griffeth, R. W. , Hom, P. W. ,and Gaertner, S. A. Meta-analysis of Antecedents and Correlates of Employee Turnover: Update, Moderator Tests, and Research Implications for the Next Millennium[J]. Journal of Management,2000,26(3).

[63] Glass, D. V. ,ed. Social Mobility in Britain. Glencoe: Free Press,1954. Hough, L. M. ,Eaton,N. K. ,Dunnette,M. D. ,Kamp, J. D. and McCloy,R. A. Criterion-related Validities of Personality Constructs and the Effect of Response Distortion on Those Validities[J]. Journal of Applied Psychology Monographs,1990,75(5).

[64] Gunther G. Schulze, Susanne Warning, Christian Wiermann. What and How Long dose it Take to Get Tenure? The Case of Economics and Business Administration in Austria, Germany and Switzerland[J]. German Economic Review 2008,9(4).

[65] Hagstrom W. . Departmental Prestige and Scientific Productivity[M]. Paper delivered at the 63rd annual meeting of the American Sociological Association, Boston,1968.

[66] Helke Jöns. "Brain Circulation" and Transnational Knowledge Networks: Studying Long-term Effects of Academic Mobility to Germany, 1954—2000. Global Networks,9(3): 315—338. See: http: //onlinelibrary. wiley. com/doi/10. 1111/j. 1471-0374. 2009. 00256. x/abstr. act, 2009.

[67] HESA. HESA Press Release 135: AE Academic staff by terms of employment 2004/05 to 2007/08, HESA. http://www. hesa. ac. uk/index. php/content/view/1412/161/,2009.

[68] Howard R. Bowen,Jack H. Schuster. American Professors: a National Resource Imperiled[M]. New York: Oxford University Press,1986.

[69] Harold J. Perkin. Key Profession: the History of the Association of University Teachers[M]. London: Routledge & Kegan Paul,1969.

[70] Harmon, Lindsey. Career of Ph. D. 's: Academic vs. Nonacademic[M]. Career Pattern Report,1968.

[71] Hong Shen. Challenges to the Academic Profession Development Posed by the Changing Doctoral Education in China[M]. Kogan, Marrice and Teichler, Ulrich (eds.). Key Challenges to the Academic Profession, INCHER-Kassel / UNESCO Forum on Higher Education, Kassel Germany,2007.

[72] Hong Shen. Academic Profession in China: with a Focus on the Higher Education System [M]. COE Publication Series No. 20: Quality, Relevance, and Governance in the Changing Academia: International Perspectives, Hiroshima University Press,2006.

[73] Huntley G. Manhertz. Assessing Contingencies Associated with Mobility, and Earnings Among Tenured Faculty within the United States Academic Labor Market[M]. Indianapolis:Indiana University,2002.

[74] Inge Sieben, Andries de Grip. Training and Expectations on Job Mobility in the Call Centres Sector[J]. Journal of European Indus trial Training,2004,28(2/3/4).

[75] Judge, T. A.. The Dispositional Perspective in Human Resources Research[M]. In G. R. Ferris and K. M. Rowland (eds.). Research in Personnel and Human Resources Management Greenwich. Connecticut:JAI Press,1992.

[76] Joseph G. Altonji,Christina H. Paxson. Labor Supply, Hours Constraints and Job Mobility. Working Paper,1990.

[77] Jonathan Gruber, Brigitte C. Madrian. Health Insurance, Labor Supply, and Job Mobility: A Critical Review of the Literature[C]. Research Agenda Setting Conference. Http://digitalcommons. ilr. cornell. edu/ilrreview/vol61/iss4/7,1990.

[78] Josef Zweimuller, Rudolf Winter-Ebmer. On-the-job-training, Job Search and Job Mobility. JEL Classification,2003,139(4): 563—576.

[79] Jose Ignacio Garcia Perez, Yolanda Rebollo Sans. Wage Changes through Job Mobility in Europe: A Multinomial Endogenous Switching Approach[J]. Labour Economics,2005,12(4).

[80] Jurgen Enders. Academic Staff Mobility in the European Community: The ERASMUS Experience[J]. Comparative Education Review,1998,42(1).

[81] Jane Knight. Meggan Madden. International Mobility of Canadian Social Sciences and Humanities Doctoral Students[J]. Canadian Journal of Higher Education (Revue Comedienne d'enseignement Superieur),2010,40(2).

[82] Jencks Christopher, Riesman David. The Academic Revolution[M]. Garden City,New York: Doubleday,1968.

[83] Joseph C. Hermanowicz(ed.). The American Academic Profession: Transformation in Contemporary Higher Education[M]. Baltimore:The Johns Hopkins University Press, 2011.

[84] John R. Niland. Allocation of Ph. D. Manpower in the Academic Labor Market [J]. A Journal of Economy and Society,1972,11(2).

[85] Keith, K., A. McWilliams. The Wage Effects of Cumulative Job Mobility[J]. Industrial and Labor Relations Review,1995,49(1).

[86] Kent G.. Mommsen. Black Ph. Ds in the Academic Marketplace: Supply, Demand, and Price[J]. The Journal of Higher Education,1974,45(4).

[87] King, R.. Towards a New Map of European Migration[J]. International Journal of Population Geography,2002,8(2).

[88] Karine Tremblay. Academic Mobility and Immigration[J]. Journal of Studies in International Education,2005,9(3).

[89] Ken Ducatel,Remi Barre. The Mobility of Academic Researchers[R]. European

Communities, Joint Research Centre, 2001.
[90] Kapsis, Robert, James Murtha. Victims of a Faculty Lay-off[J]. Sociology and Social Research, 1985.
[91] Kidd, M. P.. An Econometric Analysis of Inter-firm Labor Mobility[J]. Canadian Journal of Economics, 1991, 24(3).
[92] Lin, Nan. Social Resources and Instrumental Action. California[M]: Sage Publications, 1982.
[93] Landers, R. M., Rebitzer, J. B., Taylor, L. J.. Rat Rate Redux: Adverse Selection in the Determination of Work Hours in Law Firms[J]. American Economic Review, 1996, 86(3).
[94] Lars Osberg, R. L. Mazany, Richard Apostle, and Don Clair mont. Job Mobility, Wage Determination and Market Segmentation in the Presence of Sample Selection Bias[J]. The Canadian Journal of Economics, 1986, 19(2).
[95] Lowel L. Haegens, Warren O. Hagstrom. Sponsored and Contest Mobility of American Academic Scientists[J]. Sociology of Education, 1967, 40(1).
[96] Long, J. Scott. Productivity and Position in the Early Academic Career[D]. Ph. D. dissertation, Cornell University, 1977.
[97] Long, J. Scott., Paul. D. Allison, and Robet McGinnis. Entrance into the Academic Career[J]. American Sociological Review, 1979, 44(5).
[98] Laura E. Rumbley, Ivan F. Pacheco, Philip G. Altbach. International Comparison of Academic Salaries: an Exploratory Study[M]. Center for International Higher Education, School of Education, Boston College, 2006.
[99] Lowel L. Haegens, Warren O. Hagstrom. Scientific Consensus and Academic Status Attainment Patterns[J]. Sociology of Education, 1982, 55(4).
[100] Liang-Hung Lin. Cultural and Organizational Antecedents of Guanxi: The Chinese Cases[J]. Journal of Business Ethics, 2001, 99(3).
[101] Lan McNay(ed.). Higher Education and Its Communities[M]. Buckingham: The Society for Research into Higher Education &·Open University of Teaching, 1987.
[102] Michele Rostan. International Academic Mobility: a Global Perspective on Scholars[C]. International Workshop on Changing Academic Profession (Wuhan), 2011.
[103] Marwell, Gerald, Rachel Rosenfeld, and Seymour Spilerman. Geographic Constraints on Women's Careers in Academia[J]. Science, 1979, 205.
[104] Miller, George. Professionals in Bureaucracy: Alienation Among Industrial Scientists and Engineers[J]. American Sociological Review, 1967, 32(5).
[105] Musselin, C.. Diversity around the Profile of the "Good" Candidate within French and German Universities[J]. Tertiary Education and Management, 2002, 8(3).

[106] Medawar, J. , D. Pyke. Hitler's Gift: The True Story of Scientists Expelled by Nazregime[M]. New York: Arcade Publishing, 2001.

[107] Martin J. Finkelstein, Robert K. Seal and Jack H. Schuster. The New Academic Generation: a Profession in Transformation [M]. Baltimore and London:Johns Hopkins University Press,1998.

[108] Maurice Kogan, Ingrid Mises, Elaine EI-Khawas. Staffing Higher Education: Meeting New Challenges[M]. London: Jessica Kingsley,1994.

[109] Marwell, Gerald, Rachel Rosenfeld, and Seymour Spilerman. Geographic Constraints on Women's Careers in Academia. Science, 1979, 205(4412): 1225—1231.

[110] Michael R. Ransom, Sharon Bernstein Megdal. Sex Differences in the Academic Labor Market in the Affirmative Action Era [J]. Economics of Education Review,1993,12(1).

[111] Neumark, D. "Employers" Discriminatory Behavior and the Estimation of Wage Discrimination[J]. Journal of Human Resources, Vol. 23, No. 3, Summer, 1988.

[112] Oi, Walter Y. . Labor as a Quasi-fixed Factor[J]. Journal of Political Economy, 1962,70(6):538—555.

[113] Oleszkiewics, Z. . Demand for Stimulation and Vocational Preferences[M]. Polish Psychological Bulletin, 1982.

[114] Olwen Bedford. Guanxi-Building in the Workplace: A Dynamic Process Model of Working and Backdoor Guanxi[J]. Journal of Business Ethics, 2011,104(1): 149—158.

[115] Philip G. Altbach (ed.). The Changing Academic Workplace Comparative Perspectives [M]. Center for International Higher Education, School of Education, Boston College, 2000.

[116] Philip G. Altbach (ed.). The Decline of the GURU: the Academic Profession in Development and Middle-income Countries [M]. Center for International Higher Education, School of Education, Boston College, 2002.

[117] Philip G. Altbach, Daniel C. Levy(eds.). Private Higher Education: A global Revolution [M]. Center for International Higher Education, School of Education, Boston College,2005.

[118] Philip G. Altbach. International Higher Education: Reflections on Policy and Practice[M]. Center for International Higher Education, School of Education, Boston College, 2006.

[119] Philip G. Altbach. Tradition and Transition: The International Imperative in Higher Education[M]. Center for International Higher Education, School of Education, Boston College,2007.

[120] Philip G. Altbach Patti Mcgili Peterson (eds.). Higher Education in the New Century: Global Challenges and Innovative Ideas[M]. Center for International

Higher Education, School of Education, Boston College, 2007.

[121] Philip G. Altbach, Patricia J. Gumport and Robert O. Berdahl(eds). American Higher Education in the Twenty-First Century: Social, Political, and Economic Challenges(Third Edition)[M]. Baltimore: The Johns Hopkins University Press, 2010.

[122] Philip G. Altbach. Perspectives on Internationalizing Higher Education[J]. International Higher Education, 2002,26(2):1—8.

[123] Philip G. Altbach. Comparative Perspective on the Academic Profession[M]. New York: Praeger Publishers, 1977.

[124] Peter Schaeffer. Human Capital Accumulation and Job Mobility[J]. Journal of Regional Science,1985,25(1):103—114.

[125] Palmer, David, Carl Patton. Mid-career Change Options in Academe: Experience and Possibilities[J]. Journal of Higher Education, 1981,52(4):378—398.

[126] Rosenfeld, R. A., J. Jones. Institutional Mobility among Academics: the Case of Psychologists[J]. Sociology of Education,1986,59(4):212—226.

[127] Rosenfeld, R., Jones, J.. Exit and Re-entry in Higher Education[M]. In Breneman, D. W.,and Youn, T. (eds.),Academic Labor Markets and Careers. Falmer, New York,1988.

[128] Roemer, Robert, and James Schnitz. Academic Employment as Day Labor[J]. The Journal of Higher Education,1982,53(5):514—531.

[129] Simpson, W.. Starting Even Job Mobility and the Wage Gap between Young Single Males and Females[J]. Applied Economics,1990,22(6).

[130] Reagan Barbara. Stocks and Flows of Academic Economists[J]. The Academic Labor Market for Economists, 1979, 69(2), Papers and Proceedings of the Ninety-First Annual Meeting of the American Economic Association:143—147.

[131] Robert H. Linnell. (ed.). Dollars and Scholars: An Inquiry into the Impact of Faculty Income upon the Foundation and Future of the Academy[M]. Los Angeles: The University of Southern Californian Press,1982.

[132] Robert T. Blackburn, Janet H. Lawrence. Faculty at Work, Motivation, Expectation, Satisfaction[M]. Baltimore and London: The Johns Hopkins University Press,1995.

[133] Robert L. Clark,R. Stephen Cantrell. Personnel Policies and the Age Structure of an Occupation: the Case of Academic Labor Market[J]. Population Research and Policy Review, 1986,5(1):63—82.

[134] Ronald G. Ehrenberg. Studying Ourselves: the Academic Labor Market[J]. Journal of Labor Economics,2003,21(2):267—287.

[135] Ronald G. Ehrenberg, Paul J. Pieper, and Rachel A. Willis. Do Economics Departments with Lower Tenure Probabilities Pay Higher Faculty Salaries[J]?

Review of Economics and Statistics,1998,80(4):503—512.
[136] Ronald G. Ehrenberg. Prospects in the Academic Labor Market for Economists [J]. Journal of Economic Perspectives,2004,18(2):227—238.
[137] Schwartz Aba. Interpreting the Effect of Distance on Migration[J]. Journal of Political Economy,1973,81(5):1153—1169.
[138] Sigal Alon, Marta Tienda. Job Mobility and Early Career Wage Growth of White, African-American, and Hispanic Women[J]. Social Science Quarterly, 2005,86, Issue Supplement:1196—1217.
[139] Sjaastad, Larry A. The Costs and Returns of Human Migration[J]. Journal of Political Economy,1962,70(5), Part 2: Investment in Human Beings:80—93.
[140] Sylvia Fuller. Job Mobility and Wage Trajectories for Men and Women in the United States[J]. American Sociological Review, 2008,73(1):158—183.
[141] Stewart, M., Swaffield, J.. Constraints on the Desired Hours of Work of British Men[J]. Economic Journal, 1997,107(441):520—535.
[142] Schuster, J. H., Wheeler, D. W. Enhancing Faculty Careers: Strategies for Development and Fenewal[M]. San Francisco:Jossey-bass,1990.
[143] Schwartzman, S.. Brazil's Leading University. World Class Worldwide: Transforming Research Universities in Asia and Latin America[M]. (eds.). P. G. Altbach and J. Balan. Baltimore:The Johns Hopkins University Press, 2007.
[144] Siegmund-Schultze, R.. Rockefeller and the Internationalization of Mathematics between the Two World Wars: Documents and Studies for the Social History of Mathematics in the 20th Centurys [M]. Basel and Boston: Birkhauser Verlag, 2001.
[145] Terri Kim. Forming the Academic Profession in East Asia: A Comparative Analysis[M]. New York and London: Routledge,2001.
[146] Terri Kim. Transnational Academic Mobility, Internationalization and Interculturality in Higher Education[J]. Intercultural Education,2009,20(5).
[147] Terri Kim. Confucianism, Modernity and Knowledge: China, South Korea, and Japan[J]. International Handbook of Comparative Education,2009,22:857—872.
[148] Terri Kim. Shifting Patterns of Transnational Academic Mobility: a Comparative and Historical Approach[J]. Comparative Education, Cowen, R. and Klerides, E. (eds.). Comparative Education, Special Issue on "Mobilities and Educational Metamorphoses: Patterns, Puzzles, and Possibilities",2009,45 (3):387—403.
[149] Terri Kim. Changing University Governance and Management in the UK and Elsewhere under Market Conditions: Issues of Quality Assurance and Accountability [J]. Intellectual Economics (Intelektine Ekonomika), 2008,2(4):33—42.
[150] Taris, T. W. and Feij, J. A.. Measuring Career Mobility: An Empirical Comparison of Six Mobility Indeices[J]. Quality & Quantity, 1999, 33(2):

157—168.

[151] Thomas J. Dohmen, Ben Kriechel, Gerard A. Pfann. Monkey Bars and Ladders: The Importance of Lateral and Vertical Job Mobility in Internal Labor Market Careers[C]. The Institute for the Study of Labor, 2004, 17(2): 193—228.

[152] Tom Casey, SamiMahroum Ken Ducatel, and Remi Barre. The Mobility of Academic Researchers[R]. European Communities, Joint Research Centre, 2001.

[153] Topel, R. H., M. P. Ward. Job Mobility and the Careers of Young Men[J]. Quarterly Journal of Economics, 1992, 107: 441—79.

[154] Walter Adams. The Brain Drain[M]. New York: The Macmillan Company, 1968.

[155] William A. Glaser, G. Christopher Habers. The Brain Drain: Emigration and Return[M]. Connecticut: Greenwood Press, 1978.

[156] William K. Cummings. Understanding Behavior in Japan's Academic Marketplace [J]. The Journal of Asian Studies, 1975, 34: 313—340.

[157] Weiler, W. C.. Why do Faculty Members Leave a University[J]? Research in Higher Education, 1985, 23(3): 270—278.

[158] Universities UK. Policy Briefing Talent Wars: The International Market for Academic Staff[R]. UK Universities: 2007-07-18.

[159] Zelinsky, W.. The Hypothesis of the Mobility Transition[J]. Geographical Review, 1971, 61(2): 219—249.

[160] Zuckerman, Harriet. Scientific Elite[M]. New York: Free Press, 1977.

二、中文文献

[1] 菲利普·G. 阿特巴赫等. 全球高等教育趋势: 追踪学术革命轨迹[M]. 姜有国等, 译. 上海: 上海交通大学出版社, 2010.

[2] 菲利普·G. 阿特巴赫. 变革中的学术职业: 比较的视角[M]. 别敦荣, 译. 青岛: 中国海洋大学出版社, 2006.

[3] 菲利普·G. 阿特巴赫. 高等教育变革的国际趋势[M]. 蒋凯, 译. 北京: 北京大学出版社, 2009.

[4] 菲利普·G. 阿特巴赫. 国际学术职业——十四个国家和地区概览[M]. 周艳, 沈曦, 译. 青岛: 中国海洋大学出版社, 2006.

[5] 菲利普·G. 阿特巴赫. 比较高等教育: 知识、大学与发展[M]. 人民教育出版社教育室, 译. 北京: 人民教育出版社, 2006.

[6] 菲利普·G. 阿特巴赫主编. 失落的精神家园——发展中与中等收入国家大学教授职业透视[M]. 施晓光等, 译. 青岛: 中国海洋大学出版社, 2006.

[7] 托尼·比彻, 保罗·特罗勒尔. 学术部落及其领地: 知识探索与学科文化[M]. 北京: 北京大学出版社, 2008.

[8] 欧内斯特·波耶. 学术水平反思——教授工作的重点领域[M]. 发达国家教育改

革的动向和趋势(5). 北京:人民教育出版社,1994.

[9] 希拉·斯劳特拉里·莱斯利. 学术资本主义:政治、政策和创业型大学[M]. 北京:北京大学出版社,2008.

[10] 刘易斯·科塞. 理念人——一项社会学的考察[M]. 郭方等,译. 北京:中央编译出版社,2001.

[11] 拉塞尔·雅各比. 最后的知识分子[M]. 洪洁,译. 南京:江苏人民出版社,2002.

[12] 唐纳德·肯尼迪. 学术责任[M]. 闫凤桥等,译. 北京:新华出版社,2002.

[13] 詹姆斯·杜德斯达. 21世纪的大学[M]. 刘彤,译. 北京:北京大学出版社,2005.

[14] 埃里克·古尔德. 公司文化中的大学[M]. 吕博,张鹿,译. 北京:北京大学出版社,2005.

[15] 希尔斯. 学术的秩序:当代大学论文集[M]. 李家永,译. 北京:商务印书馆,2007.

[16] 哈利特·朱克曼. 科学界的精英:美国的诺贝尔奖获得者[M]. 周叶谦,冯世则,译. 北京:商务印书馆,1982.

[17] 克拉克·科尔. 大学之用[M]. 高铦等,译. 北京:北京大学出版社,2008.

[18] 雅克·韦尔热. 中世纪大学[M]. 王晓辉,译. 上海:上海人民出版社,2007.

[19] 亚瑟·科恩. 美国高等教育史[M]. 李子江,译. 北京:北京大学出版社,2010.

[20] 希尔德·德·里德-西蒙斯主编. 欧洲大学史(第一卷)——中世纪大学[M]. 张斌贤等,译. 保定:河北大学出版社,2007.

[21] 希尔德·德·里德-西蒙斯主编. 欧洲大学史(第二卷)——近代早期的欧洲大学[M]. 张斌贤等,译. 保定:河北大学出版社,2007.

[22] 海斯汀·拉斯达尔. 中世纪的欧洲大学(第一卷)——大学的起源[M]. 崔延强,邓磊,译. 重庆:重庆大学出版社,2011.

[23] 海斯汀·拉斯达尔. 中世纪的欧洲大学(第二卷)——在上帝与尘世之间[M]. 崔延强,邓磊,译. 重庆:重庆大学出版社,2011.

[24] 海斯汀·拉斯达尔. 中世纪的欧洲大学(第三卷)——博雅教育的兴起[M]. 崔延强,邓磊,译. 重庆:重庆大学出版社,2011.

[25] 蓝劲松主编. 一流大学卓越校长[M]. 北京:北京大学出版社,2008.

[26] 马克斯·韦伯. 学术与政治[M]. 北京:生活·读书·新知三联书店,1999.

[27] 雅罗斯拉夫·帕利坎. 大学理念重申:与纽曼对话[M]. 杨德友,译. 北京:北京大学出版社,2008.

[28] 马克斯·韦伯. 学术与政治[M]. 冯克利,译. 北京:生活·读书·新知三联书店,2007.

[29] 亚瑟·科恩. 美国高等教育通史[M]. 李子江,译. 北京:北京大学出版社,2010.

[30] 理查德·布瑞德利. 哈佛规则:捍卫大学之魂[M]. 梁志坚,译. 北京:北京大学出版社,2009.

[31] 安东尼·史密斯,弗兰克·韦伯斯特主编. 后现代大学来临[M]. 侯定凯,赵叶珠,译. 北京:北京大学出版社,2010.

[32] 皮特·斯科特主编. 高等教育全球化:理论与政策[M]. 高耀丽,译. 北京:北京大学出版社,2009.

[33] 比尔·雷丁斯.废墟中的大学[M].郭军等,译.北京:北京大学出版社,2008.
[34] R.K.默顿.科学社会学(上、下册)[M].鲁旭东,林聚任,译.北京:商务印书馆,2004.
[35] 罗素.宗教与科学[M].徐亦春,林国夫,译.北京:商务印书馆,2010.
[36] 杰勒德·德兰迪.知识社会中的大学[M].黄建如,译.北京:北京大学出版社,2010.
[37] 罗伯特·M.郝钦斯.美国高等教育[M].汪利兵,译.杭州:浙江教育出版社,2001.
[38] 伯顿·克拉克.探究的场所[M].王承绪,译.杭州:浙江教育出版社,2001.
[39] 克拉克·科尔.大学之用[M].高铦等,译.北京:北京大学出版社,2008.
[40] 奥尔特加·加塞特.大学的使命[M].徐小洲,陈军,译.杭州:浙江教育出版社,2001.
[41] 约翰·亨利·纽曼.大学的理想(节本)[M].徐辉等,译.杭州:浙江教育出版社,2001.
[42] 约翰·奥伯利·道格拉斯.加利福尼亚与美国高等教育:1850—1960年的总体规划[M].周作宇等,译.北京:教育科学出版社,2008.
[43] 沃特·梅兹格.美国大学时代的学术自由[M].李子江,罗慧芳,译.北京:北京大学出版社,2010.
[44] 黄福涛主编.外国高等教育史[M].上海:上海教育出版社,2003.
[45] 张磊.欧洲中世纪大学[M].北京:商务印书馆,2010.
[46] 吴民祥.流动与求索:中国近代大学教师流动研究[M].杭州:浙江教育出版社,2006.
[47] 张斌贤,王晨主编.大学:社会分层与社会流动[M].北京:北京师范大学出版社,2007.
[48] 王成军.高学历科技人力资源流动研究[M].北京:科学出版社,2009.
[49] 许倬云.中国古代社会史论:春秋战国时期的社会流动[M].邹水杰,译.桂林:广西师范大学出版社,2006.
[50] 荣新江主编.唐研究(第十一卷):唐宋时期的社会流动与社会秩序研究专号[M].北京:北京大学出版社,1995.
[51] 冯友兰,杨振宁等.联大教授[M].北京:新星出版社,2010.
[52] 马克斯·韦伯.学术与政治[M].北京:生活·读书·新知三联书店,1999.
[53] 李春玲.断裂与碎片——当代中国社会阶层分化实证研究[M].北京:社会科学文献出版社,2005.
[54] 沈红.美国研究型大学形成与发展[M].武汉:华中理工大学出版社,1999.
[55] 沈红等.大学教师时间及其分配的影响因素[J].高等教育研究(武汉),2011(9).
[56] 沈红.论学术职业的独特性[J].北京大学教育评论(北京),2011(3).
[57] 沈红.大学职能与教师职称[N].科学时报,2011-10-13.
[58] 沈红.什么样的大学才是好大学[N].科学时报,2011-09-23.
[59] 沈红.大学的独特性[N].科学时报,2011-09-14.

[60] 沈红.应对多样化社会需求的高等学校分层分类[J].高等教育研究(武汉),2010(7).
[61] 朱里安·本达.知识分子的背叛[M].孙传钊,译.长春:吉林人民出版社,2011.
[62] 理查德·A.波斯纳.公共知识分子——衰落之研究[M].徐昕,译.北京:中国政法大学出版社,2002.
[63] 弗兰克·富里迪.知识分子都到哪里去了[M].戴从容,译.南京:江苏人民出版社,2005.
[64] 李强.当代中国社会分层:测量与分析[M].北京:北京师范大学出版社,2010.
[65] 张文宏.中国城市的阶层结构与社会网络[M].上海:上海人民出版社,2006.
[66] 朱光磊.当代中国社会各阶层分析[M].天津:天津人民出版社,2007.
[67] 梁晓声.中国社会各阶层分析[M].北京:文化艺术出版社,2011.
[68] 张斌贤,刘慧珍.西方高等教育哲学[M].北京:北京师范大学出版社,2007.
[69] 程星.细读美国大学[M].北京:商务印书馆,2010.
[70] 沈红.变革中的学术职业——从14国/地区到21国的合作研究[J].大学研究与评价,2007(1):49—53.
[71] 沈红.论学术职业的独特性[J].北京大学教育评论,2011(3).
[72] 宋旭红.学术职业发展的内在逻辑[M].沈红主编.21世纪高等教育管理研究丛书.武汉:华中科技大学出版社,2008.
[73] 张英丽,沈红.学术职业:概念界定中的困境[J].江苏高教,2007(5).
[74] 李志峰,沈红.学术职业:欧洲中世纪时期的形成与形态[J].中山大学学报,2007(4).
[75] 谷志远.我国学术职业流动影响因素的实证研究[J].清华大学教育研究,2010(6).
[76] 张英丽.学术职业与博士生教育[M].沈红主编.21世纪高等教育管理研究丛书.武汉:华中科技大学出版社,2009.
[77] 李志峰.学术职业与国际竞争力[M].沈红主编.21世纪高等教育管理研究丛书.武汉:华中科技大学出版社,2009.
[78] 李志峰,杨开洁.基于学术人假设的高校学术职业流动[J].江苏高教,2009(5).
[79] 陈伟."编外讲师"——德国学术职业生涯的独特设计[J].比较教育研究,2007(4).
[80] 郭丽君.西方大学教师聘任制改革及其对学术职业的影响[J].高教探索,2007(1).
[81] 卢勇.中国近代学术研究职业化进程研究[J].求索,2007(6).
[82] 耿益群.院校制度与美国研究型大学学术职业的发展[J].比较教育研究,2010(1).
[83] 商丽浩.限制兼任教师与民国大学学术职业发展[J].浙江大学学报,2010(7).
[84] 陈亚玲.民国时期学术职业化与大学教师资格的检定[J].高教探索,2010(6).
[85] 别敦荣,陈艺波.论学术职业阶梯与大学教师发展[J].高等工程教育研究,2006(6).
[86] 耿益群.金融危机对美国学术职业的影响及其启示[J].高教探索,2009(6).
[87] 张广利.社会资本理论几个命题的解析[J].华东理工大学学报,2007(3).
[88] 任亮.社会资本理论的五个命题[J].探索,2007(3).
[89] 刘军,李艳春.社会资本能提高社区治理绩效吗?——测量中的问题与"关系"研究架构[J].学术交流,2010(7).

[90] 胡荣.社会经济地位与网络资源[J].社会学研究,2003(5).
[91] 赵延东,罗家德.如何测量社会资本:一个经验研究综述[J].国外社会科学,2005(2).
[92] 高红艳.关系、强弱关系假设的方法论困境及实践的超越[J].广东社会科学,2008(5).
[93] 李志峰,龚春芬.论学术职业的权力、权威与声望[J].清华大学教育研究,2008(8).
[94] 李志峰,沈红.基于学术职业专业化的高校教师政策创新[J].高等工程教育研究,2006(5).
[95] 李志峰.学术职业专业化的路径选择与制度创新[J].现代大学教育,2008(5).
[96] 宋旭红,沈红.学术职业发展中的学术声望与学术创新[J].科学性与科学技术管理,2008(8).
[97] 李志峰,谢家建.中国学术职业流动的内外部因素分析[J].大连理工大学学报(社会科学版),2007(12).
[98] 李志峰,易静.美国学术职业流动的类型与特征[J].比较教育研究,2009(2).
[99] 刘献君.高校教师聘任的制度设计——基于学术职业管理的研究[J].高等教育研究,2008(10).
[100] 阎凤桥.转型中的中国学术职业:制度分析视角[J].教育学报,2009(8).
[101] 周艳.中国高校学术职业的结构性变迁及其影响[J].清华大学教育研究,2007(8).
[102] 李志峰.论高深知识与学术职业[J].中国地质大学学报,2009(9).
[103] 吴林春,熊春荣.全球化背景下学术职业流动与大学学术劳动力市场的思考[J].煤炭高等教育,2010(6).
[104] 杜驰,沈红.研究漂移视域下的学术职业定向[J].江苏高教,2008(2).
[105] 郭丽君.学术职业的思考[J].学术界,2004(6).
[106] N.加雅拉姆,菲利普·G.阿特巴赫.孔子与古鲁:中国与印度学术职业的变革[J].高等教育研究,2007(2).
[107] 陈洪捷.为学术还是为职业——德国大学学习传统及其变迁[J].职业技术教育,2005(15).
[108] 陈伟."编外讲师"——德国学术职业生涯的独特设计[J].比较教育研究,2007(4).

后　记

　　20世纪末至今,中国学术劳动力市场逐渐形成,大学教师流动日趋提速。此种背景下,本研究结合中国大学教师流动面临的现实问题,结合学界已有的相关假设,运用实证调查方法,初步揭示了中国学术劳动力市场运行的基本现状、规律、问题、成因、未来发展趋势及中国的特殊性。应该说,改革开放以来,中国高等教育领域一直没有停止过对于计划模式和计划思维的变革。如果运用冰山理论来分析,当前一定范围内出现的大学教师流动活动可能只是新一轮高等教育变革"冰山"的可见部分,未来隐藏在水面以下、更剧烈、更大范围和影响的变革还在酝酿。因此,学术界有必要继续加强学术劳动力市场的相关研究,为即将到来的新的改革浪潮做好理论铺垫和实践准备。从这个意义上说,本书更多是起到"抛砖引玉"的作用,希望引出更多更好的相关研究。

　　本书写作过程中大量借鉴、使用和分析了西方相关领域的研究成果。但需要指出的是,中西方学术劳动力市场存在非常显著的差异,这也是本书很多研究发现不同于西方的主要原因。比如,世界范围内,国家大小、地理环境和经济发达程度对于教师流动可能具有非常重要的影响。欧洲国家普遍较小,彼此相连,美国经济发达。前者往往可轻易地实现流动;后者因经济、政治和文化的高度发达,成为大学教师流动向往的目的地,更多是坐等他国学者的流入,这些情况显然都与中国不同。再比如,时代特征上的差异也是中西方的重要不同,中国正处于经济转型的特殊时期,高等教育系统也刚刚经历过大规模的剧变,转型时期的中国高等教育以及其中的教师流动与西方存在很大不同。当然,中西方相关研究结论的异同与各自学者的研究习惯可能也有联系,比如西方学者更多选取单学科的教师群体进行研究,而本书则更多是横跨多地区、多类型、多学科高校和教师进行横断面研究,类似的差异都可能导致研究结论上的差异。

　　本书是在博士学位论文的基础上修改而成。真诚感谢读书期间的中方导师沈红教授和外方导师阿特巴赫教授的悉心指导。也由于是博士阶段撰写的研究成果,本书在理论积淀的深度、研究方法运用的娴熟程度、研究结论讨论的思维广度上仍存在非常多的不足,恳请读者批评指正。本书创作过程中得到很多高校人事部门、组织部门的大力支持,得到美国波士顿地区4所研究型大学华人学生学者联合会的大力支持,也得到了所在研究团队师生的支持。特此感谢。

　　本书由北京理工大学教学促进与教师发展(CFD)中心、北京理工大学人事处(校优秀青年教师跨学科项目)资助出版。特此感谢。